Über dieses Buch

Als Jack Kerouac, der gefeierte Sprecher eines neuen Amerika, seine großen Romane ›On the Road‹ (Unterwegs) und ›The Subterraneans‹ schrieb, führte er ein Tagebuch, in dem er – oft noch im Halbschlaf – seine Träume aufschrieb. Diese Traumtagebücher stellen einen Schlüssel zum Verständnis der amerikanischen Beat Generation und ihrer Literatur dar. Sie sind grundlegend für das Verständnis von Ursprüngen und Entwicklung der »Beat-Sensibilität« in den fünfziger Jahren und den bedeutenden Einfluß dieser Jugendströmung auf die Bildung eines »neuen Bewußtseins« bis in unsere Gegenwart. Träume sind schon immer ein lohnendes Ausgangsmaterial für einen Schriftsteller gewesen. Die Kette von Kerouacs Nächten ergibt, lose zusammengeknüpft, zugleich ein poetisches Register seines Gesamtwerks.
Kerouacs Traumtagebuch ist ein Beispiel dafür, daß sich die stärksten Sachen nicht erleben lassen, sondern geträumt werden.

Der Autor

Jack Kerouac wurde am 13. 3. 1922 als Sohn eines Druckers in Lowell/Mass. geboren und starb am 21. 10. 1969 in St. Petersburg/Florida. Nach einer kurzen Studienzeit an der Columbia University diente er während des Zweiten Weltkriegs in der Handelsmarine. Danach trampte er als Gelegenheitsarbeiter kreuz und quer durch die USA und Mexiko. 1950 erschien sein erstes Buch ›The Town and the City‹; 1955 erhielt er ein Stipendium der National Academy of Arts and Letters; in den folgenden Jahren wurde Kerouac zu einem der bedeutendsten Autoren der weltweiten Beat Generation. 1957 veröffentlichte er ›On the Road‹ (Unterwegs, deutsch 1959), 1958 ›The Subterraneans‹ und ›The Dharma Bums‹ (Gammler, Zen und Hohe Berge, deutsch 1963), 1959 ›Doctor Sax‹ und ›Mexico City Blues‹, 1960 die Autobiographie ›Lonesome Traveller‹, 1961 ›Pull my Daisy‹ und ›Book of Dreams‹ (Traumtagebuch, deutsch 1978), 1962 ›Big Sur‹ und ›Tristessa‹.

Jack Kerouac

TRAUMTAGEBUCH

Aus dem Amerikanischen
übersetzt von Werner Waldhoff

Fischer
Taschenbuch
Verlag

Fischer Taschenbuch Verlag
Mai 1981
Ungekürzte Ausgabe

Umschlagentwurf: Jan Buchholz / Reni Hinsch

Fischer Taschenbuch Verlag GmbH, Frankfurt am Main
Lizenzausgabe mit freundlicher Genehmigung
des Maro Verlags, Benno Käsmayr, Augsburg
Die amerikanische Originalausgabe erschien 1961
unter dem Titel ›Book of Dreams‹
im Verlag City Light Books, San Francisco

Gesamtherstellung: Hanseatische Druckanstalt GmbH, Hamburg
Printed in Germany
680-ISBN-3-596-25136-2

VORWORT

Der Leser sollte wissen, daß dies hier nur eine Sammlung von Träumen ist, die ich hinkritzelte, nachdem ich gerade aus dem Schlaf erwacht war. Alles wurde ganz spontan aufgeschrieben, ohne Pause, wie eben Träume ablaufen; manchmal, bevor ich noch richtig wach war. Die Personen, über die ich in meinen Büchern geschrieben hab, tauchen in diesen Träumen wieder auf, in neuen fremdartigen Traumsituationen (du brauchst nur mal die Liste der Personen auf der nächsten Seite anzuschaun) und sie erzählen die gleiche Geschichte weiter, über die ich immer schreibe.

Die Helden von »On the Road«, »The Subterraneans«, usw. erscheinen hier wieder und gehen ihren merkwürdigen Beschäftigungen nach aus keinem anderen Grund als dem, daß der Verstand weiterarbeitet, das Gehirn Wellen schlägt, der Mond untergeht und jedermann seinen mit Schlaftabletten gefüllten Kopf unter den Kissen versteckt.

Gut.

Und gut auch deswegen, weil die Tatsache, daß jeder in der ganzen Welt jede Nacht träumt, die gesamte Menschheit miteinander verbindet, sozusagen eine stillschweigende Vereinigung. Außerdem liegt hier der Beweis dafür, daß die Welt tatsächlich transzendental ist, was die Kommunisten nicht glauben wollen, weil sie ihre Träume für »unwirklich« halten, anstatt für Visionen dessen, was sie in ihrem Schlaf gesehen haben.

Und deshalb widme ich dieses Buch den Rosen der Ungeborenen.

VERZEICHNIS DER NAMEN

in »Traumtagebuch«	in »On the Road«
Cody Pomeray	Dean Moriarty
Irwin Garden	Carlo Marx
Jack (Kerouac) (me)	Sal Paradise
Bull Hubbard	Old Bull Lee
Ed Buckle	Ed Dunkel
Joanna	Marylou
Huck	Elmo Hassel
Deni Bleu	Remi Boncoeur
Ma	Sal Paradise's »Tante«
Irwin Swenson	Rollo Greb
Julien Love	Damion
Evelyn Pomeray	Camille Moriarty
Guy Green	Tim Grey
Irving Minko	Roland Major

in »Traumtagebuch«	in »The Subterraneans«
Irene May	Mardou Fox
Jack (Kerouac)	Leo Percepied
Raphael Urso	Yuri Gligoric
Irwin Garden	Adam Moorad
Julien Love	Sam Vedder
Bull Hubbard	Frank Carmody
Irwin Swenson	Austin Bromberg
James Watson	Balliol MacJones
Shelley Lisle	Ross Wallenstein
Gerard Rose	Julien Alexander
Dick Beck	Fritz Nocholas
Danny Richman	Larry O'Hara
Ronald Macy	Charles Bernard

in »Traumtagebuch«	in »The Dharma Bums«
Irwin Garden	Alvah Goldbook
Simon Darlovsky	George
Jack (Kerouac)	Ray Smith
Rosemarie	Rosie Buchanan

OH! DIESE FURCHTBAREN FAHRTEN, die ich kreuz und quer durchs Land machen mußte, mit düsteren Eisenbahnen und Stationen, von denen du dir nie träumen läßt – eine von ihnen eine schreckliche Pestbeule von Fledermäusen und Scheißlöchern und unverständlichen Parks und Regenzeiten, an allen Horizonten kann ich kein Ende sehen, das ist das Buch der Träume.

Meine Güte, das Leben ist trostlos, wie kann ein Mann leben, geschweige denn arbeiten – er schläft und träumt sich selbst auf die andere Seite hinüber – und genau da ist dein Wolf zehnmal schlimmer, als sich der brave Bürger vorstellen kann – und wie, schau, ich hab schon gestockt – *wie kann ein Mann lügen und »Scheiße« sagen, wenn er den Mund voller Gold hat.* Cincinnati, Philarkadelphia, Frohio, Stationen im Schleppnetz – Regenstadt, Rumgequatsche, Beelzabur und Hemptown, ich bin überall gewesen und hab Finnegan's Werke gelesen was wird's mir schon nützen wenn ich nicht anhalte und all die eingefressenen Fehler geraderichte in meinem armen benebelten B... – wie heißt doch gleich das Wort? – Schädel...

Reden, reden, reden –

Ich besuchte Cody und Evelyn, in Mexiko fing alles an, auf Bull's verrotteter alter Couch, wo ich träumte, ich würde auf einem weißen Pferd eine Seitenstraße in dieser Stadt im Norden wie in Maine runterreiten, doch in Wirklichkeit war's jenseits des Highway Maine, mit all den verregneten nächtlichen Veranden überall in Amerika, ihr habt's alle gesehen, ihr ignoranten Ärsche, ihr könnt ja nicht mal verstehen, was ihr lest, – *da,* Ringe, Mädchen, Blätter, so vertraut und gleichzeitig so fremd, daß es einem das Herz zerreißt – ich rase diese Straße runter, in irrem Tempo, hab gerade Cody und Evelyn zurückgelassen an einem gespenstischen Restaurant- oder Cafeteriatisch in San Francisco, Ecke Market und Third, wo wir eifrig Pläne für einen Trip an die Ostküste gemacht hatten (als ob!) (als ob es in diesem alten Kompaß, der schwankend auf dem Kopfkissen sitzt, noch Osten oder Westen geben könnte; alberne Leute und ver-

rückte Leute träumen, in dem Tempo wird die Welt nicht gerettet werden, dies sind die Hilferufe eines – verlorenen – Schafes) – die Evelyn dieser Träume ist nett zu mir – Cody ist – (kalt und eifersüchtig) – irgendwas – weiß nicht – ist mir auch egal – Bloß, gerade nachdem ich mit ihnen geredet hab – guter Gott, ich hab die ganze Zeit gebraucht, nur um zu sagen, daß ich den Hügel runterreite – er wird zu der Bunker Hill Street in Lowell – ich bin unterwegs zu dem schwarzen Fluß auf einem weißen Pferd – mir brach das Herz, als mir beim Aufwachen klar wurde, daß ich den Trip nach *Osten* (pathetisch!) machen würde – ganz allein – allein in der Ewigkeit – in die ich nun unterwegs bin, auf einem weißen Pferd, ohne die geringste Ahnung, was passieren wird, vorbestimmt oder nicht, falls vorbestimmt, warum sich Sorgen machen, falls nicht, warum soll man's überhaupt probieren, nicht wenn probieren warum, sondern probieren wenn warum nicht, oder nicht warum –
Im Moment habe ich nichts mehr zu sagen und weigere mich weiterzumachen, ohne mehr darüber zu wissen.

UND MEXICO CITY, gespenstisch mit den erträumten Piers zu Füßen eines düsteren, grauen Ferrocarril, wie in Liverpool – ich und eine Horde junger Leute in Anzügen besuchen mit blumengeschmückten Girls vom Abschlußball eine Versammlung, tumultartig, in einem Gebäude, einem Turm – so überfüllt, daß ich bei den Junggesellen draußen warten muß – aufbrausender Applaus, Reden, Musik von drinnen – merkwürdig, in meinen Träumen scheint es nicht so, als hätte ich alles schon mal viel interessanter erlebt und doch packt mich jedesmal ein gelindes Staunen, ein ehrfürchtiges Staunen – denn meine Wut nagt mir am Herz, was tue ich nur hier in diesem trostlosen North Carolina als Büroschreiber, der jeden Morgen um sechs aufsteht – ein Büroschreiber unter anderen unheimlichen altgesichtigen Büroschreibern in einem alten düsteren Eisenbahnbüro – kein Traum könnte beängstigender und höllischer sein. – Schließlich schaff ich's, in die Party reinzukommen – nein, der idiotische Hund weckte mich gerade an dem Punkt, wo ich vielleicht eine Story aus der Sache hätte machen können – und überhaupt wach ich in letzter Zeit in der Morgendämmerung auf, voll von Schrecken. In New York klauen sie meine Ideen, werden veröffentlicht und verwöhnt, vögeln die Frauen anderer Männer, erhalten Lorbeerkränze von alten Poeten – und ich erwache auf diesem Bett des Schreckens in einem Alptraum, den sich nur das Leben ausdenken konnte. Zum Teufel damit.

IN EINEM FREMDEN WOHNZIMMER, wahrscheinlich in Mexico City, schaut aber einem Wohnzimmer in einem Traum von meiner Ma und meinem Pa in Lowell oder Traumstadt verdächtig ähnlich – redet June (Evans) mit mir über einen großen, unbekannten griechischen Schriftsteller, Plipias, Snipias, und wie sein Vater sich mit dem Familienschatz davonmachte und Plipias, schwul, lebte auf einer Insel mit dem Jungen, den er liebte; er schrieb: »Ich werde nie gegen Männer kämpfen, denn ich liebe sie« – June schätzte diesen Schriftsteller hoch ein. Sie meinte: »Man kann sich täglich stundenlang über Kleinigkeiten streiten, aber im größeren Sinn merkt man, was er meint, wende dich nie gegen die Menschheit –« In der Zwischenzeit wende ich mich dem Badezimmer zu, doch Bull ist bereits drin – gab keinen Kommentar ab –

ICH GRAB IM KELLER DIESER FRAU, um mein Marihuana zu pflanzen oder besser umzupflanzen – unter Bergen von Papier (eine Minute zuvor hab ich gerade meine eigenen Sachen durchgesehen, in einem riesigen neuen Zimmer) – ein Gewirr von Gummibändern, usw., und wie ich so in den Dreck grab, um Beete anzulegen, erkenn ich, wie tief ihr Loch ist unter ihrem Abfall; ich denk mir, »Die alte Lady – je älter du wirst, desto bodenloser wird dein Keller, mehr wie ein Grab – je ähnlicher dein Keller einem Grab wird –« Auf der linken Seite war da ein eindeutiges Loch – mit eindeutiger Bedeutung –
Ich war auf Stoffsuche für meine Stories – zuvor war ich in einem Zimmer, arbeitete da für einen Mann als Sekretär, er war ein Chamäleon, ein Blender – und der genial-verschla-

gene Leiter eines miesen Schundblättchens – Meine Mutter besuchte mich da, als ob ich im Knast wär – ich drehte mich in meinem Bett herum, meinem Feldbett, sehr interessiert an diesen Sachen –

Scheußlicher Wirrwarr in Chicago – mit jungen Seemännern und Deni Bleu, in einem Wagen, wie in Boston fahren wir rauf und runter im dichtesten Verkehr – werden von Bullen angehalten, unser Jüngster schmeißt zwei Bierflaschen zum Fenster raus, gehen kaputt – »Der Teufel soll ihn holen!« Wir fluchen alle – Ich kontrollier meine Taschen, außer einem Radiergummi ist nichts drin – Doch der Bulle findet eine Kippe, ich sag, ist bloß Thymian, oder Cu-Babs (Kubebe), und genau das ist es auch in Wirklichkeit – Thymian, nichts besonderes, aber strafbar – ein Zivilbulle als Taxifahrer kontrolliert meine Zunge auf Spuren von Cu-Babs, ich streck sie raus, er tut so, als ob er mich schlagen will, macht's aber nicht – im Radio hörten wir großspurige Reden der Seeleute-Gewerkschaft mit dieser dämlichen Schmalzstimme vom Motorschiff »Roamer«, die über die Wellen glitschte – auch zornige Gewerkschaftsreden waren dabei – Deni mürrisch wie immer – wie er es immer gewesen war – –

Dann wieder in dem alterträumten Frisco der Hügel, doch immer noch verbunden mit dem Bunker Hill des weißen Pferdes und obwohl es nicht mehr vorgekommen war, seit ich tatsächlich nach Frisco zurückkehrte – Cody fährt eine Kiste, ein protziges Apartmenthaus auf Rädern – er sagt etwas zu mir, doch auf unfreundliche Weise, alles ist jetzt unfreundlich, jeder will Geld oder durch mich zu Macht kommen, die angenehme Leichtigkeit ist verschwunden – Cody hat einen gehetzten, unfreundlichen, mürrischen Ausdruck – der Wagen erinnert mich an die Kiste, die ich letzte Woche in einer ruhigen Ozonparkstraße geparkt hatte, ein Kumpel schlief hinter dem Steuer und so ein Kerl fing an, vom Fenster des 2ten Stocks eines efeuumrankten calabresischen Hauses mit einem Schrotgewehr auf uns zu schießen, und ich, flach hingeduckt im Rinnstein, knirschte mit den Zähnen in Erwartung des Schusses, den er mir aufbrennen würde, doch er traf nicht – dann renne ich die Straße runter, er fängt an, gezielt auf mich zu schießen (der erste Schuß war auf eine Frau namens June Ogilvie gerichtet, eine Frau auf dem Bürgersteig) – jetzt will er *mich* haben – ich renne – ich bin den Tränen nahe, schreckerfüllt, daß er hinter mir her ist – Die Kiste gehört mir – er springt rein, »jetzt klaut er meinen Wagen!« stöhn ich – »Zum Teufel mit dieser Welt!« Und hinter dem Steuer hat sich mein Kumpel nicht bewegt – war er vom ersten Schuß getötet worden? Es war Don Jackson aus Mex City – ich wollte, ich hätte die Wagenschlüssel nicht im Auto gelassen – ich war gefahren und gefahren, durch diese gespenstische Eisenbahnstation Rainycity – Der Verrückte schoß wieder – ich befand mich in dem Ozonpark, durch den ich manchmal nachts auf einem verlassenen Boulevard mit einem Bus zu dem Davenport-Verandahaus meiner Mutter fahre – rüttelnd und schüttelnd, gejagt von den Toten – verloren verloren verloren in der unendlichen Ewigkeit unserer Bestimmung –

LETZTE NACHT WAR MEIN VATER WIEDER in Lowell – Oh mein Gott, was für ein gehetztes Leben – er interessierte sich kaum noch für was – Immer wieder kommt er zurück in diesem Traum, nach Lowell, er hat kein Geschäft, nicht mal einen Job – irgendwelchen Gerüchten zufolge helfen ihm ein paar geisterhafte Freunde, auf der Suche nach Beziehungen, er hat viele Beziehungen, besonders unter den ruhigen, misanthropischen alten Männern – doch er ist schon schwach und hat sowieso nicht mehr lange zu leben, also kommt's ohnehin nicht darauf an – er hat sich total von den Lebenden zurückgezogen, seine frühere Erregung, Tränen, Beredsamkeit, alles ist verschwunden, weg, nur noch Blässe ist zurückgeblieben, nichts berührt ihn mehr – er macht einen verlorenen und abwesenden Eindruck – Wir sahen ihn in einer Cafeteria, gegenüber von Paige's, nicht das Waldorf, woanders – er sagt kaum was zu mir – meistens redet meine Mutter mit mir über ihn – »Ach ja, ah bien, er vivra pas longtemps ce foi *icit*!« – »*Dieses* Mal wird er nicht mehr lange leben!« – sie hat sich nicht verändert – obwohl auch sie seinen Verfall beklagt – Mein Gott Mein Gott dieses gehetzte Leben ich hoffe weiter gegen jede Hoffnung gegen jede Hoffnung, daß er trotzdem am Leben bleiben wird, obwohl ich nicht nur genau weiß, daß er krank ist, sondern daß es sich auch um einen Traum handelt und er im wirklichen Leben längst gestorben ist – TROTZDEM – Ich mach mir Sorgen... (Als ich »Town and the City« schrieb wollte ich sagen »Peter macht sich Sorgen, bis er weiß wird« – denn die gespenstische Traurigkeit, die ich in diesen Träumen fühle, ist weiß –) Vielleicht sitzt Pop sehr still in einem Stuhl, während wir uns unterhalten – früher kam er für gewöhnlich aus der Stadt nach Hause, um eine Weile dazusitzen, nicht so sehr, weil er sich hier zu Hause fühlte, sondern weil er keinen anderen Platz hat, wo er zu der Zeit hingehen könnte – tatsächlich hängt er den ganzen Tag im Billardsaal herum – liest ein bißchen in der Zeitung – er selbst will ohnehin nicht viel länger leben – und genau darum geht's – er ist so ganz anders, als er im wirklichen Leben war – ich glaub, in diesem geplagten Leben seh ich nun seine wahre Seele – die meiner Seele ähnlich ist – das Leben bedeutet ihm nichts – oder, ich selber bin mein Vater und das alles bin ich selbst (besonders in den Frisco-Träumen) – doch es *ist* Pa, dieser große, fette Mann, gleichzeitig auch zerbrechlich und bleich, doch so geheimnisvoll und kerouac-unähnlich – bin das wirklich ich? Gejagtes, gehetztes Leben – und all das geschieht nur Zentimeter entfernt von den eisernen Wolkenträumen von 1946, die meine Seele retteten (die Brücke über Y, von der ›Cafeteria‹ 10 Häuserblöcke weg –) Oh, zum Teufel damit –

SIE WOLLTEN MICH NICHT auf dem Schiff arbeiten lassen, obwohl es gerade von dem North River Pier losgesegelt war, wo Joe und ich so oft langspaziert sind – ein grauer, scheußlicher Pier – wacklig, durchlöchert, dahinter »Julien's Besserungsanstalt«, wie ich ein gewisses fremdartiges arabisches Wohnhaus getauft habe, der Platz, wo Ma und ich auf dem Deck des Kriegsschiff's standen in jenem berühmten Traum, in dem Krebse im Wasser schweben und den Hubbard 1945 analysierte – ich bin in meinem Quartier, wir sind bereits auf See, ich fühl mich einsam, fürchterlich, verloren in einer Unzahl frischgestrichener Räume und Schränke und

Kojen und ich hab Angst vor dem kalten grauen Meer und die Beamten kommen rein, um meine Papiere zu kontrollieren und der eine, der Anführer, noch ziemlich jung, grinst – ich nenn ihn Offizier, soll heißen Erster Offizier, vergesse das ›Sir‹, – »Du kannst ohne dies und jenes Papier nicht fahren«, sagt er mit ungläubigem Lächeln, »Du wirst die Reise mitmachen müssen, bloß arbeiten darfst du nicht« – ich hatte geholfen, die Leinen loszumachen – um genau zu sein, ich war in allerletzter Minute an Bord gerannt, als das Schiff schon durch den überfüllten Kanal fuhr, ich konnte seinen Schornstein an den Dächern vorbeigleiten sehen – wie ich an Bord gekommen bin bleibt unklar, ich kehrte gerade von einem gespenstischen Ball, der an einem Ort mit riesigen Räumen ähnlich dem Mexico Harbour City Tower stattgefunden hatte, zurück, ein totales Durcheinander von allem und jedem – Oh John Kerouac, mein armer geplagter Junge, du treibst schnurgerade in einen langen traurigen Traum – Rauch liegt über dem Tar River, der Spatz erhebt sich mit zartem Flattern –

DANN ARBEITE ICH BEI DER EISENBAHN, was ich, wie ich jetzt erkenne, in meinen Träumen seit *Jahren* für die Barrostook Crock & Crane R.R. getan habe, die zweiseitig östlich und westlich von Lowell nach Lynn und ähnlichen Plätzen entlang trockenem, fast mexikanischem Wüstenboden verläuft, vorbei an verloren wirkenden Bremserhäuschen, die Straße zu irgendeinem überdimensionalen Boston – jetzt bin ich fast in Kalifornien und Cody und mein Vater vermischen sich zu dem einen Übervater-Image der Anklage, sie sind wütend auf mich, weil ich meinen Vorortzug, meinen Frachtzug verpaßt hab, ich hab das Mutter-Image irgendwo in der Vergangenheit versaut, hab was Kindisches getan (der kleine Junge schreibt im Zimmer) und dabei ganze Waggonladungen von Männern aufgehalten – schließlich komm ich an den Schienenstrang, doch inzwischen rollt der Frachtzug so schnell vorbei, daß ich mich nicht mehr trau, aufzuspringen – ein verbissener Pop-Cody ist bereits an der Arbeit, in seiner eigenen, hoffnungslos verlorenen Nacht mag alles draufgehen, aber bei Jesus Christus, wenn es Zeit ist, an die

Arbeit zu gehen – dann sind da noch wütende Matrosengesichter auf Schiffen, ich hab an der Pumpe Mist gebaut – W.C. Fields im Overall eines Weichensteller's bei den Schienen, die puppengleichen Bremser springen auf den schnellen Zug – ich bleib zurück und steh dumm da mit meinen eigenen Sorgen – steck bis zum Hals in meiner eigenen dumpfen Trau –

EINE LANGE AFFAIRE DIE GANZE NACHT DURCH MIT EINER FRAU, die Marlene Dietrich sein soll – »an ihrem Mund erkennt man sie« – andere Leute scheinen skeptisch zu sein, daß sie Marlene ist, obwohl ich dran glaube oder zumindest dran glauben will – ich geh auf irgendeinen Parkplatz und erzähl dem Besitzer der Gebrauchtwagen, daß Marlene mein Mädchen ist – der Parkplatz liegt bei Bridge St. Lowell, gegenüber vom großen grauen Warenhaus auf der anderen Straßenseite – Dort wird mir ein ›Life‹-Magazin gezeigt mit einem großen Drei-Seiten-Bildbericht von mir im Regenmantel (braun, maßgeschneidert), ich komm daher als »einsamer Autor in Trauer«, aufgenommen aus verschiedenen Perspektiven – dunkelhaarig, düster, Falten im Gesicht – mir gefällt's nicht, mir wären Nahaufnahmen lieber gewesen, außerdem wußte ich nicht, daß diese Aufnahmen gemacht worden sind – von Marlene, nehm ich an – ihr *Mund*, der Schlüssel zu ihrer Person, war grotesk verhunzt, fast so, als hätte sie Raffzähne, so ähnlich wie der Mund von Bill Wagstrom in Mexico City oder der Mund vom Gebrauchtwagenmann in Rocky Mount (ein großer schwerer Mann mit Panama-Hut) und der Mund von Shorty's Frau in Easonburg, und irgendwie auch der Mund von Nina Fouch, obwohl der nicht verhunzt ist, sondern wie bei der echten Marlene im wirklichen Leben.

EIN LAGER, um ein Feuer herum fast sowas wie Unterirdische aus der Provinz (Monterrey Hipsters), Mädchen usw., ich bin dabei, steh aber auf, um mich auf den Weg nach Kanada zu machen (der Nacht-Verkehr), zurück nach Kanada und den Möbeln der frühen blassen Zwanzigerjahre (traurige Nachmittagsperlen), Szenen aus meiner Kindheit, zusammen mit meiner Mutter – es ist eine lange Reise, ein trauriger Trip, ich geh los, komm aber zurück, um was zu sagen, niemand kümmert sich drum, auf der Straße ist eine Katze, in diesem Traum hab ich einen Hauch von Unsterblichkeit gespürt – Das ist das erste Kapitel vom echten Buch »On the Road« ––

EINE LANGE REISE nach Mexico City, ich geb meinen Eisenbahnjob in Kalifornien auf, noch bevor er überhaupt angefangen hat (genau wie beim Carolina-Eisenbahnjob) und bekomm es unterwegs mit Häusern und schmalen dreckigen Straßen zu tun, sowas sieht man heutzutage gar nicht mehr, weil sie das Auto dafür erfunden haben, fünf Meilen eine breite, tote Straße runterzufahren für etwas, wofür man früher gerade eben mal über die Straße gegangen ist – ich mach blöde Tonbandaufnahmen mit Eisenhower, er läßt sich dazu herab, ist aber wirklich freundlich und hat Spaß und nichts dagegen, seine dämlichen Worte der Nachwelt zu hinterlassen, anders als die Politiker im wirklichen Leben – ich komm mit Guy Green in Mexico City an, geh ins Haus von Hubbard und schließ meinen neuen Langspielplattenspieler an und spiel das Band für Guy ab – er selbst ist Eisenhower – er mag es und kapiert's und lacht – dann fliegt die Tür auf und Hubbard stolpert total besoffen rein – um mich dafür zu »entschuldigen«, daß ich so uneingeladen in sein Haus eingebrochen bin, sag ich zu ihm, »Ich hab den neuen Plattenspieler hier und einen Haufen Geld« – so ungefähr wie, *Na, bist du nicht dankbar, daß ich da bin?* – doch er schwankt bloß in der Gegend rum, macht häßliche Bemerkungen, spuckt auf den Boden, geht in sein Zimmer, jedesmal, wenn Guy (der von mir so oft gehört hat, wie großartig er ist) mit ihm zu reden versucht, ist Bull absolut stockstumm, so, als würd er's mit Absicht machen – er beleidigt Guy fürchterlich, weil er irgendwie gespürt hat, daß ich Guy auf ihn vorbereitet hab und jetzt ignoriert er alles und schweigt mit diesem halben Lächeln – ich bin restlos sauer, will sowieso mit ihm nichts mehr zu tun haben, am Endpunkt jeder Reise hab ich ein paar neue Paranoias im Gefolge, ich hab auch ein schlechtes Gewissen und komm mir albern und aufdringlich vor, weil ich den Eisenbahnjob so schnell aufgegeben hab, jetzt bin ich im Arsch, sämtliche Brücken hinter mir sind verbrannt bis in alle Ewigkeit – Früher war mein Vater nach West St. zurückgekommen, doch jetzt war er nur noch ein Säufer und antwortete nicht oder kümmerte sich einen Dreck um irgendwas – störrisch wie ein bösartiges Kind – und ich mit meiner Mutter, eingefangen in der verlorenen Unheimlichkeit eines 4.-Juli-Festes, machen ihn runter, dazu Feuerwerke auf der First St., namenlose Ereignisse schwanken durch die Straße in Richtung auf Joe's am Bunker Hill und runter ins Zentrum von Centralville – die Rose rankt sich um die Veranda, das müde Licht des Hauses, so ähnlich wie das Licht in dem Cody-Polizistin-Aschenbahn-Kindertraum von Motten – der Mystische Kelte ist noch längst nicht verdammt, er hat um das Fellahische Weltband einen Slavischen Knoten geknüpft, der Arameische Frühling drückt die Eisernen Amerikas in den Untergrund –

HAB GETRÄUMT, AUF IRGENDEINER MÜHSELIGEN PILGERFAHRT zu sein, zusammen mit einem Mann und einer Frau in irgendeinem mongolischen Ödland, und als wir (schon wieder) zu der Fellahischen Stadt kamen (aus dem wie Wellen plätschernden Fellahischen Traum), ganz graue Zementfabrikfarbe und Trostlosigkeit, sagte ich, »Immerhin könnt ich in eurer Stadt hier so tun, als wär ich euer Gefangener – um genau zu sein, in Wirklichkeit bin ich euer Gefangener, wenn man sich an die Fakten hält –«
»Ja, so ist es!« Sie redeten viel, voller Unschuld, voller Freude, besonders die Frau – es können Mongolen gewesen sein – ich lief auf dem Gehsteig, mein Gewehr trug ich mit der Mündung nach unten, wie es sich für einen Gefangenen gehört und sie hielten die Spitze von unserem Fahrzeug oder Karren, mit dem wir durch die Wüsten gekommen waren – insgeheim mißtraute ich ihrer Freude, wir waren zu einer Art Jesus-Pilgerfahrt losgezogen, nun ließen sie ihre Gedanken von kriegerischen Dingen beeinflussen – schließlich aber vertraute ich ihnen doch –

DANN RÄUMTE EINE GANZE GRUPPE VON UNS Möbel in ein Haus, doch mit denselben Methoden wie eine Gruppe von Güterwagen-Rangierern und Bremsern, zum Beispiel sagt der Vorarbeiter zu mir »Schwing dich da drauf« und dabei ist's ein glänzender Mahagony-Sofa-Tisch, den stoß ich über den glatten Hartholzboden in ein Zimmer rechts daneben, (so ungefähr wie auf Schiene 2), es ist ein Schlafzimmer, wir haben Beziehungen untereinander wie die Kinder, in gewissem Sinn sind wir Gefangene, oder Kinder, zwar unschuldig, doch in der Vergangenheit sind wir schuldig geworden – Die ganze Gegend ist verrückt mit den Möglichkeiten erst kürzlich geschehener Ereignisse, der Kreis in Mexico (Orizaba Parkhäuser, gruppiert um einen hübschen Teich bei Nacht, erleuchtete Fenster) und der blonde Junge aus der Achtundachtzigsten (schaut so aus wie Willie) und das neue Fellaha-Land ---

ICH HATTE DEN TOLSTOI-TRAUM, ein großartiger Film, mit Bolkonsky-Boldieu als tapferem Offizier, der durch den Druck der Ereignisse einen wilden Offiziersball verläßt und sich dadurch verrät und sie brüllen Trinksprüche wie die Russen und nehmen ihn auf der Stelle fest, und er, ganz indigniert und voller bedeutungsschwerer Anspielungen – In der Zwischenzeit hat man mir gesagt, ich soll auf die besonders gelungene Aufführung des »Bauern« achten – des alten fellahischen Helden – er trägt eine Kosakenuniform, ein Soldat kommt in sein fremdartiges Zimmer, um ihn zu verhaften, der Bauer steht einfach da, – ich hab das Gefühl, daß nicht nur ich, sondern auch mein Vater diesen Film sieht, er läuft im Apollo in der 42. Straße und es ist so wie das gegenwärtige Kapitel vom großen verlorenen Verlorenen Vater – natürlich ist ›*Town and the City*‹ vergriffen und ich erinnere mich an meine Vorfreuden beim Teetrinken, an die Stärke und das Wissen Gott segne die Reinheit der Martins, die Kerouacs meiner Seele, immer noch unerfüllt – wir schauen alle zu, wie der Bauer mit den verschiedenen Situationen fertig wird, er nimmt dem Soldaten das Gewehr aus der Hand, auf komische Art und Weise, mit einer rätselhaft undurchsichtigen Bemerkung, er zieht ein Gesicht

und richtet die Mündung nach unten, der Soldat wird von diesem brüderlichen Bauern nicht positiv beeinflußt – das Publikum lacht mit Tränen voller Teilnahme in den Augen, das ist das große Tolstoische Kino.
Der Bauer hat einen gewaltigen Kopf und trägt einen riesigen Hut & verlorene Trauer in seinem Gesicht, genau wie der Offizier gewaltige Wut in seinem ––

VON DER EISENBAHN ODER EINER DRAISINE aus oder auch einfach nur von einem Flug durch den Raum seh ich das nächtliche Kalifornien am Wege liegen, unten gut erkennbar eine Sträflingsgruppe von Landstreichern und Säufern wie auf der 3ten Straße, mit gewöhnlichen, jedoch vom Trinken geröteten Gesichtern wie der Schaffner Fields, sie sind in Ketten, sadistische fette Wachen haben sie ganz krank gemacht, sie zittern, ich seh, wie sie bloß zum Spaß rumgestoßen und gefoltert werden, kann es aber in der Dunkelheit nur undeutlich erkennen, doch einen lauten Schrei hör ich ganz klar »Du hast gewonnen! Du hast gewonnen!« Wahrscheinlich hat ein Wächter irgendeinen von diesen armen Teufeln nur deswegen gemartert, um so einen Aufschrei zu hören – mir wird schlecht – nur zwei Häuserblöcke entfernt, wo die Autos auf einen Abhang geparkt sind wie in den Weizenstädten des Mittelwestens, jedoch auf einer in rosa Neon erstrahlenden kalifornischen Straße, sehe ich zwei verschiedene Prügeleien zwischen winzigkleinen Kindern, die zwischen den Autos kämpfen, während die Erwachsenen zuschauen – Jungens & Kinder, da haben wir das System in seinem ganzen Glanz – ich wach entsetzt auf – Alpträume sind Paranoia ––

EIN WEITERER, IMMER WIEDER TRAGISCHER TRAUM VOM »ERZÜRNTEN ADLIGEN« des großen tolstoischen Kinos – jetzt seh ich ihn bei seinem Familienleben in einem Haus, das in einem fremdartigen New Haven – oder was immer da auch an alten Träumen mit hineinspielt – gelegen ist, und er besitzt eine Familie, vor allem ein wunderschönes blondes Kind, sehr skandinavisch aussehend, »wie der Sohn von dem Wissenschaftler aus Kansas mit blondem Haar, der das Land für sich beanspruchte« – (beim Trampen August 52) – außer mir möcht ihn jeder küssen, sie küssen ihn auf seine erotischen rosigen Lippen, der Adlige (der wie ein Bulle wirkt) wartet mit besonderem Vergnügen darauf, bis er an der Reihe ist, den Jungen zu küssen – er ist »so schwul, wie der Tag lang ist,« wie Hubbard – tatsächlich hab ich gerade jetzt eine Vision von Hubbard, wie er sich schließlich endgültig zu einem alten, gutmütigen Wüstling ohne jeden Verstand entwickelt – nur noch »wartend auf seinen Schlabberkuß« von Regenbogenlippen – & Bull kam in dem Traum schon viel früher vor, aber irgendwie im gleichen Haus, das mit viel zuvielen Möbeln vollgestopft ist, die alle braun, düster & für mich wunderschön sind – ich rede wirklich mit jemand über Möbel, wir sitzen bloß da, in anderen Räumen gehen andere Sachen vor sich – das ganze Haus ist gespenstisch & fast schon wieder ein Boot – jedoch eindeutig »in Maine« gelegen – oder in manchen Augenblicken auch in der Nähe eines grandios erleuchteten Kansas, mit Auftritten von Fellahischen Zigeunern abseits der Hauptstraße auf dreckigen Straßen unten in Mexico, so ähnlich wie in der Nähe von Rastro bei Dave's, die Autos rasen nach Osten & Westen unter großartigen, weißstrahlenden Himmeln, von hier aus liegt Mexico »südlich« (wie im Geographieunterricht) – das Haus liegt rechts, auf einem kleinen Hügel, und als ich, mein Vater, der Adlige & ein Fahrer uns dem Haus nähern (Tante Whozoo's ist drinnen), umringt plötzlich ein Haufen Männer unser Auto, um uns zusammenzuschlagen – sie öffnen die Tür, sagen zu mir »Raus« – ich denk dran, rauszuspringen, mit wilder Wut in Gesichter zu schlagen, dann denke ich an meinen armen Pop, zusammen mit mir auf dem Rücksitz und ob sie den armen alten kranken Mann verprügeln werden? – (als ich aufwachte bettelte ich »Ihr könnt meinen Vater nicht verprügeln!« »Er hat Krebs!«) – doch sie kümmern sich nicht drum, der Adlige hat irgendwas gemacht, was sie zu wilder Entschlossenheit hingerissen hat, ihnen sind Persönlichkeiten & Väter egal, im Aufwachen merk ich, daß ich getreten und geschlagen & wahrscheinlich umgebracht werden soll, aber der Adlige – nein, ich glaub, er wird auch umgebracht und zusammengeschlagen – der Narr hat irgendwas getan – mein Vater sagt nichts – Ah, was geht in dieser Welt vor? –

daß jetzt die Männer kommen, um uns zu verprügeln! – was wollen die entsetzten Frauen im Fenster sagen? Wo ist das hübsche Kind? der Engel? – Geträumt im Cameo Hotel.

UNWAHRSCHEINLICHE GESCHICHTEN DIE GANZE NACHT DURCH, fantastisch detaillierte Alpträume, wie ich in einer Schlange zweimal die Hosen verlier & als Perverser von der Polizei gesucht werd, weil ich so viel mit Jungen und Mädchen von der High School zu tun hab, während ich meine Hosen verlier – ich red eifrig auf sie ein, über meine Oberschenkel hab ich irgendein dünnes Halstuch – ugh – auf merkwürdige Art und Weise ein triumphierender schwuler Heiliger – Beim ersten Mal besteig ich einen örtlichen Personenzug er fährt durch weißes, strahlendes Land, vollgepfercht mit völlig ähnlichen Schulkindern – ich bin schon die ganze Nacht hinter irgendwas hergewesen – irgendeine Beziehung mit Jugendlichen, im Verhältnis wie eine Absteige in Chicago zur Greensboro Heilsarmee – ich besteig den Zug als eine Art offizieller Bremser, doch irgendwie hab ich meine Hosen verloren, ich versuch mich zu bedecken, aber der Stoff oder das Halstuch rutscht ständig und zeigt meine Oberschenkel, meinen Schwanz, aber ohne Ständer, hoffentlich sieht's niemand – es ist »geradeso wie« der Traum in den vorangegangenen 5 lausigen Nächten, Waldo Walter's Frau ist zusammen mit mir in einer Hütte, verrückt, wir unterhalten uns angeregt und vertraut und gerade als sie mir den wichtigsten Punkt zeigen will kommt plötzlich Waldo rein und im gleichen Augenblick fällt ihr Kleid runter und enthüllt einen winzigen Schwanz, nichtsdestoweniger besteh ich drauf, daß er »zu einer Frau gehört« – eine Frau mit einem Schwanz, das ist alles – und Waldo sieht das, worauf wir aus waren, »im falschen Licht«, wir hatten »keinerlei sexuelle Absichten« – auf die gleiche Art sieht man jetzt meinen kleinen Schwanz – errötend versuch ich mich zu bedecken, meine milchweißen Oberschenkel sind haarlos – irgendwie komm ich in den Hof einer großen verlassenen Schule wie der Horace Mann meiner Träume, doch die Schule liegt in einem strahlenden New Britain California Land und immer noch ohne Hosen schmiede ich dort Pläne, sie zurückzubekommen und ein paar Kinder sehen mich von den Fenstern des Klassenzimmers aus (wie die Fenster des Queens General Hospital, eingelassen in eine orangene Wand, auf der man den Staubabdruck eines riesigen Porträts, das früher dort hing, sehen kann, ein Bild von meinem Diplom oder vom Bruder oder der Mutter, ich hab's vergessen, vielleicht auch von mir) – die Lehrer sind ärgerlich, rufen die Polizei (all das Gerede, die Details entziehen sich uns für immer!) – ich schleich in der Gegend herum und such meine Hosen – dann finde ich in einem riesigen Haus mit einer dreißig Meter hohen Decke meine gesamten Gedichte, Manuskripte, alle sexuell, verrückt, enthüllend, verstreut zwischen Schallplatten und Büchern und ein Haufen Schulkinder ist bei mir und lacht über meine Mätzchen und über meine Beschreibung, wie ich meine Hosen verloren hab, doch jetzt wissen sie, daß ich verrückt bin und machen sich grausam über mich lustig, die Polizei kommt, ich schleich nach unten, um meine strafbaren, enthüllenden Manuskripte zurückzubekommen, ich mach »sshh« zu Emil Ladeau, »die Lady oben wird dich hören!« – wir schauen hoch, am Fenster im 4ten Stock ist die arme harmlose Mrs. Garden!!!!! – (Emil Ladeau hab ich früher mal wegen seiner Nase beleidigt, in dem John MacDougald Werkstatt Traum) – Mrs. Garden wird nichts sagen, ich hab Zeit – »Es war schrecklich, beim letzten Mal hier hatte ich keine Hosen, natürlich waren die Bullen hinter mir her, *zweimal* das Gesetz gebrochen«, sage ich – und noch tausend andere verrückte Sachen – in mir sitzt der gleiche Schrecken wie in einem alten Traum von der Henry Street, in dem ich jemand umgebracht hab oder Zeuge davon war, ich versteckte dabei ein verräterisches Manuskript in einem Abfallkorb, es hatte diese rosa Farbe, wie Hummer, Handtücher oder Hospitalwände – Erst gestern hab ich mich schuldig gefühlt, weil ich *Doctor Sax, On the Road* geschrieben hab, ein dümmlicher, von Schuldgefühlen geplagter Idiot, der unveröffentlichbare Ausschußprosa aus dem Irrenhaus von sich gibt – Ah, komm zu Papa, na komm schon – die Schulmädchen waren grausam, die Jungen ebenfalls – ich kann nichts dafür, daß ich meine Hosen verloren hab, sie kamen mir irgendwie auf der Aiken St. Brücke abhanden – es ist eine derart furchtbare Brücke, man geht auf schmalen Kabeln, sie ist so groß wie die ganze Welt – Vom anderen Ende beobachte ich alles vom obersten Fenster einer Wohnung, so ähnlich wie Julien's Dostojewskische Dachkammer oder wie die New Yorker George Jessel am obersten East End – die ganzen Kinder spielen auf dem Dach gegenüber, quer über dem Hof sind Netze gespannt, um die Abstürzenden aufzufangen, wenn jemand fällt schauen die anderen Kinder lächelnd zu – der Abgestürzte weint unten im Netz – *Ich hab dir erzählt, daß es grausam war* – die Mütter sind nicht sonderlich besorgt – »warum können sie nicht auf den Bürgersteigen spielen,« sag ich, – »da ist kein Platz, die Zivilisation ist mittlerweile zu gewaltig« – Schuld ist ein Traum, die einzige Realität ist Mitleid . . .

EINE UNGEHEURE FAMILIENGESCHICHTE, das Ganze findet in einem riesigen hochgelegenen Apartment an der See statt – die gleiche See der Flutwellen und Seeschlachten – zuvor am Anfang der Geschichte gibt es da intelligente Mädchen, Kinder, in einem großen Zimmer, nachdem irgendwas mit dem Mädchen aus dem Riesigen Zimmer war hält Halvar Hayes ein Kätzchen am Genick und würgt es und ich und noch irgendjemand (Joe Gavota war in der Nähe) versuchen seinen Griff zu lösen – »Du bringst die Katze um!« schrei ich – und versuch, Hal's Gesicht zu zerkratzen, drück seine Nase ein, zerr an seinem Haar, alles, tret ihm in die Eier, bloß damit er das Kätzchen losläßt, aber er tut's nicht – beide ziehen und zerren und stoßen wir an ihm herum, doch er will einfach dieses kleine sterbende Kätzchen nicht loslassen – mir bricht das Herz – und Hal ist solch ein jämmerlicher Feigling – ich versteh nicht, wie alles endet, da sind Ablenkungen und graue Szenen treiben auf der shakespeareschen Bühne meines Traumhirns – und am nächsten Tag lebt das Kätzchen immer noch und spielt! Ich bin erstaunt, erfreut, ich leb wieder richtig auf – und der arme Hal ist wegen nichts gequält worden? – Judas würgte Jesus! oder daß Jesus wegen einer eingebildeten Katze von Judas gefoltert worden ist! Dann wechselt die Geschichte zu dem oberen Apartment, darunter im Kellergeschoß sind Läden, eine echte Radio Stadt oder ein Paramount Theater, ein jüdischer Winterzufluchtsort, Menschenmassen, – große Gesellschaften besuchen uns, wir sind sehr gut möbliert (wie Kereskys) – smarte kleine Margaret O'Brien Mädchen – ich beschütze sie – wir machen Erbschaften – Krisen kommen und gehen – plötzlich, mitten in einer Cocktail-Party gehen zehn Stockwerke tiefer unten am Strand die Wasserbomben hoch (das hier ist die Vorderseite des Zeitungsgebäudes in New Britain, an der ich mal baumelte) – »die Wasserbomben!« schreien wir alle – »oder vielleicht ist's bloß Spaß, bloß Feuerwerk!« Ein irres Durcheinander – Große schwarze Rauchwolken zischen bei jeder Explosion zehn Stockwerke hoch – Ich und die beiden weiblichen Wunderkinder oder ein erwachsenes Mädchen und ein Wunderkind und der andere männliche Held rennen die Halle runter, um zu fliehen, doch ich warne sie »Haben wir unser wertvolles Eigentum mitgenommen?« Nein – wir haben's nicht – für einen Augenblick sind wir hin- und hergerissen – dann rennen wir zurück, um unsere wertvollen Sachen zu holen (in unsere Zimmer, ähnlich den Zimmern, wo ich meine Hosen verloren hatte, als hätte ich eine tolstoische Kindheit gehabt in Schlössern, wo die helle Sonne durch Versaillische Palastfenster strömt, mit edlen Bäumen davor) – (nahe bei Andover St. in Ernie Malo) – doch jetzt versuchen wir uns unentschlossen zu entscheiden, was wir retten wollen, und in der Zwischenzeit hetzt die Menge der Touristenkinogänger zu den Aufzügen und wir schließen uns ihnen mit leeren Händen an und wie wir so Stockwerk für Stockwerk mit aufleuchtenden Knöpfen, die die Etagen anzeigen, runterrütteln, mach ich mir Sorgen, daß plötzlich eine Wasserbombe die Kabel zerreißen und uns so alle umbringen könnte – Hier, in der allgemeinen Verlorenheit der Familie, ist es wie in der Nacht, als Gerard starb und oben in den Schlafzimmern die heulenden Verwandten und draußen krachte das Feuerwerk (das von uns, herausgeschmuggelt und von meinen Cousins abgefeuert) – ja, Nin, die junge Nin der alten Kindheiten ist eine von den Wunderkindern, sie und ich müssen überlegt haben, was wir in der allgemeinen Zerstörung retten sollen, um es mit uns zu den Baileys zu nehmen – ich muß wohl geglaubt haben, die Welt geht unter, als Gerard starb – Ja, der quirlende Strom der Touristen stampft im Kielwasser durch unsere Apartments, einer der

Helden dieser Geschichte ist anscheinend gestorben (Hal? die Katze?) und wir Kleinen kämpfen um winzige Erlösungen inmitten gewaltiger Detonationen der Katastrophen der Erwachsenenwelt, oh mein trauriges Leben der kleinen Seelen kehr zurück --

IN DEM GROSSEN HAUS AN DER LAKEVIEW AVENUE, in einer vergangenen Nacht in Centralville, plaudert ein manierlicher, doch eher jugendlicher-gesitteter schaffnerartiger Verkäufer mit mir, während er auf seine Unterredung mit dem Aufsichtsrat der Southern Pacific Railroad wartet, dem auch Cody angehört und der entscheiden soll, ob der Verkäufer eingestellt und behalten wird – doch er ist so eifrig und traurig, daß ich sofort der Meinung bin, er sollte natürlich eingestellt werden, wer sonst könnte die Muster besser verkaufen und in der Tat »Hat er bereits eine Anzahl von ihnen verkauft und er ist so begeistert von seiner Arbeit – Großer Gott, warum nicht?« – Außerdem erinnert mich der Verkäufer an den guten alten Jimmy Bissonette-Emil Kerouac, Franko-Kanadier aus Lowell, und ich bin ganz auf seiner Seite, in Hausschuhen steh ich in der Küche herum, wie 1928, als Blanche's Ehemann da war in seinen trostlosen Gamaschen – »Empfehle ihn für den Posten,« sag ich zu Cody – direkt am Fuße des Hügels, wo ich noch kürzlich (Bunker Hill) auf dem nach Osten gewandten Weißen Pferd vorbeigaloppiert war – Cody gibt wie gewöhnlich nur »Yeahs« und »Awups« von sich, obwohl er im Traum ein bißchen menschlicher wirkt, wie eine noch nicht ganz leere Weinflasche – der Aufsichtsrat erscheint zur Versammlung: ein dicker Vorsitzender, nichtssagend und wortlos wie Wayne Brace, und daneben die arschkriechenden Bremser ohne Gehirn.
In der Zwischenzeit war »Verkäufer Manierlich« bereits über der Straße im Heim für Alte Lehrer gewesen und hatte sogar mit meinen alten Lehrern vom Gymnasium über mich geredet, von denen einer jedoch eine wirkliche Ähnlichkeit mit mir leugnete, weil alles schon so lange zurücklag – »Nun«, – sag ich – Die Kommission tagt ... Cody wird seine Stimme weder in der einen noch in der anderen Richtung abgeben, weil's ihn nicht betrifft. Brace wird *dagegen* stim-

men, eine Selbstverständlichkeit für den Repräsentanten des Managements, und die Bremser werden sich ihm anschließen. Ich bin nicht in der Kommission, werde aber nichtsdestoweniger eine aufrührende, erinnerungswürdige Rede halten, in der ich ›Manierlich‹ aus offensichtlichen, praktischen Gründen (wie ich aufzeigen werde) für die Eisenbahn empfehlen werde und weil ich ihn außerdem mag als ein armes verlorenes menschliches Wesen der Nacht und ihm genauso gut auch helfen kann – doch alles endet schließlich in einem Wach-Tagtraum und ich hab nur 3 Stunden in 2 verdammten Tagen auf dieser verdammten Eisenbahn geschlafen – sie können sich das ganze Amerika in den Arsch stecken und alle Schienen und eisernen Maschinen dazu – ich werd nach Brittany zurückgehen und meine Fischer warnen: »Fahrt nicht mehr zur Mündung des St. Lawrence, dort hat man euch schon mal reingelegt – *ils vous on joue un tour.*«

ICH GLAUB, ES WAR MEINE GEBURTSTAGSPARTY und aus irgendwelchen Gründen war's genau so wie bei meiner Hochzeit, eine große Versammlung von Leuten meiner Generation ehrten mich, das Ganze fand in einem großen einstöckigen Haus statt, das gewisse Ähnlichkeiten mit dem Kellostone Haus auf der Hildreth Street, 5 Jahre war ich damals, hat und dem Gershom Iddyboy Haus und auch mit dem von der Sarah Avenue, wegen dem Grundriß, mit der Küche zur Straße raus hinter dem Wohnzimmer und auch die kleine Hütte überm Hof hat Alice Kerrigan Qualitäten, aber am Ende stimmt's doch nicht ganz – Meine Mutter ist in der Nähe, wahrscheinlich hat sie die Party arrangiert, nimmt dann aber nicht daran teil, um nicht zu stören (Ah, Gaby Jean!) – natürlich schleichen sich ständig Elemente von N.Y. ein – Wein, Bier, alle Arten von Drinks stehen bereit – Jim Calabrese kommt und Cody und Evelyn, und Gruppen von Unterirdischen, gut angezogen und cool, die ich nicht mal kenne, haben von der Party gehört und kommen, weil ich berühmt bin sind sie mir gegenüber fast feindlich . . . Warson muß da sein, und Madeleine ist da – Julien – doch die Leute, die Freunde sind ein kraftvolles, intimes Gemisch anstatt momentan Prominente, denn das arme Gehirn hat Sehnsucht

– Alle treffen ein – das ruhige, höfliche Gerede um nichts, wie es sich für den Anfang einer Party gehört – Aber erinnert sich jemand dran, daß ich gesagt hab »Etwas, das passieren sollte, ist einfach nicht passiert?« – (Ich bin ein Schriftsteller, eine traurige Figur) – und ohne jede Vorwarnung fällt die Party auseinander – kein Gelächter – schlechtes Zeichen – die Unterirdischen sitzen bloß beunruhigt rum, reden mit niemand – Garden versucht, eine Unterhaltung in Gang zu bringen – Cody schweigt wie ein Stein – ein Kommen und Gehen, nicht viel Fröhlichkeit oder Saufen – Gruppen gehen »für einen Moment« raus und verschwinden in der Bar über der Straße – Es fängt an zu schneien – die Traurigkeit wird tief und tiefer – bald erkennt jeder, daß die Party ein totaler Fehlschlag ist – auf manchen Gesichtern erscheint ein mitfühlender Ausdruck – kleine Grüppchen tun sich zusammen und reden eifrig über die Party – ein paar Mädchen mit Beileidsgesichtern kommen auf mich zu – Natürlich *bin ich* nicht beunruhigt, weil ich schon längst eine kleine private Party in Lionel's Bude in einem nicht weit entfernten Haus arrangiert habe und schon ein paarmal zwischen da und der offiziellen Hauptparty hin- und hergependelt bin – bei Lionel gibt's Platten, Tee, ein paar Mädchen, Danny Richman, Josephine – immer dieses herzerweichende Gemisch, keine Berühmtheiten – Cody ist auf dieser Nebenparty ein- und ausgegangen, so wie wir bei Deni Bleu mit Lionel und Danny reingegangen und rausgeflogen sind, – Danny ist tatsächlich auch da, gerade vom Schiff zurückgekehrt, hat (unzweifelhaft) eine Menge von dem Wein und dem Bier geladen und ist tief enttäuscht, wie immer – Schließlich ist fast niemand mehr da auf der Party – Zwischen den Partygästen hat derartiges Schweigen und Sprachlosigkeit geherrscht, daß es zum heißdiskutierten Thema des Abends unter der Handvoll vertrauter, schnell betrunkener Freunde, die in meiner Wohnung zurückgeblieben sind, wird – mir macht nur ein bißchen Sorgen, daß all die Anstrengungen meiner lieben Mutter, für mich eine nette Geburtstagsparty zu veranstalten, vergeblich waren – Cody dreht in der Küche ein bißchen Stoff, läßt Buckle und mir jedem sechs Stäbchen auf dem Tisch zurück und haut ab (ohne viel zu sagen, das heißt, meine Sorgen oder die von sonst jemanden gehen ihn nichts an, und außerdem bin ich nicht wirklich in Schwierigkeiten, bin bloß auf Cody's Meinung gespannt, die er nicht von sich gibt, denn selbst als die vielschichtige Person, die er ist, hat er das Gefühl für diese Art von Beurteilungen verloren) – Ich steh draußen in dem kleinen Hof, die meisten von ihnen sind verschwunden, die Drinks haben sie mitgenommen – in dem kleinen offenen Hof, während der nächtliche Schnee auf mich fällt, betrachte ich liebevoll die kleine, mit Fensterläden verschlossene Hütte (wie Nachbarn von Cody damals 1047) – Ich erklär Buckle, der sein Marihuana raucht, »Das ist das kleine Haus meiner Vergangenheit – Wie merkwürdig, daß eine der Früchte meines Seins so erwachsen und erfolgreich ist, um dieses kleine Haus der Ewigkeit in meinem Hinterhof zu haben, oh, was für eine gespenstische Nacht! Oh heiliger Schnee! Diese Geheimnisse – mein Vater – wir alle, was sollen wir tun?« Ich überleg, ob ich ein bißchen Marihuana rauchen soll, um mein kleines Haus besser zu verstehen – die Nachbarn, die darin leben, sind momentan nicht da, ein »altes Pärchen« – nein, ich hab mit dem Stoff Schluß gemacht, es entfremdet meine Seele von mir, »wie es Cody von sich selbst entfremdet hat« – das kleine Haus hat Dachvorsprünge, wie Pfefferkuchenhäuschen, braun, ein Märchenhaus verlorener Kindheiten in irgendeinem Königreich der Vergangenheit – Traurig, ich geh zurück zu den letzten Drinks, den letzten Gästen meiner Party – ich hab meinen Mantel an und sitz in einem Stuhl, mürrisch und düster – Das Klavier, jemand klimpert noch dran, das letzte Klavier, zwischen leeren Gläsern – alle sind niedergewalzt von der Erkenntnis, daß man aus einer unschuldigen Party so ein furchtbares Schlamassel machen kann, nicht mal in der Lage zu sein, zu reden oder miteinander zu sprechen über den Punkt hinaus, wo es sie beunruhigt, zu erkennen... die ganze Generation ist betroffen... die Brunette kommt auf mich zu, die ich mal geliebt habe, und immer noch irgendwie liebe – Sie ist »Jim Calabrese's Schwester«, vielleicht auch Jim Calabrese selbst, aber »ganz bestimmt nicht Marguerite,« eher schon Maggie Cassidy, sexy, traurig, vertraut – Außerdem ist sie in so starkem Maße Madeleine Warson, daß es mich beim Gedanken an diesen Namen schüttelt – Sie sagt zu mir, in tiefes Nachdenken versunken, »Komm, wir wollen den Morgen irgendwo zusammen verbringen – die Party ist aus, sei nicht traurig – Tröste mich.«

»Dich trösten?« sag ich mit aufdämmernder Freude.

»Wie?«

»Tröst mich einfach – was dir gerade einfällt.« Sofort seh ich mich selbst, wie ich sie mit Küssen und Liebe überschütte – mein Herz bricht vor lauter Liebe zu ihr – und Dankbarkeit – weitermachen – und zufällig erinner ich mich hastig dran: »Ihre Familie hätt's gern gesehen, wenn du sie ein paar Jahre zuvor geheiratet hättest – damals hat sie dich geliebt – Jetzt hättest du nicht nur sie, sondern auch noch eine Menge Geld« – »Aber du hast alles sausen lassen wegen irgendeinem Hirngespinst über dich selbst, da geht's um Traurigkeit, und deshalb ist deine Party traurig, du Narr« – In der Zwischenzeit ist June Ogilvie auf meine Party gekommen und wieder gegangen, zusammen mit den Unterirdischen, wie eine Fremde, ein Zuschauer – sie hat mit ihnen über andere Dinge geredet – Doch meine intime Gruppe, zu der auch Madeleine gehört, redet nur von Traurigkeit, eine großartige Gruppe – Ich geh raus mit Madeleine, zum Hafen, einer ihrer Matrosenfreunde steht dort an einer Ecke vom Pier, gutaussehend, Muskeln, seltsam lange Arme – er schnappt sie, stößt sie gegen die Wand und küßt sie lang und ausdauernd – ihre Hand streckt sich mir entgegen, zuerst denk ich, vor Entsetzen über diesen »Trost«, doch sie meint bloß die Flasche Portwein in meinen Armen – sie nimmt einen Schluck, Arsch an die Wand, der Gangster an ihrer Möse, – ich bin erstaunt – scheint so, als würd ich den Kerl auch kennen, und trotzdem bin ich natürlich eifersüchtig – Eine Minute später versuch ich, sie ebenfalls gegen die Wand zu drücken, für so einen Kuß, damit sie zu mir ebenso weich und entgegenkommend ist wie zu ihm, doch sie wehrt sich, entschlüpft mir, zum Schluß treff ich ihre Wange in einem verlorenen Kuß – (»Zum Teufel mit deinen Träumen!« sagt Evelyn –) Ich hab sogar Angst, zu fragen, was sie als »Trost« möchte und irgendwie hab ich auch ihre Bitte verraten – Das ist die Rolle von Maggie Cassidy – ihre reichen Eltern war die Rolle von Marguerite Calabrese –

Wieder zurück auf der Party, ein anderer Tag jetzt, das Haus hat sich in ein Büro verwandelt, all die Leute arbeiten an

Schreibtischen, es muß Montag morgen sein, durch die Fenster preßt sich ein grauer Himmel, es ist wie das Krankenhaus an der Kingsbridge (mit New York als Panorama) (in »Albany«) – mein Schreibtisch steht am Nordende, genau wie damals mein Bett – Wallington's Schreibtisch südlich davon, wo der Neger Johnson war und auch der sterbende Mr. Kaiser – (war) – Typen von der Party sind noch da, doch jetzt alle an der Arbeit – Broschüren, Schnellhefter liegen herum, – Gedrucktes, – Madeleine ist jetzt beschäftigt, nicht so dunkel, arbeitend, nicht so sexy – geheimnisvolle Ereignisse, – Selbst die Unterirdischen kommen mit Papieren aus der Westhalle – Wallington redet ruhig und ohne Pause, oder er diktiert an seinem Schreibtisch, nicht im mindesten durcheinander – ich hab alles durcheinander gebracht – ich höre ihn sagen »Wir müssen liebend arbeiten oder überhaupt nicht –« auf seiner Broschüre, die ich in Händen halte, seh ich diese zuversichtlichen Worte ebenfalls gedruckt – »WIR MÜSSEN ALLE LIEBEND ARBEITEN, SONST NICHTS« – liebend, IN Liebe – LIEBE – er predigt diese merkwürdige Sache in einem feierlichen geschäftsmäßigen Büro und ist darüber nicht mal beunruhigt, plötzlich erkenn ich, daß er ein großer Mann ist, ein Heiliger, er ist unerschütterlich und fast ein bißchen verrückt in seinem Beharren auf diesem Punkt – und besonders auf meiner Party, die seiner Überzeugung noch Auftrieb gegeben hat und jedermann weiß es – der Große Wallington predigt Liebe in unserer Mitte, von seinem Schreibtisch aus in unserem Büro – doch im Hintergrund unserer Köpfe ist uns allen klar, daß die Machthaber nicht zuhören werden, Wally ist mit seiner »Liebes«arbeit bereits zu einer Art komischem Kauz abgestempelt worden – doch ich bin bewegt, und in der Nacht wach ich auf, voll von Erschauern und Erkennen –

DIESE TOLLE BLONDINE TANZT NACKTBRÜSTIG auf einer goldenen Bühne vor dem mürrischen Charlotte N.C. Publikum, diese Zaza-ähnliche Schönheit – irgendwann fängt sie an, ihren Slip runterzuziehen, zwischen ihren sinnlichen, so sexy wirkenden Schenkeln kann man das braune Haar ihres Venushügels sehen – Alte Damen fangen an, in spießbürgerlicher Aufregung das Theater zu verlassen, schließlich erheben sich sogar junge Männer und halten zwischen ihren Sitzen kleine Versammlungen ab und ich hörte sogar jemand nach einem Ausschuß rufen, einem Strick, einer Lynchpartie – überall Aufruhr – die Blonde tanzt weiter, ihre riesigen quellenden weichen weißen Brüste mit den blaßrosa Warzen wippen im goldenen Schein der Rampenlichter – ich fang an zu schreien »Schluß mit diesem Aufstand, das ist eine wunderschöne Frau – genießt und beobachtet sie – schert euch nicht um eure Lynchpartien und Gesetze – ist das denn *alles*, was euch interessiert? Das ist Leben und Liebe, was euch da ins Gesicht springt, schlürft es, solange ihr könnt – außerdem werdet ihr doch einer so netten Frau wie dieser hier nichts antun wollen –« Niemand hört mich, wütende Südstaatler schreien mit Südstaatenakzent und mir kommt's vor, als hätte ich nie gewußt, daß sie in solchen Dingen so bösartig und einig sein könnten – Gedränge aus dem Theater raus – ich renn zu der Bühnentür, renn hinter der Blonden her, die nun ihre blauen Hosen angezogen hat und mit ihrer Reisetasche zu ihrem Bus eilt – quer über ein Feld hinter dem Barackentheater – sie schüttelt den Kopf und sagt zu mir »Nun ja, ich glaub, in Charlotte hat's nicht ganz geklappt – mein nächstes Engagement ist Elmira – seit einem Monat bin ich mit der Nummer unterwegs – in Kewark hab ich recht nett abkassiert –« und in dem Stil geht's weiter mit Showbusiness Ernsthaftigkeit und »Unschuld« – über Sachen in der wirklichen, politischen Welt – und sie ist klein, mein Gott, so groß und statuenhaft auf der Bühne, mit viel Busen, und jetzt ist sie eine zu kurz geratene geschäftsmäßige kleine Showbusiness Blonde, die in Hosen dahinmarschiert – eine flotte, sehr flotte Marschiererin, ich komm kaum mit –

DANN ERLEB ICH WIEDER DIE SELMA CALIFORNIA Szene vom Jahr 1947, Baumwollpflücken und mit Bea und dem Kind in einem Zelt leben – jetzt ist das ganze Baumwollfeld mit Gebäuden bedeckt, merkwürdige braune einstöckige Lebensmittelgeschäfte auf Schienen, so breit wie ein richtiges Haus, Lichter drinnen, in den Regalen Waren – zum »Gebrauch« der Stationskräfte – ich geh über den Abfall, betret einen Laden, eine wunderschöne Brünette, sehr sexy, sagt zu ihrem Vater »Siehst du, alle Männer sind scharf auf mich« – nachdem ich sie voller Bewunderung angeschaut und was gesagt hatte –

»In Ordnung, Irene,« meint ihr dünner Okie-ähnlicher Vater resigniert – ich sitze drinnen im Warteraum an einem Tisch und warte drauf, daß ich bedient werde – ich erkenne, daß sie »Irene Wrightsman« ist und das ist »Wrightsman, der Ölmillionär«, ihr Vater – mir wird klar, daß ich durch sie zu Geld kommen könnte –

»Kennen Sie die-und-die?« sagt sie zu mir – »Cousine von dem-und-dem?«

»Sicher – das ist doch der –«

»Die Cousine wird eine Million in Öl erben –« (was ich schon zuvor wußte.)

Ich wach langsam auf und vergeß ihren ganzen Sex, um mit mir und ihnen über diese Millionen zu spekulieren – (Eisenbahn ruft, Klopfen an der Tür) –

Am gleichen Tag sehe ich zum erstenmal, wie ein braunes, im Ranch-Stil gebautes Fertighaus auf Rädern aus San Mateo rausgerollt wird – direkt auf die Straße – und erzähl den Traum dem Bremser Neal McGee, der lacht und meint, »Muß ja ein ganz schöner *Alptraum* gewesen sein!«

ICH WOLLTE EINEN ROSAFARBENEN WOLLENEN SWEATER KLAUEN außen vom Ladentisch eines jüdischen Kleidergeschäfts, quer über der Straße vom Park – direkt an der Stelle, von der ich mal den Jungen auf dem durchgegangenen Pferd beobachtete, wie er die Zügel verlor – New Haven, aber auch das Chicago der Parks, und im Aufwachen die Erkenntnis, daß es nur das wirkliche Frisco war und der Park lediglich ein Zusatz von Boston – doch ich schnappte mir den Sweater, geradeso wie eine Büchse Fleisch im Laden, versuchte, ihn unter meinem Mantel zusammenzulegen, oder in meinen Armen, lief so ganz nebenbei durch den Verkehr in Montreal zum Park, doch als ich aufwachte sah's so aus, als hätte er mich ertappt, als hätte ich alles nur geträumt – ein Tagtraum, in dem ich ihn klau – rosa, Wolle, ich brauch nicht mal einen Sweater, Edna hat einen rosafarbenen, ich hatte mal einen roten Kaschmir (wo?) – (wann?) – (Barbara Dale in Greenwich Village) – es ist das Mittelklassen-Sicherheitsgefühl von rosa Wollsweatern, das ich haben wollte.

MEINE ARME TRAURIGE MUTTER ANGIE versucht, vom Wagen runterzukommen, ich seh sie oben an den Schienen, sie trägt schwere Lasten, sie ist mir »Mit der Eisenbahn gefolgt«, es ist schwer für sie, von den hohen Waggonstufen runterzuspringen, sie macht's trotzdem, – Wie kurz, vierekkig, traurig sie ausschaut – wieviel Leiden, nur damit sie mir jetzt in diesen letzten müden Jahren »auf der Eisenbahn folgt« – Schließlich, nach einer Reihe von »Umzügen« in der Nacht, steht sie bei einer Weiche, für diese Nacht sind wir fertig – sie sieht so müde aus, alt und grauhaarig und endgültig erschöpft jetzt, schwerer, viel langsamer, ihr Redestrom ist versiegt – mein Herz bricht, als sie sagt »Reite ton *point*, Jean – und lauf nicht auf deinen armen Beinen – reite – und komm zurück nach Hause. Ich werd meine »Weiche reiten« zum anderen Ende, das wird das Ende meines Tageswerks sein, wir werden uns jetzt ausruhen, haben so hart gearbeitet – mein Herz ist gebrochen, mein Gott, von dieser traurigen einsamen Mutter, durch die du mich hast entstehen lassen und von der mitleiderregenden Art, in der sie das Eisenbahnerwort »point« mit Franko-Kanadischem Akzent gebrauchte, so traurig, als würd sie mit ihrem Baby reden – dieses schroffe Okie Wort benützen zu müssen unter dem Streß der schroffen, ungastlichen Umstände dieser Erde – Oh mein Gott, rette sie – rette mich – sie ist mein Engel und meine Wahrheit – Warum zerreißt es mir das Herz, daß sie das Wort als »pwaint« ausgesprochen hat – diese Franko-Kanadische Art, Englisch dazu zu gebrauchen, um seine demütigenden Bedeutungen auszudrücken – kein Nicht-Frankokanadier kann das nachfühlen –

DER UNGLAUBLICHSTE BEAT-TRAUM in der Welt, spielt in der Nähe der St. Rita Kirche, auf der Straße von Moody, doch als meine Mutter und Schwester Nin und ich auf irgendeiner Art von Zug die Mammoth Road hochfahren, kommt eine Frau angerannt und ruft »Ich will Dinah Shore sehen!« – Sie, Dinah, wohnt ein Stück weiter die Straße hoch, direkt beim Gymnasium, – in einem Haus – sie hat einen »kanariengelben« Wagen oder ein Cabriolet, auf den ich deute und sag zu der Lady, »Das wird ihr Haus sein, Olivia DeHaviland hat ein kanariengelbes Auto« – (die Namen verwechselnd) – Meine Mutter und meine Schwester begleiten die Frau: doch ich bleib zurück in einer Art von plötzlich erschienenem Sarah Avenue Haus, es ist Sonntag, ich bin der 30 Jahre alte Beat-Bruder und Rumtreiber der Familie – »Dinah Shore« steht vor ihrem Haus und wie sie sieht, daß ich den weiblichen Autogrammjäger zu ihr dirigiert hab, sagt sie, mich dabei auf »förmliche« oder »höfliche Hollywood« Art anschauend – »Möchtest du nicht mit uns hereinkommen?« (auf einen trübsinnigen Besuch) –

»Oh nein – ich bin beschäftigt –« doch es ist für sie klar, daß es sich nur um eine Ausrede handelt und in meinem Kopf kalkulier ich bereits die Vorteile, die eine Bekanntschaft mit »Olivia de Haviland« bringen können – Also geb ich nach, auf ganz offensichtliche Art, und wir gehen rein –

»Ich bin Schriftsteller«, verkünde ich freiweg, »Sie sollten mein Buch lesen«, sag ich zu der Gastgeberin – »Ihr Gatte ist ebenfalls Schriftsteller – ein sehr großer Schriftsteller Marcus Goodrich.« Und dann bricht die beständige Vorstellung, daß Dinah Shore wirklich Olivia DeHaviland ist, zusammen und ich sag »Oh ja, natürlich, Sie sind Dinah Shore, ich denke dauernd, Sie sind Olivia DeHaviland« – das alles ist so blödsinnig – und ich bin nicht rasiert und steh da in ihrem Wohnzimmer, sie ist ganz kühle Aufmerksamkeit, ich fühl mich wie eine dünnere, jüngere Ausgabe des Major Hoople, der früher wirklich mal kurz am Erfolg riechen durfte, doch schnell in Vergessenheit geriet und heimkehrte, um von seiner Mutter und seiner Schwester zu leben, aber weiterhin »schreibt« und sich wie ein »Schriftsteller« benimmt – auf der kleinen Straße – Jetzt merkt meine Schwester, daß ich alles verpfusch, sie greift ein und auf eine noch viel ungeschicktere Art macht sie den Versuch, Dinah mit einer zögernden Rede in Canuck-Englisch zu beeindrucken (Ver-

suche von gesellschaftlichem Geschick) (und wirklich schmerzvoll anzuhören), stürzt sich in eine Rede über dies und das, und so weiter, um zu zeigen, daß sie zu einer Zeit mal wirklich chic gewesen ist, wir gewesen sind, unsere wirkliche Herkunft viel eleganter, als man nach außen hin sieht (trotz ihres bejammernswerten Bruders, und sie hat geredet, um mich wirklich zu schützen und gleichzeitig runterzumachen, weil sie ihre eigenen Vorstellungen davon hat, wie man Leute wie Dinah Shore beeindruckt) und Dinah hört lediglich noch kühler zu – und meine Mutter steht daneben, wie die Lady am Anfang, die ein Autogramm wollte – es endet mit dieser öden kümmerlichen Notiz ... und ich voller Angst und meine Fingernägel kauend – die Comic-Oper unserer wirklichen Tage –
Außerdem bin ich noch ein selbsternannter Vorstadtcasanova, bereit, all die Hausfrauen aufs Kreuz zu legen, doch in Wirklichkeit wollen sie von mir nichts wissen, außer ein paar von den Älteren, die meiner Mutter was anhängen wollen –

13 STUNDEN TRÄUME EINE GANZE NACHT LANG – ich besuche »Eddy Albert's« Haus in einer Art Andover Street, ein unglaubliches reiches Haus, ebenfalls erst kürzlich geträumt von »Ernie Malo's« Haus, das natürlich zur Andover gehört, und »namenlos« verbunden ist mit diesem Traumhaus, wo ich meine Hosen verloren hab – new Britain, das Fußballstadion, der Fluß, der Schutzdamm, der Hartford-New Orleans glitzernd-dunkle Boulevard, die Pension, wo ich lebte – Eddy Albert's Vater, der mir im wirklichen Leben einen 100 Dollar Schein zeigte, kommt in diesem Traum vor, in einem reichen Mackstoll Wohnzimmer, ich komme von der Andover Street rein, bleib stehen, um die moderne Front zu bewundern, fast spanischer Stil, doch schlichter, »diese Leute haben Millionen«, ein großes tolstoisches Haus mit Hallen und Ereignissen und Patriarchen am Kamin, ich sag Hallo zu jedermann in diesem namenlosen New York, das in Keresky's San Rico oder sonstigen Türmen liegt – Gott, die jüdischen Millionäre, die ich gekannt hab, für die ein dicker Teppich mehr bedeutet als die Rettung von 2 Milliarden

leidender Sterblicher in dieser wimmernden Welt die bösartige Intelligenz von Bill Keresky! In Eddy Albert's Badezimmer verschnauf ich, schau hinaus, als seine Schwester ›Ricky‹ (nach Ricky Keresky) in einem alten Auto heimkommt und mit einem kleinen Truthahn zum Spielen herausklettert – sehr hübsch, mit bleichem Gesicht, dunklen Augen, kleinen sinnlichen Ringen unter ihren Augen – ich beobachte, wie ein Masturbator im Badezimmer, denke daran, daß sie es sich in diesem Traum niemals träumen lassen würde, daß ich sie beobachte – die reiche Ricky, ich könnte sie und mit ihr Millionen haben, doch sie hat mir nie einen Blick geschenkt und würde es auch nie tun (ich erinnere mich an ihr Schlafzimmer neben dem Badezimmer, als sie 17 war, 1939, jetzt muß sie eine ranzige alte Kanaille sein mit Schoßhündchen und einer Gier nach Nerz, die ganze Industrien verschiebt) – doch hier ist sie noch ein junges Mädchen – und draußen ist's grau, irgendwie regnet's, wie beim tragischen Andover Anwesen – und in dem Phebe Avenue Haus gab's das Kätzchen, eingehüllt in Zement, als tot hatte man's in seinem mitleiderregenden Käfig zum Verwesen auf einem Ast liegen lassen, doch plötzlich sah ich, wie es versuchte, sich zu bewegen, immer noch am Leben, ich schrie auf, rannte zu meiner Mutter und bat sie, ihm zu helfen, sie nahm ein Messer oder einen Stock, um ihn abzukratzen, wusch ihn mit heißem Wasser, er jaulte dabei vor Schmerzen, er hätte bereits seit 3 Tagen tot sein müssen – ich versuchte, mir vorzustellen, wer die Bestien auf Gershom oder Phebe oder Sarah waren, die sich so einen idiotischen Scherz geleistet hatten – (wie zum Beispiel die Katze im Life Magazin, natürlich) – auf der grünen Veranda, wo ich Jockey gespielt hatte (Steigbügel am Geländer), arbeitete meine Mutter hart an der Rettung der kleinen Katze – ihr Gesicht vor Anstrengung verzogen, doch sie gibt nicht auf – in der Katze zuckt das Leben, erstaunlich, wie diese kleine Seele es geschafft hat, zu überleben –

Es gab noch andere Träume, lange Geschichten, doch außer diesen beiden kann ich mich für diese Nacht an nichts erinnern – sie strömen in einem gleichmäßigen Strom aus derselben Quelle –, ich erwachte und genoß den Gesang der kleinen Vögel und hatte eine Vision von Indianern, wie sie in dem sanften braunen Land der braunen Berge unter dem blauen Himmel hausten, nicht in Spanien, sondern Mexico – prophetische Träume um 8 Uhr an einem Frühlingsmorgen in Sarah Avenue Lowell – Warum schreiben, gib dich dem unendlichen Genuß hin wie der demütige St. Francis – kehre zu Fuß nach New York zurück, gefolgt von den Kindern, besuch den knieenden Irwin und den Stavrogin-äugigen Julien in einer East Side Street – trage den Besitz von Liebe und Genuß in dir, sei in deiner Seele das Kind, wieder das gleiche Kind, vergiß Literatur und Englisch nach diesen nächsten 15 Jahren der Kunst, und ziehe dich zurück in die Wüste zu Fasten und Gebet und steige hinab zu den lieblichen Dörfern der Menschheit.

»MEINE MUTTER IST SCHWANGER« und wegen einer Abtreibung wird sie nach Chicago gehen müssen und ich werde in der Zeit allein in der Stadt sein und an einem Freitagabend geh ich raus aus dieser Billardhalle, ich hab ein weißes Hemd mit gestärktem Kragen an, und eine Tweed-Sportjacke, und ich schlender so dahin, wie ich es in der Grundschule und im College getan hab, zuerst schau ich schnell mal rein, was die Jungens im braunen Billardsaal machen, an den Kartentischen, dann stürz ich mich in die glitzernde Nacht der Stadt und ich bin frei und für eine Woche kann ich tun und lassen, was ich will, und ich bin jung und glücklich –

ICH FAHR DURCH EL PASO, ein deutlicher Traum und eine Vision, Geschäfte und Hütten bunt durcheinandergewürfelt wie auf dem Markt der Diebe, genauso mit grünen Hütten, Obstabfall auf schmutzigen Lehmwegen, dahinter der Dreck des Orients, hockende braune zerlumpte Figuren, endlose Häuserblöcke davor unter dem klaren blauen Himmel eines Morgens in der Indianerstadt, von tausend giftigen Töpfen steigt Rauch auf, fremdartige versteckte Kleider, wild, Orangenschalen, Bananen, Ende – ich fahre mit jemand durch und ruf »Schau dir dieses wilde El Paso an! – die Kleine hat mir erzählt, das wär der wildeste Platz in ganz Amerika, wenn du mittendrin lebst! – das hier ist bestimmt mittendrin!« – und vor uns wachsen die Blöcke der Wolkenkratzer einer gespenstischen Stadt hoch, aber es ist nicht Mexico City, es war auf einer Ebene in Texas, und nicht nur das Texas des rauhen Schnees und Mond über den Bergen, denn plötzlich sah ich Apache Navajo Indianer mit ihren zottigen Ponies an einem düsteren Futtergestell, sie stehen vor Büffelzelten in der allgemeinen beklagenswerten Zerstörung der Markthütten und sie tragen schlappige Reiterhüte, gekrümmt und gebleicht vom Schnee der Texasebenen, und schöne große Decken, die sie über ihre kummervolle kleine Bemalung geworfen hatten – Texas, St. Joe und die Unabhängigkeit des Alten Wirklichen Amerikas, düster, kalt, weißer Nebel steigt von ihren braunen Mündern, schwacher, dünner Rauch von Feuern, die nicht warm genug sind, der kalte blaue scharfe Morgenhimmel im Februar – das El Paso der Grenze, der Navajos und Indianer, der Markthütten und Dunghaufen und Ponies, der traurigen Indianer und der Schutthaufen der Armut – die Stadt, dieses wilde, gigantische El Paso – ich war total High! Ich wollte raus aus dem Wagen und dort leben, bei der Eisenbahn arbeiten, es fühlen und kapieren, wie ich es geplant hatte – *High* werden! –

LANGE ZEIT, BEVOR ICH BEI DER EISENBAHN GEARBEITET HATTE, in früheren Träumen, in denen ich auf dem mexikanischen Kontinent herumreiste, waren es immer Schienen – Eisenbahnen – traurige Berge – die Eisenbahn, der gelbe Boden – lange traurige Reisen – Jetzt bin ich in Mexico City, ich werde in den prächtigen Apartments von Bull und June wohnen, June ist jedenfalls immer noch am Leben – Sie haben kostbare braune Möbel, doch irgendwie müssen sie zusammen mit einem väterlichen ältlichen Paar und furchtbaren Langweilern leben, ein 40jähriger Okie-Maler oder Zimmermann, gutmütig, aber mißtrauisch, und einer komischen Type von Frau, mittelalterlich, dünn und verhaut, mit einer heiseren Stimme (wie Vera Buferd), Tallulah ähnlich, sexy – ich geh ins Schlafzimmer, so eine Art stillschweigende Übereinkunft mit June, daß wir ein bißchen ficken werden, wir steigen zusammen ins Bett, June redet und erzählt und plötzlich springt die Frau auch ins Bett und das ruft den Okie auf den Plan und es schaut ganz so aus, als wär er über all das nicht sonderlich erfreut oder irgendwas ist falsch gelaufen und, der Teufel soll mich holen, ich muß tatsächlich die Annehmlichkeiten dieses Hauses verlassen – und so komm ich nie dazu, die arme traurige June zu bumsen – und Bull treibt sich irgendwo im Haus herum, schweigend, interessiert sich auch nicht für meine El Paso Navajo Ponies (so wie damals, als ich in der 118ten Straße im Dunkeln neben June im Bett lag, voll von Benzedrin, und Bull kam rein, setzte sich hin und unterhielt sich mit uns) – Dieser verhaute Typ von Frau will nicht wirklich ficken, sondern bloß einen Vorfall inszenieren, der mich aus dem Haus schafft, was ich E. schon längst zugetraut hab. Also bin ich wieder draußen in der Indianerkälte, kehr zurück nach El Paso und lauf durch den dreckigen Schnee mit Engeln in meiner Seele, whoopee! Das ist El Paso!!

ALL DIE SCHWULEN KLEINEN BALLETTÄNZER DER EXSTASE sind da – Theater, ich bin dabei, dieses alte gespenstische Opernhaus und Oberschulauditorium und die Halle für die Klassentreffen meiner vergangenen Tage, mit Andeutungen von all den Bühnen der Zeit und auch der Schauspieler, und dahinter all die Korridore, Requisiten, Tanzmädchen, Phantome, Kulissenschieber, Bühnenhelfer, Lon Chaneys, Ernie Malos und Madeleine Poopy Dolls einer armseligen Zeit – ich weiß nicht, was passiert ist, Sitze, Dunkelheit, Lichter, Krach, Ereignisse, blah, wah, ging hinter die Bühne, fallende Sandsäcke, die Marx Brothers – wenn es die Erleuchtung gewesen sein könnte dort an der weißen Wand, meine Güte, die Schaffner haben keine Lust, um Erlaubnis zu bitten oder die Kinder schreien zu lassen, während sich die Platte dreht und die Maschine alles überdröhnt und dabei alles in sich reinsaugt, Zucker, Gewürz, Streichhölzer, den Staub der Gosse – Scheiße! Es war das Theater, es war der Unendliche Traum, zu viel, um es verstehen zu können und doch konnte es nicht bis zu dem Tag warten!

WIR SIND IN FRANKREICH, Cody und Evelyn und ich, fahren kreuz und quer durchs Land, ich sitze hinten im Kombiwagen auf Decken und Tüchern, die Sonne scheint durch das Glas, ich sage, »Es ist heiß hier, wir wollen weiter nach Paris!« doch Cody ist beim Tanken, beschäftigt, und will in diesem hügeligen Teil des Landes noch einige Zeit bleiben. Über das Land sind Straßenschilder von Dali verteilt, Mutt und Jeff-Cartoons im Schatten, ein verrückter Ort, mit einer zentralen Ausfallstraße, die sich durch die Hügel nach Paris hinzieht. Doch ich kann einfach nicht glauben, daß wir wirklich nach Paris gehen und bin schrecklich ungeduldig. Was für ein dunkler Traum in einem kalten Raum. In einer kalten Zelle.

EIN KAHLER ÖDER HÜGEL »außerhalb von Mexico City« und ich verstecke mich in Löchern, schaue auf den Ozean mit seinem fremdartigen Strand, Leute kommen her, um mich in der wehenden Brise zu betrachten – Schließlich bekomm ich eine gute Handvoll Marihuana und betaste es lächelnd mit meinen Händen – Ein Freund ist in der Nähe – Es geschieht etwas –

DIE SIGNALHÖRNER ERTÖNTEN in einem weißen Sandhof und ich bin da, zusammen mit dem gleichen Soldaten, der durch General MacArthur's Artillerie durchkam in dem Krankenhaus-Traum, und Zelte sind da, – Rechts, in einem dunklen Stall, werden wir bei irgendwas erwischt, das Krankenhaus hat rote Ziegelsteine – wahrscheinlich hab ich ein Hemd mit Punktmuster angehabt oder doch eher graues Segeltuch und irgendwas vom Feld der Elefanten wirbelte den Staub auf dem Karnevalsplatz hoch, die Stände, die Nacht, die wartenden Leute – aufs Feuerwerk – man gab mir ein weißes Hemd, oder ein Leichentuch – im Hof die Zelte, die Signalhörner – wir brechen auf in Richtung irgendeiner Art England – Suppen kochten in großen Pötten in schweinefetten kupfernen Küchen mit erstklassigen Rippenstücken und dem alles verschlingenden Duft von kochendem Wasser mit dem Geschmack – von Rindfleisch. Doch nichts davon für uns, ein paar überflüssige Fresser. Irgendwie hatte es ein bißchen was zu tun mit dem Hügelhaus in der anderen Nacht, als ich ein Kind war, unter Kiefern – nicht so klar wie die ursprünglichen Kiefern unter der frühzeitigen Morgenschule am Hügel in der Hildreth, mit der Bäckerei dahinter – die junge Lehrerin, die auch (hübsch wie sie war) einen Platz unten am See hatte – frühe, primitive Holzschnitzereien – und später dann, Boote... doch ich bin bloß ein kleiner Junge und eben erst in den Morgen des Lebens erwacht – und ich steh in dem Hof, taufeucht, rötlich von der aufgehenden Sonne, die gerade über den Schulhügel gestiegen ist, ein Knirps, einsam – ich hab wirklich eine Parade zur Feier des Waffenstillstands gesehen, von meiner Holzveranda im dritten Stock aus an einem kalten roten Morgen, weinend, weil ich zurückkehren wollte zu den Wäldern all jener Sommer

IN BULL H'S GROSSEM FLUGZEUG fliegen wir alle los – es hat riesige Flügel, eine DC-was-auch-immer, es hebt ab von unserem großen Landgut in der Nähe der Pine Brook Wälder und los geht's – zu der Karnevalsstadt in einem fremden Mexico, er bringt sie runter ohne einen Fleck an den großen Gummireifen über dem schwarzen Grund, rollt sie direkt hinein – Es gibt Drinks im Flugzeug – Zuerst wollte eine Frau ihren Mantel über meinen Sitz legen, doch ich nahm ihn hoch, setzte mich, legte ihn über meinen Schoß, sie entschuldigte sich, schließlich legten wir ihn über die Rückenlehne eines Sitzes, und dröhnten und schüttelten weiter durch die Luft – Wo sind wir? was tun wir? – Bloß eine kleine, vertraute Gruppe von uns, die in einem Flugzeug aufsteigt – Die Rollbahnen warten auf uns – in den New Yorker Apartments ist einiges vorgefallen, wir fliegen los – wir landen im Mexico der Navajo Rauchtöpfe und der traurigen Ponies von El Paso, Fahnen wehen: – wir sind geschäftlich hier – außerdem ist es noch das Gelände des General MacArthur Hospitals – und Kanada – merkwürdige Träume – der Ort mit den Zelten letzte Nacht –

VON DER SPITZE EINES GRASHÜGELS GESEHEN außerhalb der Stadt sieht es wild und aufregend aus, Mexico City, da gibt es Elefantenwasserlöcher, komische Schäfer, mich mit einem riesigen, nun ja, nicht gerade riesig, eher mittelgroßen Beutel Marihuana, in dem ich mit meiner Hand wie in Gold wühl, aber es ist bloß Gras, und der Tag ist strahlend, die Wolken fließen, das Plateau nördlich des Großen Amerika der Welt ist schön und weiß wie der Bart eines Patriarchen in dem Popocatepetl-Himmel – du, in Seide und Spitzen – Ereignisse –

ROLAND BOUTHELIER fährt uns, Ma, mich und einen Haufen Kinder auf dem Rücksitz, von irgendwelchen Festlichkeiten heim – Wir waren in einer Frühlings-Stadt mit einem Schloß und hölzernen Behausungen – ich hatte den Tagtraum, dort zu leben, in riesigen Schloßzimmern meine Schwester wär von der Größe meines Zimmers und Ma's Zimmer ganz erstaunt – Aber ich wollte auch in den Häusern leben und ich sah hoch und einige von ihnen waren verlassen, zerbrochene Fenster, schauten wie ausgebrannt aus – (Wir fuhren durch Maine, unglaublich traurig das Land) – ich lief herum, auf dem Boden des Schlosses, der Stadt, – Im Schloß selbst war Bertha Fortier Joe's Schwester ganz allein mit ihm und Philip – Familie ist schimpfend abgehaun – und ein kleines Mexikanerkind, das ihnen gehörte und das hoch oben an der Fassade herumkletterte, runterfiel und im Hof mit einem tragischen Plop auf Händen und Knie und mit dem Bauch aufklatschte und ich dachte »Oh, er wird deswegen sein ganzes Leben verkrüppelt sein!«? wie ein paralytischer Schwimmer, doch Joe schien es nicht zu bemerken noch schien das Mexikanerkind verletzt – er ließ sich einfach runterhängen und tauchte von seinem Thron hinab – Dann bat ich Bertha um ein Sandwich, zog Sex mit ihr in Betracht, dachte an ihre großzügige Figur auf der Couch etc. – wanderte durch die großen Hallen hinter der Küche – die »Haupt«familie war zu irgendeiner Feier weg – Dann nahm ich ein Taxi und mußte mich beeilen, um in einer kleinen Seitenstraße im Einkaufsbezirk am Fuße des Hügels von Moody einen Anwalt zu finden – ich war auf dem Hügel, winkte Taxis heran, erwischte eins, großer Wagen, in dem der Fahrer seine Frau vorn bei sich hatte, doch ihr riesiger Mantel und viele Päckchen füllten den ganzen Rücksitz aus und ich mußte mich anstrengen, alles beiseite zu schieben, fluchend, damit ich mich setzen konnte, doch sie bemerkten es gar nicht – Als wir zu der Show kamen, sprang ich heraus, zahlte, und merkte dann, daß ich nicht genau wußte, ob es wirklich einen Anwalt in diesem Einkaufs-Kino-Bezirk gab, hatte nur davon gehört – Da waren Schwingtüren, ein Saloon, Leute, Lärm – der Name von einem Zahnarzt oder Anwalt auf einem Schild – schmelzende Schneebänke in den Straßenläden –

Joe – Roland – Oh welche Verlorenheit – Er, Roland, fuhr uns zurück nach Lowell in einem 29er Model T Ford, bald würden wir die Traumfabriken wieder über den Kiefern auftauchen sehen – und es würde Sonntag sein – und das Pawtucketville der geheimnisvollen Radar-Luftangriffe, des Terrors – das Royal Theater ist selbst jetzt in diesem Augenblick dunkel – Meine Ma saß vorn bei Roland, als er die Lakewiew Road entlangfuhr, die der gespenstischen Mexico Road ähnelt – Mein Vater nicht da – wie damals, als einmal Joe, Philip, Ma und ich allein mit Roland fuhren –

Pauvre Roland, er ist auch Cody – Es war warm, sonnig, die Erde schmolz frühlingshaft dahin in dieser Schloßstadt, wir waren nach Süden gegangen, vereinzelte Schneeflocken, feucht, malten duftende Flecken in die klare Luft – Ereignisse – ich sollte nur den Anwalt holen, hab mit dem Streit nichts zu tun – All das ist für immer vorbei. Wie lautet der Name unseres Todes?

Alles, was wir verloren haben, wird im Himmel zu uns zurückkehren.

ICH RENNE zu der Sandbank hinter dem Altersheim, nackt, will nicht, daß mich jemand sieht – ich merk, wie sich ein Haufen kleiner Kinder nähert, ich sitz im Sand, bis zur Taille vergraben, bis sie vorbei sind, neugierig schauen sie mich an – Dann setze ich meine Flucht durch die Wälder fort – Wieder zurück im rotziegeligen Altersheim hat's eine große Party gegeben, ein Banquet, sogar Mel Torme war da und spielte

Klavier und ich lehnte meinen Kopf mit geschlossenen Augen auf die oberen Tasten, um ihn spielen zu hören, Mel hatte nichts dagegen, er spielte wild und ausgezeichnet auf dem Rest der Tasten –

STE. JEANNE D'ARC KIRCHE, die langgezogene, tieffundamentige Kellerkirche auf dem Hügel von Crawford und Mt. Vernon in Lowell, – düstere Massen, Abendandachten, grau, die Kinder, ich, die Leute – Hier drin hat's Überfälle gegeben, ganze Diebesbanden kommen durch die verschiedenen Türen mit Pistolen in den Händen und erledigen ihre Raubüberfälle, während der Priester mit seinem *ad altre deums* fortfährt und kaum jemand was bemerkt, nur eine leise flüsternde Unruhe – einmal bin ich dabei, mit meinen kleinen Kumpanen, in den Türen die jungen Männer in grauen Mänteln – danach (kein Geld wird genommen, nichts passiert, soweit ich sehen kann) rennen wir alle raus in die dunkle Straße, um sie zu jagen und zu stellen – sie sind verschwunden – Schnee ist da, Kinder, die durch die graue Luft schlittern – ich lauf heim durch die dunkle Moody, die dunkle Gershom, rede darüber, bis zu meinem dunklen Haus in der Sarah – alles und jedes hat diese Dunkelheit der Dinge, vergraben in dem verwesenden Boden – ICH bin es – ich sehe jetzt meinen Baum aus meiner Hand wachsen, durch die Knochen sehe ich den November scheinen, ich warte auf kommende Frühlinge und auf Blüten für meine Finsternis, ich bin der Frankenstein meines eigenen 6 Fuß Grabes, lebt wohl, ihr kleinen goldenen Kinder dieser fröhlichen verrückten Welt.

WIR WAREN IM TRAINING – wir mußten mit unseren Fahrrädern unter der kleinen Planke durchfahren, außer mir schaffte es jeder, ich konnte mich nicht mal bücken, ganz zu schweigen davon, allein oder mit dem Fahrrad durchzukriechen, obwohl ich bis zu einem gewissen Grad Erfolg hatte, – »Nun ja, der Junge hat zu viele Muskeln«, lachte ein Hilfstrainer – »Ja, die Muskeln behindern mich«, sagte ich. »Ich kann mich nicht mal bücken –« Es liegt daran, daß ich meinen dicken Wintermantel anhab – und die »vielen Muskeln« sind das Fett um meine Hüften – Frank Leahy scheint der Haupttrainer zu sein, der Platz in Julien's oberem Raum, dunkel – eine Frau in einem alten Haus schaut aus dem Fenster zu uns her – in der Nähe eine Bäckerei – Wir lernen, Geheimdienst-Schleicher zu sein – mein Gott, die verstümmelte Unmöglichkeit dieser ›Fahrräder‹! –

DIE HOHE GRÜNBELAUBTE KLIPPE, Bäume, Gebäude, Schienen, die tiefgelegene Ebene der Welt mit ihren bleichen Flüssen und Fabriken überschauend – ich leb auf der Klippe, arbeite bei der Eisenbahn, wegen einem Lokalzug rufen sie mich von der Klippe runter in die Ebene, gefällt mir nicht – die Atmosphäre ist traurig, fortgeschritten –

MA UND ICH SIND IN »NEW JERSEY« an einem strahlenden Samstagmorgen, wir gehen in einen verlassenen, dachlosen Bau, finden in Badewannen einen großen geräucherten Schinken, eine Schachtel oder einen Eimer voll von sich bewegenden weißen Schwämmen, eine Kiste voll Paste, alle Arten von Lebensmitteln – niemand ist da – Ma nimmt den riesigen Schinken und geht um die Ecke herum zu einem Außenschacht und kocht ihn aus – »Du brauchst das nicht machen«, sag ich – »Oh doch! so wird er (sauberer) besser –« In der Zwischenzeit schufte ich an dem anderen Zeug – in der Badewanne – wie Pastrami – Plötzlich sitzt da Van Johnson und beobachtet mich – »Gehört das Zeug dir?« sag ich – Er scheint nicht zu Unterhaltung aufgelegt – Seine eigene riesige Mutter ist in den zwei Hütten am Ende der Straße weiß vor Wut – Das alles gehört zum Markt am Samstagmorgen von New Jersey und ebenfalls zum El Paso der Navajoindianer – Meine Mutter und ich sind unbeschreiblich glücklich, wir haben unverderbliche Lebensmittel im Wert von 50 Dollars gefunden, wir werden es nach Hause nach Long Island bringen – wir sagen »Was ist das nur für ein Platz, haben sie hier einen Laden angefangen und wieder aufgegeben?«

ZUVOR WAR MEIN VATER zu den Lebenden zurückgekehrt, – sehr bleich – doch seiner eigenen Gesundheit gewiß – und hatte gerade in New York einen neuen Job bekommen – doch ich weiß, daß er sterben wird – besonders an seinem Gesicht sieht man's – Er ist unten bei der Gewerkschaft gewesen – In der Zwischenzeit bin ich hoch oben auf einem großen Gebäude gewesen und hab auf winzige Häfen runtergeschaut, ohne jede Angst – Die Geschichte der Kerouacs in dem riesigen gespensterhaft erträumten New York.

TRAURIGE GESCHICHTE VON DER EISENBAHN, ich bin ein Bremser, jung, unerfahren, arbeite in einem weiten erleuchteten Land mit meinem Vogel an der Leine – nach jedem Trip nehmen mir's die Vogelhalter der Eisenbahn aus der Hand – ich mach meine Arbeit, beende eine Tour, die in irgendein abgelegenes Land ging (davon später mehr) – komm zum Schluß schließlich an der Küste an, verlaß den Zug und plötzlich verlier ich den Vogel und er flattert mitsamt der Leine in den Himmel – »He!« schrei ich – es ist zuvor auch schon passiert, man bekommt Minuspunkte – »Wohin wird er fliegen?« frag ich die Vogelhalter, deren traurige Arbeit mit Käfigen und Samenkörnern in dunklen Eisenbahn-Vogelställen mir nie zuvor bewußt geworden ist – vielleicht find ich ihn eines Tages wieder, in einem Giebel nistend und immer noch mit der Leine um sein kleines Genick – oder in einem Sandnest am Strand – doch bis dahin – Es wechselt über zu einer sentimentalen George Sanders Komödie, er besitzt einen Antiquitätenladen, ist Junggeselle, ein wunderschönes Mädchen möchte etwas bei ihm kaufen, die Romanze beginnt, er führt sie zum Essen aus, in einer Schachtel schenkt er ihr eins von seinen teuren Stücken (ein Geschenk ›vor dem Essen‹, das mir irgendwie unwichtig erscheint) – sein Partner holt es – und die ganze Zeit weiß man, daß George eines Tages den Vogel wiederfinden wird – doch er scheint was dagegen zu haben, weiter in so einem sentimentalen Film mitzumachen, und mein Herz zittert, mir läuft's kalt über den Rücken in der Hoffnung, daß George Sanders seinen Vogel finden wird ... er lehnt die Idee ab und hat bereits das Stück und seine Rolle darin satt und man weiß, daß der Film kein Erfolg sein wird – irgendwo in seinen Antiquitäten, in seinem Laden, Mansarde, Empore, in der Traurigkeit des Traums wird der angekettete Vogel wieder auferstehen – Tränen – das erleuchtete Land, in das die Eisenbahn verläuft ... ein Mann fuhr uns alle in einem Auto zu einem Picknick, wegen einer Abkürzung verließ er die Straße und fuhr über ein paar Doppelschienen, jedoch mit einer uneinsichtigen Kurve, so daß man nie wußte, ob ein Zug kommt oder nicht und obwohl ich bloß ein kleiner Junge bin, hab ich doch lang genug bei der Eisenbahn gearbeitet und fühl mich verpflichtet und sogar berechtigt, zu rufen ›Mach das nie wieder! es ist das Gefährlichste, was man machen kann – such dir einen anderen Weg, um die Schienen zu überqueren!‹ und jeder hört respektvoll zu, sogar mein Vater, Pop, der auch hätte verärgert sein können, weil ich einen alten Freund von ihm angeschrien hatte, doch sie kennen und respektieren meine Eisenbahnkenntnisse und nicken und stimmen mir zu, doch plötzlich seh ich, daß die Doppelschienen hinter der Kurve in einem doppelten Prellbock enden, also war's überhaupt nicht gefährlich und ich sag »Oh, dann ist's ja in Ordnung, ich dachte ...« – und in der Zwischenzeit werden unten in der Bahnstation Züge beladen, kommen an und fahren wieder ab – Wir haben ein großartiges Picknick, ich bin unter einer Tribüne und finde im Schutt schöne frische Äpfel, alle Arten von Früchten für Ma und vor allem möchte ich Pflaumen für sie haben, finde aber nur eine gute und bring alles ganz stolz zu ihr zurück zum Picknick im Sand und sie dankt mir – Während dieser Zeit bekomm ich den Vogel und arbeite mit ihm – bis mich meine Arbeit zu dem Ufer führt, und dann der Verlust – ich seh ihn schwächlich in den Himmel flattern mit der schweren Leine – graue Wolken

DUNKELSTE NACHT AUF DEM COLUMBIA CAMPUS, Ecke Broadway und 116te auf dem Barnard Gehweg, keine Straßenlaterne ist in Betrieb – ein dünner Strichregen – vorbeigleitende Schatten – ich warte – warme Aprilnacht – Geheimnis der West End Bar, die Leiche im Hudson, Edna in der russischen Dunkelheit über dem Campus – in dieser Düsternis hab ich fast Angst vor Plünderern, schau mich um – Zeitlos wartet die Welt – ich wach auf – staunend –

JOE UND ICH FAHREN AUF SEINEM MOTORRAD, ich sitz verkehrt herum, die Absätze meiner neuen Kreppsohlen schleifen durch die Straße der Südstaatenstadt – ich will Joe sagen, er soll langsamer fahren, damit ich mich umdrehen kann, aber er hört's nicht oder kümmert sich nicht drum, wir sind in Rocky Mount oder Kinston, überqueren die Eisenbahnschienen und los geht's mit voller Fahrt durch die Landschaft, doch plötzlich sackt es weg und ein großes Loch voll Leere und Sand, ein hundert Fuß tiefer Canyon gähnt unter uns und wir können nichts tun außer fallen, doch Joe hat diese wilde, verrückte Hoffnung, daß die Räder senkrecht bleiben, was sie mehr oder weniger auch tun, wir reiten den Sägebock, am Grund ist ein trockener Fluß, wieder hoch auf der anderen Seite, eine steile Sandbank wie diejenige, die wir in endlosem Warten *alptraumhaft* am Lawrence Boulevard runterstürzten – auf der gegenüberliegenden Seite ein kleines Häuschen, wir gehen rein, ein wunderschönes Mädchen namens Ann Buee oder so ähnlich lebt dort mit ihrer Ma – hat ein Tonband, Bücher, ist einsam – ich geh da rein, nackt mit runterhängendem Schwanz – ich fang an, mit ihr zu reden, Joe verschwindet, ich muß fort, um Geld zu holen oder Arbeit zu suchen, doch ich werde wiederkommen und sie heiraten – sie hat die Farbe von Honig, unschuldig, süße sechzehn Jahre – vollgestopftes Schlafzimmer – trauriges Licht der Sandbänke füllt ihre Fenster zur Ewigkeit –
Zuvor war es der Football-Trainingsplatz der Lowell High School im gespenstischen außerhalb-Lowell-Tewksbury Road-Trainer Keady-Jungens vom Team – ich komm näher – vom Sand nach Boston geflüchtet – zu spät ich bin zu alt will aber immer noch im Jungen-Team spielen und dieses imaginäre Auf- und Abgespringe der Billerica Hügel Satz in Lowell's Vororte wie Motorradhügel und italienische Brunnen von Frisco – das Mädchen mit dem Honigherzen lauert mir auf – Milch!

GEWALTIGE GESCHICHTEN, die in meinem Phebe Avenue Hof anfangen mit mir in der Army und Soldaten ruhen sich auf dem Rücken liegend im starken Regen von totaler Erschöpfung aus – bis jetzt haben sie noch nicht ihre ganze Ausrüstung bekommen, sind aber trotzdem zum Training rausgeschickt worden, einige bloß in Pyjamas – ein paar wenden sich an mich, also versteck ich mich in dem riesigen Hospital, red mir selbst ein, ich warte auf meine Ausrüstung – Viele Betten wie in einem Schlafsaal am entfernten Ende – ich geh zu meinem – Kein Regenmantel, nichts, bloß meine Pyjamas mit einem großen Loch im Arsch, – Pat Fitz besucht mich und gibt Erinnerungen über die Army zum Besten – ich such verzweifelt nach Wegen, mich rauszuschleichen – irgendwie unter Tarnung zur Eisenbahn nach Kalifornien zurückkehren – verbinde diesen Traum mit den alten Navy Bootscamp Irrenhaus Träumen des uniformierten Lebens, das ich so gehaßt habe –

PLÖTZLICH BIN ICH IN »NEW ORLEANS«, unten an den Piers, Hunderte von Schiffen, Tausende von Leuten marschieren über die Pflastersteine, ich geh zur Acapulco-Linie und frag wegen einem Job, er fragt, ob ich in der Gewerkschaft bin, ich sag »War mal«, er stellt mich nicht ein, er fragt, ob ich in der Gewerkschaft bin, ich sag »Ja«, zeig ihm Papiere, er stellt mich ein – ich fahr als gutaussehender Schiffsoffizier mit blondem Haar, die Karte zeigt unsere Route runter zur mexikanischen Ostküste – In Frisco plötzlich all die hölzernen Häuser und Hügel – ich möchte, daß Ma sie sieht, zu weit, halbwach werd ich durch unausgegorene Träume gejagt, doch in New Orleans ein großartiger Anblick: in einer eng zusammengeschmolzenen, doch steifen Gruppe marschieren skandinavische Mannschaftsoffiziere voran, dahinter Männer und Mädchen, die Kleinen ganz hinten marschieren gegen die großen Nordsee-Anzüge der anderen Großen, schwingende Naziarme marschieren vom Konsulat zum Ufer, vom Ufer zum Konsulat, grimmig, glücklich, ich erwisch einen flüchtigen Blick auf einen blondhaarigen Kabinenjungen mit goldener Frisur, hinten in Knoten zusammengebunden – die wilde Kraft des Meeres und von Skandinavien –

CODY UND ICH SIND BULLEN, wir haben auf der Spitze einer steilen, erschreckenden Pyramide zu tun, wie ein Hügel, wo ein paar Leute Ärger machen und lassen 2 weitere Bullen kommen – wie sie hochkommen können sie mich durch's Taxifenster dasitzen und schreiben sehen, Cody ist unten am Hügel, ich denk mir »Sie können meine Uniform sehen, sie wissen, daß ich ein Cop bin, jetzt werden sie mich entlarven, das ist meine erste Pflicht« – der Hügel ist klar, furchtbar hoch, ich hab Angst, auf all diese Welten runterzusehen, doch hier beginnt . . .

EINE NACHT DER RÄTSELHAFTEN TRÄUME, 16. März, Sonntagnacht – Eine nationale Katastrophe ist passiert, es kam in der grauen, regnerischen Morgendämmerung übers Radio, ein Aufstand in einer derartigen Größenordnung, daß es fast schon so was wie eine Revolution war – wegen »Polizeibrutalität« – Bandagen waren über die Straße verstreut – die Leute hatten gegen die Polizei rebelliert – Überlebende waren in Reihen ausgestreckt – Ansager verkündeten alles düster mit leisen Stimmen über das morgendliche Radio – als ich am Abend zuvor ins Bett gegangen war, wußte ich, daß was passieren würde – dies würde den Lauf der Geschichte, Amerika's und der ganzen Welt ändern – weder Schule noch Arbeit – So wie die Tage, als ich ein Junge war, Regen, ich blieb daheim bei Ma und vor mir lagen schöne Stunden, in denen ich mit meinen marmornen Pferden Rennen spielte und Bücher ansah und wie in dem düsteren Bilderbuch in *Sax* schaute sie mir gelegentlich bei meinen Spielen zu, brachte Kuchen, Milch, frische Obsttorte, sie war so lieb und *versicherte* mir, daß es auch am Nachmittag noch viel zu stark regnen würde und wie jetzt bei der nationalen Katastrophe könnte sie nicht zur Arbeit gehen (wenn doch, dann werde ich sie zum Bus bringen, Ziegelsteine könnten in der Gegend rumfliegen – doch es ist besser, nicht zu gehen – aber sie besteht darauf, »Ich will nicht meinen Job verlieren, es ist die einzige Sicherheit, die ich habe«) –
Dann erschien Lowell, das Haus in der Gersham Street, Iddyboy schaut jung und dünn aus, nun, wo er in den 30ern

ist kommt er in weißem Hemd hereingeeilt, mit Rudy Loval – ich war fort von Lowell gewesen, überall in der Welt, nun war ich zurück, bei Ma, in dem Haus Nr. 34 in der Gersham Street »Hee thee Boy!« rief Iddyboy freudig, so froh mich zu sehen – draußen die warme Sonne und Blumen an einem Sonntagmorgen und jedermann in Pawtucketville geht in die Kirche – selbst Rudy Loval ist begeistert, voll Wärme – glücklichster Traum meines Lebens –

In der Zwischenzeit: – Da gibt's Visionen von der Sportseite der Lowell Sun, Geschichten über vergangene Spiele der Red Sox und die vermischten Namen der ehemaligen Spieler, Jim Piersall's Dämlichkeiten aus einer anderen Zeit beweisen, daß die Zukunft genauso viel zu bieten hat wie die Vergangenheit; und dann gibt's auch die alten Stories, wie ich Sportartikel für die Sun schreib und dabei merkwürdigerweise die Triumphe der 16 (Sport) mit dem tragischen Alltagsjob der 10 in der Sun verwechsle – irgendwo hab ich die falsche Kurve gekriegt – ich verließ Lowell im März 1942, um nach Washington zu gehen – kehrte (nach Konstruktions-Job im Pentagon, und Jeanie, und Ginflaschen über den Mond werfen) im Mai oder so zurück – und schiffte mich nach Greenland ein – auf diesem Schiff brachen mir rauhe Matrosen, die meine Kinderseele in einem erwachsenen Körper erkannten, das Rückgrat, indem sie mich anspuckten und verfluchten – und im Oktober 1942 lag das Schiff im Hafen von New York und ich versuchte Archie Sleepyhead Hainesy klarzumachen, daß ich an der Uni von Columbia war und er glaubte mir nicht, also war ich 2 Tage später zurück in Columbia und trainierte für das Army-Spiel – war aber doch ganz zufrieden – ließ das dann auch wieder sein, wobei ich jedermann sauer machte, denn um auf Umwegen in den Himmel zu kommen, mußte ich Institutionen, Pläne, Schulen, Formalitäten ausweichen und albern sein – und Weihnachten 1942 kam ich mit einem Radio unterm Arm heim, um mich auszuruhen, doch nach 3 Monaten holte mich der Krieg weg und machte mich verrückt – verrückt in einem Irrenhaus, sie kratzten sich das Kinn, als sie mich schreiben sahen – das Buch war ›*Die See ist mein Bruder*‹, ein düsterer Naturalismus-Versuch mit dem Meer als Hintergrund – Als ich wieder heimkam, im Juni 1943, mit Marine-Klamotten auf dem Leib (meine richtigen Sachen waren heimgeschickt worden, bevor sie mir und all den anderen die Köpfe scherten und deswegen hatte der Polizistenkrawall auch solche Ausmaße, diese Emanzipation) – und Ma und Pa – meine Liebe für meinen Vater ist noch tiefer verborgen – jetzt handelte es sich um New York, sie hatten ein kleines Apartment über einem Drugstore in Ozone Park, der Name von dem Ladenbesitzer war Sam, es gab da ein altes Klavier – meine Mutter hatte es unter großen Kosten von Lowell mitgeschleppt, mein Vater schimpfte, doch er liebte sie – wie George Burns und Gracie Allen – und jetzt keine Lowells mehr, keine verregneten Ferientage mehr, sondern Städte, Sodomisten jagen mich, Mädchen und Frauen, die mein Leben in die Hand zu kriegen versuchten. ›*Town and The City*‹ ist bis jetzt noch nicht geschrieben. Es muß wieder neu geschrieben werden. Irwin Garden hatte recht. M auch – doch es gab auch Reisen, nach Kalifornien, auf dem Boden liegend, nach Mexico, mitten unter den Huren in die Wüste laufen, das Peotl und das T, das San Francisco der endlosen grünen Nacht – alles für nichts – ich war zurück in Lowell, Sonntagmorgen, die Vögel singen, und Iddyboy dünn und hübsch im weißen Hemd und dazu der Vater von vier Kindern, dessen Bild in der Zeitung war und Iddyboy schaut da irgendwie anders aus, doch er ist es wirklich und alle Kinder sind wunderbar, weil sie der Anfang unseres Übels sind, bauen ein goldenes Fundament für Berge von Scheiße, die von unseren späteren Jahren verdoppelt und verdaut werden, unsere frühen Kindheitsjahre sind überhaupt keine Jahre, sondern nur ein süßes Auslaufen der Augen – Und so schaute dieser wunderschöne Iddyboy froh in die Welt um der Liebe Gottes willen und seine Frau war auf dem Bild nicht zu sehen, sie war irgendwo im Hintergrund, ich schämte mich in der Mitte all meiner brüllenden glücklichen Freunde des Himmels, der öffentlichen sexuellen Einladung eines Mädchens oder einer Frau erlegen zu sein, die beweisen wollte, daß Männer keine Priester sind – Und sie sind keine Bestien, sie haben wilde und hungrige Körper, um deren goldene Rute ihres Seins das Fleisch gewunden ist, heimelig – Frauen haben Milchfalten um die Tiefe ihres Bauches – und um an die Besten die Schönsten zu denken – niemand hat das Recht, mich zu beschuldigen, ich würde Frauen nicht lieben – am wenigsten ich, der Bescheid weiß – wonach ich im Herzen einer Frau greife ist jenseits ihres Fleisches und irrtümlich hält sie das Idiotenkind für eine monströse Bestie – Auf Schiffen um die ganze Welt – und hinter mir die Strudel – meine Versuche, die Welt zu verstehen auf jeder Ebene, die es nur gibt – und deshalb wußten Iddyboy und Rudy auch ohne daß ich es ihnen sagte all diese Dinge – und begrüßten mich wieder zurück daheim mit Freudenschreien – »Gus und Lousy und Scotty und überhaupt jeder weiß, daß du zurück bist – Sie werden bald hier sein –« Meinen aufregenden kleinen Hinterhof gibt es noch, durch das hintere Fenster kann ich ihn sehen – aus der tiefsten Hölle weiß ich, daß ich willige Bekenntnisse des Bösen ablegen kann, doch im Himmel gibt es die Hoffnungen auf die gute Liebe Gottes und Letzteres hab ich gewählt, Genet – armer Jean – mein Bruder – Zu meiner Freude seh ich plötzlich in der Zeitung mein Bild in Baseballausrüstung mit der Purpurjacke des Schlägers, auf einer Kiste bei der 3ten Grundlinie sitzend, eingestemmte Füße, hartes braunes athletisches Profil, – anscheinend war ich in früheren Träumen als diesem vom gegenwärtigen bewußten Leben und Aktivitäten ein Star gewesen – Nur wenn Träume ihre Bedeutung verlieren, beginnt das schmutzige Geschäft des Bösen – mit Träumen mein ich, was man im Schlaf sieht – nicht was man sich bei der Erinnerung am Tag wünscht – ganze Wagenladungen von Jungens aus Lowell fuhren wie üblich an diesem Nachmittag zum Spiel in den Fenway Park in Boston – Iren – ich hab Geschichten über die Red Sox gelesen – Als Cody mich in San Jose in der Küche mit seinem Sohn auf meinem Schoß sah zitterte er, ich sah seine Hand zittern, seine Augen waren wild, nie hab ich ihn so glücklich gesehen – Das ist fast schon Iddyboy und Rudy – Am großen runden Küchentisch fangen wir zu quatschen und zu reden an, Ma ist da, sie zimmert neue Regale und unterhält sich mit Nachbarn von ihrer Art – wir hätten Lowell nie verlassen sollen – doch jetzt sind wir zurück und alles ist wieder gerettet –

DOCH DER TRAUM TREIBT VORWÄRTS UND SCHWANKT – Ich bin in Baker Field Columbia und trainiere allein in meiner Football-Ausrüstung, ich renne 80 Yards, schlage Haken in dem schweren Anzug, meine Beine sind schwer wie Blei, – ein weiterer Fehler, Football aufzugeben, denn auf Kosten von ein bißchen körperlicher Müdigkeit hätte ich leicht jedermann überzeugen können, daß ich das Herz auf dem richtigen Fleck hab, anstatt diesem Geschreibe, das für meinen gesunden Verstand so gefährlich ist – vielleicht muß ich damit bald aufhören und dann in der Dunkelheit bei der Eisenbahn arbeiten – Keine Trainer, niemand schaut zu – ich geh unter die Dusche und zieh mich um – ein paar von meinen alten Mannschaftskameraden sind da, niemand von den Neuen fragt sich, wer ich bin – sie merken nicht, wie alt ich bin – am Absurdesten, der Trainer weiß nicht mal, daß ich zurück bin und nimmt mir nicht den Dress ab – für einen Moment bin ich geheim wieder im Team – Ben Wirt ist da, verächtlich – auf einer Hauptstraße in Pennsylvania hockte er mal da und schiß einen großen Haufen, heulend – er war betrunken – reden über eure Sinclair Lewisse – er trug Kontaktlinsen – für gewöhnlich versuchte er mich heulend und fluchend zu erwischen, beim KT 79 Rennen – ich mußte mich aus seiner Reichweite quetschen, um vorbeizukommen und meinen Weg übers Spielfeld zu den Zielpfosten der Wirklichkeit zu machen – Der Trainer hätte gelacht – alle waren wir müde – Das große Spiel kam, die Menge brüllte, hinter den Tribünen rannte ich heimlich in meinem gestohlenen Dress auf und ab und hoffte, ich würde aufwachen – ich lief die Stufen der 215ten Straße runter, mit Cliff Battles, auf der untersten Stufe ließ ich meine Milchflasche fallen, und auf die Art hätte ich beinahe den Sprung ins Columbia-Team geschafft und sie meinten, ich wär ein weiterer Cliff Montgomery, stolzer Name – jetzt werden sie sagen, ich bin ein neuer Wm. Blake –

ICH BIN AUF DER DÜSTEREN MOODY STREET, mit Billy Artaud, ich leih ihm 50 Cent und ein Buch, wie wir's vereinbart haben, er geht davon nach Hause ohne ein Wort, ich schrei »Okay Bill?«, er antwortet nicht, ich sag »HE!« –

keine Antwort – und voller Panik erkenn ich plötzlich, daß er verrückt ist und die 50 Cent und das Buch behalten und sie nie zurückgeben wird – er eilt vondannen, mit rotem Gesicht, seine Ohren brennen, als ich ihm Flüche nachschleuder und ihm nachrenn verschwindet er in seinem Haus – auf der Straße schrei ich all meinen Kummer in die Menge –

EINE ART LYNN ... Ich leb allein, um die Ecke vom Zeitungsstand an der Mainstreet, ich warte auf irgendwas – Mädchen sind da – Kätzchen – ich hab einen Sicherungsbalken an meiner Tür – ich mach Lunch und geh zur Arbeit – Schließlich leb ich oben auf den Fellaheen-Hügeln in einem erstklassigen Apartment mit Seeblick, zusammen mit einem Mädchen, mit meinem fertigen Lunch geh ich mit ihr zur Schule, doch irgendwas stimmt nicht – genauso wie wir in der Nacht miteinander geschlafen haben und sie hält ein Stück Steak vor ihre Möse und ich muß in die Ecke von dem Schlitz kommen, den sie reingemacht hat und wie ich fühl, daß mein Schwanz losgeht stoß ich durch die Membrane von dem blödsinnigen Fleisch, doch natürlich erkenn ich den albernen Schwindel, aber sie in ihrem kindischen Tagtraum besteht darauf – tagsüber sitzen wir zusammen in der Schule in der gleichen Doppelbank und es scheint so, daß die ganze Klasse gespannt auf unsere Liebesstimmung wartet, ist sie gut schwirrt die Klasse vor Aufregung und Bewunderung – wenn nicht und ich sink in meinem Sitz zusammen ...
Spannung, Warten ... Man hatte mir in meinen Junggesellentagen eine berühmte Gitarre im Wert von 1350 Dollars oder noch mehr gegeben, bei Tag sitz ich mit diesem Instrument auf dem Hügel und starr auf die See, wartend – ich geh runter ins Dorf, eine wunderschöne fellaheenische Flamenco-Frau mittleren Alters sieht meine Gitarre, trennt sich von den Waschfrauen am Pawtucketville-Fluß – kommt rüber – sie lebt ebenfalls in einem Häuschen am Hügel oben mit ihrem alten Mann – ich sag »Wieviel ist sie wert?« – »Du würdest nicht mehr als 350 dafür bekommen« – sie fängt an zu spielen – es ist eine großartige Gitarre – ihr Spiel ist so überwältigend, daß sich meine Augen mit Tränen füllen – ein kleiner Junge hoch über uns, der ebenfalls zuhört, weint auch

– ihre Hände gleiten schnell so schnell und magisch darüber, an einer Stelle läßt sie los und die Gitarre vollendet einen ganzen Schauer göttlicher Akkorde, entsprechend dem Arrangement, das sie mit ihrem magischen Wissen und ihrer Technik vorbereitet hat – ich bin in dem Fellaheen-Land der Großen Gitarre – da sind bleiche Hügel – Staub – der Abendstern und ihr Untertassenmond bilden ein helles Paar in der scharfen schmalen Kante des aufdämmernden Blaus – ich bin glücklich – ich geh mit der Frau in das Hügelhaus – sie füttert mich mit riesigen Mahlzeiten und als ich dann zur Schule geh kann ich meine Brote nicht essen und der Mann in dem Sitz vor Peaches und mir, ein würdiger New Yorker mittleren Alters, gibt mir meinen Brotzeitbeutel und sagt, »Sie haben Ihren Lunch gestern auf dem Sitz vergessen« und ich merke mit Entsetzen, ich hab so viele große Mahlzeiten vergessen – etc. – und die ganze Klasse weiß Bescheid, alle außer Peaches – erst als ich aufwach fang ich an zu denken »Ich muß Peaches klarmachen, dieses Steak ist albern, sie muß sich selbst geben und nicht ein Stück Fleisch« – So gewaltig und zeitlos, die Ereignisse, wie sie von irgendeinem leidenschaftlichen Zentrum aus gespannt werden und vage entfernte Punkte bilden, nur um wiedergefunden zu werden, wenn Zentren und Universen sich in anderen Träumen verschieben –

KURZ, – ICH HATTE ZWEI KATZEN im gespenstischen Amsterdam, eine kleine lebhafte gelbe, eine größere graue, für mich waren sie wie Kinder – ich geh die Straße runter, auf der Suche nach der Tragödie die irgendwas mit Ma's Schwangerschaft zu tun haben muß, komm aus der Billardhalle raus – der Mond – ich hör Lärm, dreh mich um, mein Gott, große Aufregung, eine riesige magere Dogge rennt über die Straße mit meiner Katze im Maul – ich fang an zu rennen, um sie aufzuhalten – ich weiß, es ist zu spät – mein armes liebes Kätzchen wird sterben, ich weiß, mein kleiner Hüpfer *ist* bereits in der Kehle dieser Baskerville-Bestie – oh, von wo kam nur dieses furchtbare geisterhafte Untier??!! – ich schrei, als ein riesiger Bus vorbeidonnert – drinnen höre ich mein Kind weinen – auf der Straße mach ich für die grinsenden Männer, die aus dem Rückfenster schaun, eine Pantomime, daß mein kleines Kind da drin ist, ich mach die Zeichen, sie lachen bloß, doch drinnen greift eine kräftige Frau ein, veranlaßt den Busfahrer, zu halten – der Bus stoppt – das Gepäck ist wie bei Flughafenbussen – das Kennzeichen zeigt QUEBEC – ich öffne die hintere Seitentür, spring rein, gehetzt, laut, närrisch, »Ist meine Tochter in dem Bus?« und während ich frage merk ich, daß ich einen großen Fehler gemacht hab und bloß unter Verfolgungswahn leide und obwohl alle (außer der kräftigen Frau) lachen senkt sich ein tödliches Schweigen über den Bus, als niemand antwortet – und natürlich hab ich mich getäuscht, meine kleine Tochter ist nicht hier, ich bin verrückt und weiß es und alle anderen auch – ich kletter wieder raus – dabei schau ich die Straße hoch und seh meine tragische kleine Katze im Maul von dem großen Hund – hilflos schreiend jagen meine Kinder hinter ihm her, seine langen spindeldürren Geisterbeine zeichnen sich helldunkel ab gegen den traumdüsteren Horizont von Amsterdam's mottengewärmten –

DANN BIN ICH IN EINEM FRÜHSTÜCKSWAGEN – knapper Vorrat, mit ein paar Freunden, 2 uniformierte Portiers kommen rein, ich mach einen chaplinhaften Militärsalut mit dem Handrücken zur Schläfe – doch plötzlich stürmen zwei echte Cops rein – wir haben T – ich schleich unbemerkt zur Tür raus und renn die hintere Straße runter zu George Wicksner und warn ihn und wir verstecken uns drinnen und ich hab's wirklich geschafft, aus der Falle rauszukommen – er verschwindet – ich geh (ein bißchen beunruhigt über das Schicksal von Freunden in dem Laden) in einen Beatschuppen, eine blonde Nutte sitzt mit dem Gesicht zur Wand auf dem Boden, ich beug mich runter und umarm sie und leg Wange an Wange und sie sagt »Bloß das, bloß das, nichts sonst« – sie hat gejammert geweint geheult gegen die Nuttenwand des dunklen traurigen Saloon's, getreten geschlagen – »Bitte halt mich bloß so« – wir sind tapfere russische Liebende in einer Hütte – doch plötzlich fängt sie an sich zu strecken und ihre Beine auf dem Boden zu spreizen, sagt »Hmm«, schmiegt sich an mich, sagt »Ich brauch einen

Schwanz, Mann«, und ich sage »Wie oft?« »Fünf« – »Das ist zuviel – wie wär's mit 3« – »Geht nicht« – ich will keine fünfmal – ich halte sie – sie streckt sich verführerisch

MADELEINE UND ICH sind im Apartment vom alten James Watson, ich sitze in der Ecke auf der Couch, plötzlich schau ich hoch und sie hat all ihre Kleider ausgezogen, hat einen perfekten kleinen Körper, wie eine Sanduhr geformt, und eine schwarze italienische Votze und ich reiß sie auf den Boden und leg sofort los, Augen geschlossen, Ellbogen an jeder Seite von ihren Rippen, ich stoß in eine elastische fremdartige Büchse, die sich dehnt, als würd mein Schwanz in einer Pyjamahose stecken und rauswollen, was auch tatsächlich der Fall war – (als ich aufwachte) – und Madeleine tat nichts anderes als munter und kleinmädchenhaft zu *reden,* während ich wortlos schuftete – In Montreal träumte ich was und erwachte, höhnisch gegen die Decke starrend – über die »Täuschung des Weiblichen« – mit der Hand abscheuliche Gesten machend in dem leeren Loch des roten Zimmers im St. Catherine Bordell – Auch andere, jetzt vergessene Alpträume über Suff – und kein Montreal mit Parks und durchgehenden Pferden – wie fremd die Wirklichkeit der freudlosen endlosen Welt ohne Ziel oder Bedeutung oder Inhalt und der süße kleine See des Geistes

TAXIFAHRT mit Freunden und Bob Boisvert, wir reden über Chaplin – als wir ins Harcourt-Büro kommen sagt Bob, daß Chaplin manchmal feierlich mit dunklen Gläsern reinkommt oder manchmal fröhlich seinen Hut, seinen Homburger lächelnd antippt und Bob geht, einen kleinen Wagen hinter sich herziehend, durch das Büro und ich folge ihm und begrüße Freunde mit dieser kleinen antippenden Geste, um Chaplin nachzuahmen und spring auf den Wagen und fahr damit blödsinnig grinsend durchs Büro (wie ein junger Chaplin), die Büroangestellten starren und Bob merkt nichts oder kümmert sich nicht drum – Auf einem Gestell liegen verschiedene große Seiten mit Titelbildentwürfen und Photos von gegenwärtigen Magazinen, ich halt bei Scribner nach

GO Ausschau, merk aber, daß es bereits veröffentlicht ist – Hat die Frau vom oberen Stock meine Katze umgebracht? Nein, der Junge ist zurück und hat sie wie üblich versteckt – armer Junge –

ICH BIN AM STRAND mit anderen Typen – Julien – plötzlich seh ich Al Eno und Albert Lauzon, mein Gott, was hat sich Lousy verändert, fett, aufgequollen, er lispelt, hat sich zurückentwickelt zu einem albernen frühreifen Kind, er sitzt auf meiner Brust und erzählt mir, was inzwischen alles passiert ist – vergangene Nacht erst hab ich ihn vor Destouche's Laden gesehen – Beim Schwimmen in den hohen, harten Wellen hatten wir einen großen Ball dabei, er trieb weit heraus, ich schwamm ihm nach und holte ihn – Später will ich zwei von den Jungs zeigen, wie gut ich die Mambotrommeln spielen kann, wir sind in einem Haus, sie warten, während ich rausrenn, um eine passende Trommel zu besorgen, einen Kessel – ich üb 10 Minuten für mich selbst in der Straße, um bereit zu sein – ich spiel gut, meine Finger rasen und rat ta tat – dann geh ich rein, doch unterwegs find ich eine alte zerbrochene echte Trommel und probier *die* aus, aber es ist nicht so gut – bis ich schließlich wieder im Haus bin haben sie das Interesse daran verloren und das Wohnzimmer verlassen, wo wir darüber gesprochen haben – zur Hälfte das Phebe St. Haus, zur Hälfte das an der See –

ICH WERD EINEN JOB IM STAHLWERK BEKOMMEN, dunkle schwielige Eisenstücke werden aus dem Ofen geholt und irgendwie auf einer langen Bank ausgewalzt und arme verdreckte Gespenster müssen diesen Barren auf eine schwielige heiße Bahre heben, alles heiß, mit heißen Klamotten stößt er gegen Berge von Eisen und irgendwie zerrt er den Barren zurück und legt ihn bloß – ängstlich warte ich darauf, daß ich an der Reihe bin, mit der Arbeit anzufangen, voller Furcht – jetzt seh ich, daß es hier eine graue düstere eiserne Tretmühe gibt, die den Stahl vor meine Füße befördert, meine Barrenstange – nicht nur unglaublich schwer, auch noch rotglühend – probeweise lehn ich mich in dieser Hölle über die Kante der Bahre, um die Entfernung zu testen, ebenfalls heiß –

In der kleinen Straße hab ich eine italienische Freundin, sehr sexy – wir spielen herum – Leute sind auf einen Trip gegangen – also geh ich los und kauf ihr einen halben Liter – Whisky – ich trink Wein – sie hat was los – zuvor hat mich eine Gruppe von nachgemachten Literaten mit Dick Beck – Ed Williams kultivierten kühlen Manieren dazu gebracht, sie zu besuchen, sie deuten Reisen an, Vorteile – schließlich lassen sie mich ihrer Organisation beitreten und kündigen es ernst und beeindruckend an – ich trau mich nicht zu fragen, was es mich kosten wird – und hab auch Angst, ihnen zu sagen, daß ich überhaupt nicht beitreten will – »Ich tret nie Organisationen bei« – Die 3 Neger, die versucht hatten, mich mit einem Wagen zu überfahren, sind irgendwo draußen im Regen, fahrend – »Erst letzte Woche sind wir von Montreal gekommen«, deutet einer der Literaten dunkel an, »vom nördlichen Boulevard sind wir reingefahren« – Ah, diese arme freudlose Höllenmühle der schwieligen eisernen Bestimmung

ICH HAB EINE PASSAGE AUF DER S.S. EXCALIBUR GEBUCHT, vom hügeligen Mexico nach Havanna, damit ich Bull sehen kann, der sich dort aufhält – ich geh zum Schiff, seh meine dumpfe braune einsame Einzelkabine wie diejenigen im schicksalhafter Dorchester – einer von den Offiziellen ist schwul und versucht unter dem Schreibtisch meine Hand zu reiben, also schau ich da runter und sag »He, da unten ist eine Ratte!« und tu ganz unschuldig – der Fahrpreis ist hoch, ich erfahr, daß das Schiff auch noch in den Norden von New York geht in alle möglichen traumhaften grauen Häfen – Abfahrt ist um 12.45 – In der Zwischenzeit geh ich heim, um ein Lunchpaket zu bereiten, mach mich fertig – einen Steinwurf entfernt vom Pier und dem Schiff – ich bin völlig allein, ich sitz und tagträume, wie ich Bull und den anderen die Story von dem schwulen Steward erzählen werd – ich beschließe, keinen Lunch zu machen, weil's an Bord drei Mahlzeiten täglich gibt – Plötzlich merk ich, daß ich spät dran bin und keine anständigen Kleider anhab – schwitzend, mit schwachen Beinen, den Trampsack auf dem Rücken, eile ich zu meinem Haus, den Hügel hoch, den Hügel runter, um den Rest meiner Sachen zu holen – die Sirene heult – ich seh das Heck eines Schiffes an einem Pier vorbeifahren – ich rase zur Brücke, es fährt sehr schnell, *es ist mein Schiff,* ich hab 12.45 mit 12.15 verwechselt – Oh, die Welt segelt lautlos davon – ich schau von der Brücke zu, doch es ist gar nicht die Excalibur, ich hatte recht, Abfahrt ist immer noch um 12.45, ich hab eine halbe Stunde Zeit, aber ich kann die Excalibur nicht mehr an ihrer Ankerstelle entdecken – ich guck nicht lang, sondern renn heim, um mein Restzeug zusammenzupacken – ich nehm eine Abkürzung und werd von unnötig steilen Hügeln aufgehalten – ein komisches hügeliges sonniges Mexico wie Frisco – ein goldenes Schweigen liegt über der nachmittäglichen Nachbarschaft – ich weiß nicht, was vor sich geht –

IRGENDJEMAND HAT EINEN HEILIGEN KELCH in seiner Hand und in dem Augenblick sehen wir in einem Spiegel jemanden – der den Teufel verkörpert – im Rückspiegel – und der Kelch, der ein Kreuz hat, läßt den Teufel zischen und zitternd zurückweichen –

ICH ENTSCHULDIGE MICH VOM ESSEN und steh auf, um einen verabredeten Telefonanruf zu machen – Das farbige Mädchen beobachtet mich von ihrer Schlafzimmertür – sobald ich den Anruf erledigt hab ras ich in ihr Zimmer und wir balgen herum & lieben uns & bald liegt sie in meinem Schoß schwarz & nackt & ich arbeite einen hoch – dann dreh ich sie auf den Rücken & wir legen los – ekstatisch verrückt, glücklich – ich frag mich, was die Leute unten von meinem langen »Telefongespräch« halten werden –

AUF DEM VAN WYCK BOULEVARD, bevor er gebaut wurde – ›CALL ME MADAM‹ oder eine ähnliche Show war ein Riesenhit gewesen, jeder spricht darüber, ich schau's mir an (Zelt) – auf dem Heimweg seh ich einen Telefonmastenkletterer, mit Spikes, wie er einen Mast hochflitzt und anfängt, an den Drähten herumzuschnippeln, erstaunlich, wie schnell er geklettert ist, kleine Kinder schauen voller Bewunderung zu – Tausend Sachen passieren den überfüllten Boulevard rauf und runter – ich bin aufgedreht, fluche dann, weil ich eine Zigarette verlier – vor einem Haus find ich einen Bürgersteig mit tausend kleinen schönen Dekorationssteinen in kleinen schachtelartigen Plätzen – ich klau sechs oder sieben, trag sie in meiner Hand, laß einen unter eine Stoßstange fallen, hol ihn wieder vor, – Meine Mutter, die ich grad angerufen hab, kommt mir entgegen, anstatt daheim zu warten, also drück ich die Kippe aus und plötzlich sehen wir auf der anderen Straßenseite ein Feuer hochflackern und am Boden den Rinnstein langrasen – ein Wagen folgt ihm und fährt aus Spaß darüber – das Feuer geht direkt durch einen Masten und Verkehrslichter und in gerader Linie durchs Pflaster einer großen Kreuzung – »Es ist die Telefonleitung!« – Ein glücklicher Traum voll von Leben –

GUY GREEN UND ICH und Marguerite stehen an der Ecke der »72sten und Broadway« – um ihr zu zeigen, was ein richtiger Kerl fertigbringt läßt er sich mit einem Überschlag fallen und landet mit der Seite auf dem Pflaster und schafft's gerade noch, seinen Kopf nicht anzuschlagen, es wirkt komisch – auf dem regennassen Pflaster – Leute starren – doch plötzlich erinnere ich mich, daß ich was vergessen hab oder hätte machen oder erwischen müssen und gerade als Guy aufs Pflaster knallt und Marguerite darüber lacht rase ich wie ein Verrückter den Broadway hoch und laß sie ohne ein Wort dort stehen – ich sag zu mir »Die Leute werden denken, ich will Guy's Fall übertreffen«. Später geh ich einen steilen Abhang runter, fühl mich aber sicher, weils trocken ist, ein trockener Bürgersteig – der verwandelt sich in ein hundert Fuß hohes Gerüst, ich versuch mich an meine nervöse Katze zu halten – ich glaub, sie kommt mit ihren Krallen allein besser zurecht – die Menge schaut zu – ich werf sie auf einen Balken – sie schlägt wilder mit den Klauen um sich, verfehlt, trifft einen anderen und rutscht kreischend ab und fällt runter in den Sand – (wie ein Brecher am Strand) – ich schrei – ich hab Angst – ich kann nicht runter – Später, ich bin krank

– in einem Haus – zurück aus dem Krankenhaus – Sachen passieren – Leute wirbeln durcheinander – warum können sie mich nicht in Ruhe lassen – usw. – eine Mixtur von Wachsfiguren, echtem Blut und traurigem Grund –

FAHRT DURCH'S GESPENSTISCHE KLEINE KANADA, mit Easonburg Annie und Ma und Nin auf dem Rücksitz, ich ebenfalls, Annie schläft oder ist betrunken, »Brems!« schrei ich – »du besoffenes Stück« – sie weiß nicht, wo die Bremse ist – ich auch nicht – ich greif ins Steuer, lenk den Wagen verrückt schwankend über Bürgersteige, vorbei an Laternen, um Ecken, andere Autos, Krankenhäuser, Kanal, Nacht – ich bin nicht verängstigt, vom Rücksitz hab ich die Sache gut in der Hand – Meine Güte, später lauf ich mit Nin und Ma durch die Gassen hinter den Textilfabriken von Prince und Aiken und Ford und Cheever – dunkel, Pflastersteine – dieser alte Traum – Plötzlich sehen wir einen grimmigen dunklen kleinen Mann, »Das ist Dave!« sag ich mir erfreut – Dave Orizaba, die Bekanntschaft von Mexico City – Nin und Ma sind *entsetzt* – »Komm weiter! Red nicht mit diesem Mann!« – doch ich renn hin, nur um zu sehen, daß es nicht Dave, sondern ein dreckiger alter Penner aus Lowell's Gossen ist – aber er hat ein Päckchen – Stoff? – er folgt uns, die Frauen fliehen – gierig greif ich zurück und befühl sein Päckchen, es ist so solide wie Fleisch, kein Marihuana –

BROOKLYN – fremdartige traurige Szenen, geplagt von Schuld, das alles begann vor langer Zeit, ich war vier, als ich mit Ma zum *erstenmal* nach Brooklyn kam – jetzt ist es *später*, ich bin erwachsen, es ist geradeso wie in einem Traum, ich versuch Ma zu erklären, wenn sie die Elektrische nimmt und bei Juralomon aussteigt braucht sie nicht so lange, um zur Arbeit zu kommen – als ich fünf war arbeitete sie in einem Schuhladen und wir lebten im Kellostone Haus auf der Hildreth Street und als wir den ersten enttäuschenden Trip ins schwarze New York machten – irgendwo ist da was verkehrt bei diesem Endteil meines Lebens – auch die Marquand Mädchen sind da – Arbeit in der Nähe des Parks,

Island, Ozone – alte Träume – Ma Evans Lynn verfluchtes rotes Ziegelstein-Haus, existiert immer noch – Ma und ich sind auf der Straße und warten auf den Bus, er kommt um die Ecke, hält aber erst einen halben Block weiter, wir rennen hinterher – ich erinnere mich an Denver – alles, alles verflucht und durcheinander – Wesley Martin ist viel viel deutlicher – Da gab's ein Mädchen, Verfolgungswahn, Schuldkomplexe, nackt, – scheu – ihre Schwester – ein verlorener Traum. Zuvor hab ich in der Dämmerung am Columbia South Field mit zwei Jungen langgezogene Würfe geübt, doch wie in einem Traum geht's nicht und ich kann nicht loslassen und hol aus und renn los und nie fliegt der Ball oder Stein fort – bis später – wenn keine Kraft mehr da ist – aber manchmal bin ich schon gut – Wo ist Edna? Jule? Franz? und Pan American Bull? Was mach ich in San Luis Obispo? Regen – kein Geld für einen Regenmantel – genau das mach ich in San Luis Obispo

AUF DER EISENBAHN DURCH SAN JOSE, ein Irrgarten von Schienen, mit so einer Art Lil Abner Indianerfreund, wie der Indianer in Frisco im Gepäckraum – und er selbst hat einen Freund, so gut wie Gold, wir gehen runter ins Erdgeschoß zu einem überfüllten Versammlungsort, wo sich die arme Arbeiterklasse trifft, irgendeine Art von Party läuft, ein Ritual, etwas, das sie nicht machen müßten, aber trotzdem tun – der Indianerfreund trägt ein Trikot und führt auf einer Bühne was vor, ich denk »Wenn irgendjemand, der kein Indianer ist, hier reinspaziert, würde er glauben, es ist eine Party von Schwulen« – Der Indianer und ich tun der Eisenbahngesellschaft einen Gefallen – »Typen wie dich und deinen Freund gibt's unter Millionen nur einmal«, sag ich ihm und mein es auch so, als wir wieder zu unserer Lok zurückgehen – Einmal lieg ich auf den Knien in irgendeinem gespenstischen Korridor mit rotem Fliesenboden wie auf alten Fracht-Passagierschiffen und wisch auf – Wir haben Eisenstangen, machen die Maschine sauber, gehen steile alptraumhafte Treppen runter – Einmal bin ich auf dem Centralville Hügel und versuch auf Händen und Knien einen steilen Hügel und ein Gerüst runterzukrabbeln – argh! –

Ladies helfend – mein Freund ist wie Iddyboy, Lil Abner, wie früher der Feuerwehrmann auf dem Guadalupe Ortszug – Der San Jose Bahnhof schaut nach Osten wie dieses verlorene Bunker Hill mit dem Weißen Pferd nach Osten zu aus Frisco rausreitend von Cody und Evelyn aus in der Market Street Cafeteria – Anfang, Ende.

MEINE MUTTER HAT SCHMERZEN, ich sag ihr, sie soll einen Schluck Whisky nehmen, um sie zu lindern, – eine Minute später seh ich den Alten aus dem Haus schleichen und zu dem Drugstore gehen – um Aspirin zu holen, dieses gleiche alte Aspirin – ich bin wütend und sag's Ma nochmal, sie tut erfreut »Oh, Whisky? – was soll ich dann tun?« – »Schluck ihn mit Aspirin und geh ins Bett« – das Ganze spielt irgendwo im Osten, traurig –
Zuvor hatte mich Pete Menelakos an einer Straßenecke in Lowell begrüßt, er bittet mich, nach Lowell zurückzukommen, dasselbe unglaublich anheimelnde Lowell, das gar nicht existiert (ich erinner mich an kalte Morgende mit Haferflokken und feindlicher Schule) – G.J. ist bei mir, & der gute alte Scotty – ich klär Scotty über ihn selbst auf – G.J. ist freundlich, & besorgt – Es ist jetzt 8.30 Uhr Sonntagmorgen in San Luis Obispo, unverdorben und vogelsüß – oh mein Gott, was soll ich schreiben? wie soll ich diese Seele meiner Kunst schmieden & auf welchem Amboß? welche Harfe? welche frostigen Fenster schützen Beethoven's Hoffnungen? welche SEE lockt? und der eingeschlossene Geist? – Pete Menelakos, der im Moody Street Saloon war, als ich zum letztenmal Maggie Cassidy sah und die Moody Street noch diesen Namen hatte? damals war der Sommer in Lowell wirklich noch eine einzige grandios bewegte Szenerie auf dem Kearney Square mit Leuten, die auf den Bus zum See warten, Einkaufenden, sich beeilenden Tänzern – da oben in einer kleinen Ecke des weiten leeren Amerika's – ich glaub, jetzt hat die TV-eritis die Kultur total ruiniert –

IRWIN GARDEN – irgendwie ständig eine vage Aura von Mord um ihn herum – eine Bude in Manhattan – ein langes Gespräch – mit erhobenem Finger – ich war zu Bett gegangen mit der ersten klaren Vision & endgültigen Botschaft der Notwendigkeit meines Todes – ich lauf auf einem Gehsteig inmitten der Menge, es spielt keine Rolle, daß dieser angriffslustige untersetzte muskulöse Mann von 30 sterben soll – einer von zwei Milliarden auf dieser toten gallenbitteren Welt – mit ihrer Last der Zeit, Langeweile – im Aufwachen erkannte ich, daß Sex Leben ist – Sex & Kunst – das oder sterben –

ALS ZUG DURCH EINE WELT TRAURIGER TRÜMMER FAHREND – ich selbst ein Zug, die Front davon – irgendwelche Schienen entlang – durch Mörtel, Staub, ganze Blöcke & Plätze voll von Unglück & Zerstörung & Abfall & Keller – Schließlich fang ich damit an, mich in diesem Abfall zu verstecken – in zerbrochenen Kellerräumen – ich geh mit meiner Mutter zur Schuhfabrik, um ihren Weihnachtsgehaltscheck zu kassieren an die Wand ist was gemalt, eine Zeile lautet »Angie's Sohn ist von Kalifornien zurück« – ich fühl mich unglaublich beleidigt, daß diese Leute denken, ich will bloß ihr Geld – ich seh sie vor mir, wie sie glücklich meine bevorstehende Ankunft bequatschen – Sklaven in einem Schuhladen, Sklaven bei der Eisenbahn, James Watson machte eine Tragödie aus dem Tag, als ›Town and the City‹ angenommen wurde und »Frankel« lehnte ab und jetzt hat er 20 000 Dollars und ich einen – Gott, was bedeuten diese zertrümmerten römischen Keller – ? – entlang welcher Kanalroute in Lowell – Sie verlaufen geradeentlang beim Y – entlang der Boston & Maine Schienen und raus zu den Höfen am Princetown Boulevard, wo Joe und ich alte Lokomotiven von 1930 und 1915 untersuchten, die im Gestrüpp vor sich hinrosteten – Der alte traurige Mörtel der verfluchten Häuser von Lowell, die Keller der Ratten klaffend unter fehlenden Böden – das Entsetzen über den Tod eines Hauses und einer Familie, die einst darin lebte ein göttlicher Führer machte es – verlor es – von mir kann er keine Sympathie erwarten

WIE NOTRE DAME ist die Kathedrale in Montreal, die Kirche, in die der Zug reinfährt und Bull ist bei mir – ein riesiger Hund rennt mit durchs Seitenschiff, vorbei an den

Kirchenstühlen, es ist der »Hund von Baskerville« – Plötzlich erhebt er sich ungeduldig in die Luft, wird zu einem gigantischen schwarzen Vogel, fliegt über den Altar und läßt sich bei den Sakristeitüren nieder, wo ihn vorbeieilende Theologiestudenten überhaupt nicht beachten & er landet aufrecht auf seinen Füßen wie ein Mann – & flügelschlagend marschiert er zu einer Sakristeitür, er schaut wie Satan aus, schwarz, traurig, doch gleichzeitig auch wie ein bescheidener Sakristeidiener –
Später bin ich zusammen mit Bull und ein paar Jugendlichen, zu einem von ihnen sag ich »Ich schau auch wie ein Gangster aus, wenn ich richtig scharf angezogen bin« – Er glaubt mir nicht, schaut mich an, einen alten Trottel, der Scheiße daherredet – ich komm mir albern vor –
Ah ja, unser Vogel trippelt also in eine Sakristeitür – hinter Altaren –
Ich wachte auf, schaute mir mit Abscheu im Spiegel mein fettwerdendes altes Gesicht an – der gigantische Vogel hinkte – der Junge, der mich voll Mißtrauen anguckte, war Don, war blond – (Don Johnson hab ich in Mex City kennengelernt) –
Dieser hinkende Engel Gabriel rußiger Vogel –

AUF DEM BÜRGERSTEIG LANGROLLEND (es ist der gleiche Platz, wo ich mit den Mambotrommeln geübt hatte) einen Hügel runter durch New York's Vorstadtseitenstraßen auf einem kleinen Spielzeugwagen aus Holz, ich treffe auf zwei Kinder, ein Junge und ein älteres Mädchen, und mit wenigen Stößen umkreis ich sie und geb ihnen dann den Wagen – worauf das kleine Mädchen mit mir ins Haus gehen will, ich sag »Du bist zu jung«, aber, meine Güte, ist sie hübsch! – und in Indien wär sie wirklich nicht zu jung (urgh) – ich geb ihrem kleinen Bruder den Wagen – ich geh ins Haus, die Treppen, in die abgestandene Ewigkeit von Mutter's Schlafzimmer, warte auf Evelyn – »Oh, sie ist nicht hier – es ist Freitag – sie besucht Cody im Krankenhaus« – ich warte – kurz darauf klopft das kleine Mädchen – ich kämpfe mit mir in dem masturbatorischen Schlafzimmer – Zuvor hatte ich das kleine Mädchen zusammen mit Raphael Urso am Strand gesehen, am Fuß der Klippe – der Ladeview Avenue Strand an der Müllkippe – grau – sie hatten mir gesagt, ich sollte auf sie warten, sie würden zurückkommen – es ist der gleiche ewige Abfall wie bei meinem ersten Blick auf diese Welt von den Lupine Fenstern aus – die Merrimac-See – tick tick tick

DIESE SCHRECKLICHEN AMAZONEN von Rom haben mich zu einem ihrer Sklaven gemacht, ich muß zu ihrem Folter-Chor tanzen, ein Ritual, im Zirkus – die Leute gaffen, händeklatschend – der Sexualtanz – wenn man nicht tanzt erstechen sie einen mit einem Speer – eine große Brünette rennt auf mich zu, schnappt mich, zerrt an mir, zwingt mich, unzüchtige Sachen mit ihr zu machen, alles ein formal festgelegter Tanz, doch ich bin ein widerspenstiger Sklave, ein unglücklicher Liebhaber, – die Menge brüllt entzückt – gleichzeitig ist es auch eine Art Basketballfeld, die St. Louis Parochial Halle –

ICH UND DIE BREMSER spielen auf einem Bauplatz, – aus Spaß fang ich sensationelle Sachen, fall sanft auf mein Gesicht, tauche runter, über meinen Kopf, Rückhand und Rückhandwürfe, alles mit fliegender Leichtigkeit – was für ein Ballspieler hätte aus mir werden können! – wenn die A & P Profis nur nicht so unerbittlich und kleinlich gewesen wären! – der große Bremser, Mulles, Bostrell, Schaefer, sie alle sind erstaunt, werfen hart – trotzdem erwisch ich sie, unglaublich – schließlich verfehl ich einen – die Stimmung sinkt – in endloser Stille brennt die Kraft der Sonne aus, der Abendvogel singt – oben in den weiten Bäumen sehen wir Goldstrahlen, und Rauch – ich werf den Ball hoch durch das Loch, während langsam gewaltige Musik ertönt – Der alte Schaffner gibt seinen letzten Report ab, der Tag ist beendet, der Zug abgefertigt – Auf diese Art und Weise wird die Welt enden, in Strahlen, rot, Leute schauen zu, schweigend, müde – Die Welt des Geistes ist die wirkliche Welt – die Strahlen des Geistes die wirklichen Strahlen –

ICH TRAG DEN KLEINEN LUKE oder den kleinen Tim in meinen Armen, nach irgendeiner Beleidigung balgen sich kleine Kinder aus dem gespenstischen grauen Liverpool-Hotel um meinen Körper, versuchen hochzureichen und ihn in Stücke zu zerreißen und während ich ihn über den Kopf halte saugt er an meiner Nase – Die Frauen sind da, doch es gibt einen gewaltigen Kampf, einen Aufstand, ein großes Flugzeug hat eben von Cow Field abgehoben – Nacht – ich halte das Baby, drehend, kämpfend, während er weiter munter an meiner Nase saugt –

DIESER VERRÜCKTE HORACE MANN, ein Judenjunge – sehr geistreich – in meiner Traumvergangenheit hab ich ihn anscheinend gekannt – er war sehr wild und aufregend – ich war bei einem Mädchen, im reichausgestatteten New Yorker Apartment eines jüdischen Mädchens – er kam vorbei, er war hinter ihrer Schwester her – sie wollte nichts von ihm wissen – doch er quasselte weiter – erstaunlich, was für Dinge er von sich gab – ich hab ein paar Briefe von ihm bekommen – ich kannte seinen komischen Vater – aber in diesen Tagen passierte so viel, daß ich kaum Zeit hatte, ihm zu antworten und unter dem Druck der Ereignisse gerieten seine Korrespondenz und seine Freundschaft in Vergessenheit – im wirklichen Leben hab ich ihn nie gekannt – außer einer Zusammensetzung von einem Muselmann in der Klapsmühle und kleinen fetten Witzen von Horace Mann – doch dieser hier war klar, mächtig, wirklich – der Geist erfindet Gott – Er war ein Sexfanatiker – er quasselte mit der Schwester über Sex, auf eine Art, wo sie ihm nichts anhaben konnte – um ihn zu verstehen redete er zu schnell und zu komplex für sie – ich bin dabei und denk mir »Was für ein erstaunlicher Bursche – Eines Tages wird er Produzent sein – ich sollte von der Ewigkeit seiner riesigen komischen komplexen Seele verblüfft sein –« Marty Churchill, der junge Blatberg – ah, unausweichlich –

ICH HAB EIN VERHÄLTNIS MIT EINEM FARBIGEN MÄDCHEN, wie dieses Heroin-Mädchen in Frisco – ich arbeite in einer Art Bäckerei, wo sie als Büromädchen irgendwie die Arbeit überwacht – die Stunden ziehen sich – teilweise Crax-Fabrik, teilweise der Bastelkeller der Lowell Oberschule, teilweise Rocky Mount Mühle – und auch teilweise irgendeine Traumgarage wie Blagden's auf der Black Central Street, wo ich Autos geparkt hab – grau, trübselig, wie Lowell's Berufsschulen an regnerischen Tagen – Sie lebt in der East 70sten (in N.Y.), nicht weit entfernt von der Stelle, wo Guy hinfiel, um Marguerite zu beeindrucken und ich wegrannte – Wir – es ist gegen vier Uhr früh – vereinbaren, eine Nummer zu schieben – doch irgendwas hält uns auf, vielleicht Heroin, und als wir schließlich zu der Tür des Freudenzimmers kommen muß sie die Bäckerei aufmachen, 5 Uhr früh – und zwar nicht weil sie mich nicht liebt, Geschäft und die Umstände zwingen sie, mich zu verlassen – (sie liebt mich, sie liebt mich nicht) –

IN ZWEI CADILLACS FAHREND, der eine ein 52er, der andere eine 47er Limousine, mit ein paar Freunden, der Fahrer ist Jim Calabrese-Mexikanerjunge – wir fahren durch die Lombard St. in Frisco und teilweise durch Lowell, einen sehr steilen Hügel runter, halten alle, um Zigaretten zu kaufen – Lousy, Guy Grenn, eine Menge Mädchen – Jim lächelt – Wir fuhren über irgendeinen Kanal – Später bin ich wieder zurück in dem West Street Häuschen, Ma fragt sich, ob die Orgel noch in dem Schuppen ist – Nicht die Familie, die nach uns »im Jahre 1931« einzog, sondern »die darauf muß die Orgel verkauft haben« – »die Chalifoux«! – ich seh Gärten von Montreal und Rubens Hinterhof, *so glücklich* – die weiträumigen Zimmer, den Hof, Veranda genießend – die Weiße des Häuschens, die alten Aiken Street First Street Träume von Centerville – spazieren in sanften dunklen Dämmerungen – bei Presbytere – Abend auf der rosaleuchtenden Veranda – Guter Gott, wo ist Pa? – Sag Pa, sag Ma – hab vergessen, wie man jetzt *Pa* sagt – werde Ma vergessen, werde Mer vergessen, werde todernst sein.

ICH LAUF DURCH IRGENDEINEN PARK, Kinder spielen an Springbrunnen – in einem Gebüsch hält mich ein kleines Mädchen auf, sie sagt »Mister, machst du mir die Knöpfe da oben zu?« – sie ist ungefähr 7, doch mit kleinen Brüsten oder einer Brust – dunkel und lüstern schau ich sie an, ihre Honigfarbe, den kleinen Körper – während sie redet versuch ich ihre oberen Knöpfe zu schließen – ich werde ihre Unschuld testen – Schuldgefühle, so tief wie das Meer, sind in mir – ich frag mich, ob irgendwelche Mütter in der Nähe sind – ich mach mich bereit, sie zu küssen, oder sie zu nehmen und ihre kleinen Schenkel zu küssen, sanft, doch direkt auf das Vötzchen – muß vorsichtig sein, sie dabei nicht umzuwerfen – vage spürt sie meine Absichten und lächelt ein fröhliches Lächeln – ich bewege mich nicht – ich bin alt.
Wer bin ich?
STAVROGIN

ICH BIN AUF DEM DRACUT TIGERS SPORTPLATZ, ein leichter Regen oder Graupeln, ich geh rüber auf die vordere rechte Seite, wo ein Springbrunnen im Schnee spritzt und brodelt und warte dort auf ein Zeichen von dem Leichentuch der arabischen Ewigkeit, das mir das Geheimnis des Frostes, auf einem Tablett aus Eis, überreichen wird – ich bin verblüfft, meinen alten Baum auf der linken Feldseite zu sehen, über den Al Robert's seine spielentscheidenden Bälle schlug und wo ich einmal einen Ball traf, 450 Fuß weit – Über den Horizont ist ganz Lowell eingehüllt von der traurigen glatten Dunkelheit – ich bin gerade von großen Abenteuern zurückgekehrt, durch tropische Kanäle des Südens segelnd –

ZUVOR AM FLUSSUFER, das große Schiff hat dort festgemacht, ich hab ein großes Mädchen, ein kleines Mädchen und ein farbiges Mädchen und ich versuch sie alle zu vögeln – ich nehm das farbige Mädchen und sag zu ihr »Gehn wir runter zum Fluß und ich zeig dir was« – Irgendwie ist das Haus der Träume, in dem Gerard starb, in der Nähe – die Planke zum Schiff liegt auf einer Ebene mit dem Schlammufer und den hölzernen Piers, ich benütz sie nicht, als die ganze Crew in geisterhafte Reihe zurückkommt, sondern spring auf den Boden und rauf aufs Pier, wie eine Ratte – ich erkenne Mitglieder meiner Crew in dieser Parade der Zombies – Damen und Herren und dann bin ich in einem mondbeschienenen Hof einer lange zurückliegenden Winterschule, vielleicht in den Highlands – Pferdeschwänze – Lippen –

SPÄTER BIN ICH ZUSAMMEN MIT BULL, ich erzähl ihm, daß ich mit dem Schiff durch den Panama-Kanal gefahren bin – ich sag ihm, er sollte auch lossegeln – doch ich kann mir die Art von Arbeit, die er an Bord tun könnte, nicht vorstellen, bestimmt nicht in der Offiziersmesse bedienen – oder als Tellerwäscher – Draußen ist ein Schutthaufen, erleuchtet von einer großartigen Sonne und der Samstagmorgen, durchgerüttelt von scharfen Winden, den nächtlichen Fluß entlang, wo ich während Schulschwänzereien in einer so dehnbaren Endlosigkeit herumgeklettert bin, daß sich der Fluß zu einem Meer mit Brandung verwandelte – der Schutthaufen ändert sich zu einer gewaltigen Konstruktion, wobei ich drunter zusammengesteckte Rohre transportier – und mein Schulschwänzen wird zu einem gigantischen Schwimmausflug von Küste zu Küste, meine eigenen menschlichen Arme und Beine reichen vom Norden in Frisco bis zum gespenstischen Bigshore im Süden, ein Typ beobachtet mich – O südliche Stadt meiner Träume – und Ufer der Meere – meine Kehle schmerzt vor Sehnsucht, den Weg zurück zu dem Platz zu finden, wo ich betrauert werde und ich kann mich nicht mal erinnern, wo er ist –

DIE 16-PFUND KUGEL WERFEND, in irgendeiner Sporthalle, einen Graben gibt es da auch, ein Chinesenjunge versucht auf dem Fußboden zu schlafen, ich sag zu einem großen Chinesen »He, bring ihn hier raus, ich stoß jetzt« – Wie Parry O'Brien steh ich mit dem Gesicht nach hinten und schwing dann schnell herum – Ein anderer Junge probiert's auch, ruft »He, so schaff ich's weiter!« – Dann liegt da noch ein riesiger Stoß von meinen Werken, zusammen mit selbstgeschriebenen Zeitungen mit Kommentaren über mich und meine Romane, dazu dicke Schlagzeilen – so ein trauriges Durcheinander von Obszönitäten, daß es mich ganz krank macht – Eine Bande von Typen hat mich im zweiten Stock dieses hölzernen, ich glaub, an der See gelegenen Hauses besucht, Nin ist auch dagewesen – jetzt warten sie unten auf mich, beim Auto, um loszufahren und ich pack letzte Sachen zusammen, z. B. meine Pelzkappe anstatt meiner Baseballmütze, Khakijacke mit Pelzkragen – »Ach was, geh einfach im Hemd raus und atme mal tief die kalte Luft!« schlägt Irwin Garden aufgeregt vor – wir sind in Maine – ich schreib mich zu Tode – ich hab so viele Kisten voll Scheiße und Papier und Geschreibsel, dabei find ich zufällig die originale maschinengeschriebene Kopie eines Romans, ich hatte am Durchschlag gearbeitet und geglaubt, es wär das Original – armer komischer Hundesohn.

ICH BESUCH EINEN PUFF IN MEXICO CITY oder Paris, ich geh direkt in den Hof und spazier zwischen eingerahmten Fenstern herum, hinter denen runde vollbusige Negerinnen Magazine lesen, manchmal acht Huren in einem kleinen Zimmer – Am Eingang grinst mein Buddy hämisch – Dann sitze ich mit Maggie Cassidy auf der Veranda vom Strandhaus, wir beobachten zwei Huren, die am Geländer lehnen und auf Angebote warten, die eine von ihnen eine Brünette mit unregelmäßigen Gesichtszügen, ihre Kollegin ein fetter häßlicher Typ, die man mitkaufen muß, wie bei den Mädchen im Matrosenpark – die Brünette legt Rouge auf und schaut plötzlich viel hübscher aus, ihre Augen und Augenbrauen exotisch hervorgehoben wie bei den indischen Schönheiten in der Oregano Street – ich seh Maggie an, sie schaut unglaublich niedlich aus, rosig mit dunklem Haar und Augen wie schwarze Achate – »Maggie«, sag ich, während die Huren so tun, als würden sie nicht zuhören, »jetzt ist einer von diesen Momenten, wo deine Augen *schwarz* sind« – Maggie ist sehr am Hurenleben interessiert und kaut weiter ihren Kaugummi mit schnellen Bewegungen –

ICH LAUFE DURCH VORSTADTSLUMS von Mexico City, werde von drei lächelnden Mädchen aufgehalten, die sich von der im allgemeinen überfüllten abendlichen Straße der braunen Lichter, Coke, Tortillas gelöst haben – Ohne Zweifel wollen sie meine Tasche stehlen – ich wehr mich ein bißchen, geb auf – ich fang an, ihnen von meiner Verzweiflung zu erzählen und mach's wirklich so gut, daß sie zum Schluß nur einen Teil meiner Sachen stehlen, ich möcht nicht, daß sie meine Schuh klauen, eine von ihnen nimmt ein Stück Metall – Zusammen gehen wir los, die Tasche lassen wir bei jemand zurück – Arm in Arm wie eine feste Gruppe auf die Stadtlichter von Letran zu, quer über ein Feld – ich hab das Gefühl, es ist wegen meines Verrats an Enrique Villanueva von Vera Cruz, der mir eine Hasenpfote geschenkt hatte, was für einen Indianer was bedeuten muß – Indianer sind sanft, doch gefährlich – ich schmeichle, fühl mich eingeschlossen, verlier meine »Zugehörigkeit« zur wirklichen Welt und muß doch auf entscheidende Weise in sie verwickelt werden –

WIR GEHEN RUNTER IN DIE UNTERIRDISCHEN SANDHÖHLEN von India, ich, zwei Frauen, ein Junge – da sind burmesische Schlangen, Götzen – wir verirren uns und finden nicht den Weg zurück ins Freie – alles so ähnlich wie Sandbänke in der Nähe von Lowell – draußen ein purpurner Abend –

SPÄTER BIN ICH WIEDER ZURÜCK, ich leb West 20ste Straße und sitz an meinem Schreibtisch, nachdem ein paar Freunde gegangen sind, ich schreib mit roter Tinte und fließender Handschrift die letzten Zeilen von Doktor Sax und plötzlich merk ich, daß Irwin noch da ist, noch immer wach und auf seiner Matratze in der Ecke lesend –

AUF EINEM SCHIFF IN DER KARIBIK rasen wir mit 60 Meilen pro Stunde auf eine Stadt zu, die Hauptstraße runter, Georgie der Pole sagt, es ist Santa Rico, Porto Rico, doch ich glaub's nicht, denn die Häuser sind amerikanisch, die Schilder englisch – ich behaupte es ist Galveston, doch plötzlich sehen wir die KEROUAC HOOK AND LADDER COMPANY – Außerhalb der Stadt auf der schwarzen See kommt ein großes Boot, das von 50 Negern gerudert wird, längsseits, lauter junge Sänger, die an Bord kommen möchten – ich will runter – Georgie sagt »Ich hab sie schon mal gesehen, sie sind alle jung und gut gebaut« – ich denk »Sie sollten beim Rudern bleiben« – Galeerensklaven des Songs – Diese Stadt war wirklich Kansas City Kansas –

IM OBEREN SCHLAFZIMMER BRENNT DIE NACKTE BIRNE, in der Gershom oder Sarah Straße, die Szene aus GEBRÜDER KARAMASOW, ein bleicher pickliger dünner asketischer kranker John MacDougald streitet mit seinem Vater, eine halbe Flasche Tokayer steht vor ihnen – mit rauher Stimme bittet ihn der Vater herüber, um seine Bettlaken zurückzuschütteln und plötzlich holt er irgendeine Art Schwert hervor und schneidet langsam, spielerisch an John's Braue, bis sie durchdringt und die Haut leicht ritzt – »DU verrückter alter Narr Karamasow!« denk ich – Voller Wut nimmt John die Flasche und wirft sie durch das Zimmer, er trifft ihn direkt ins Gesicht und der alte Mann kracht blutüberströmt und tot vom Bett – Unten in der Lobby des Gershom Hotel's gibt es einige Aufregung wegen irgendeinem Feuer, dann wegen dem Mord – ich gehe über die Straße rüber zu meinem Haus –

HUCK UND IRWIN sind bei uns im Richmond Hügel Haus, in meinem Zimmer singen sie jüdische Hymnen, Irwin mit einer hohen zitternden Synagogen-Chorstimme, Huck ein tiefer Baß – Irwin hat für ihn gerade einen Job als Kellner in einem Synagogenheim gefunden – Huck beendet sein Lied mit einem überall zu hörenden Showbusinessfinale im tiefsten Baß, während ich mir im Bad die Zähne putze – Applaus – Pa ist im Wohnzimmer – Das ganze Wochenende über waren eine Menge Leute im Haus, dazu gehörten zuvor Vinny, GJ, Scotty und Lousy und nun ist es JETZT und in einem großen epischen Gedicht erzähl ich ihnen von der Eisenbahn und sie lauschen dem neuen Stil – Später geh ich zur Arbeit bei den Boston und Maine Verladehöfen! – Hagere Indianer aus dem Norden in schmutzigen gestreiften Kleidern sammeln Salat aus dem Abfall, in dem aufkommenden Winterwind gehen ihre dunklen traurigen Frauen eng zusammengedrängt davon, welche Trauer! – und gerade über dem Hof sind die Waggons, die Bremser springen runter, halten nach ihrem Zeichen Ausschau, ich muß rübergehen und fragen, wo mein Vorortzug fertiggemacht wird auch hier in der Mitte sammeln männliche Indianer Reste und Abfall – ich sag zu mir selbst »Ah, nicht nur die Stationsgehilfen der kalifornischen Indianer, sondern auch die fremden aus dem Reservat und dem Norden und dieser Verlust –« – Zu den großen Wochenenden daheim gehörten Rackel, Leute, der Schatten der großen Bäume, geradeso wie in Lynn in New England, deshalb war Pa auch da – oh, ich wünschte, die Menschlichkeit würde mich auch so besuchen kommen, ich wollt, meine Träume wären Wirklichkeit, ich wünschte, ich könnte so bei der Eisenbahn arbeiten – es ist nichts anderes als der alte von Boston-nach-New Hampshire-nach Lowell Traum, den ich seitdem so oft geträumt hab –

EIN GROSSER PILGERZUG DER MENSCHEN IN AMERIKA hat die Wildnis durchquert, ist fast in Washington, doch die erst kürzlich gequälten, jetzt rachsüchtigen Indianer sind ihnen dicht auf den Fersen und kommen näher – Das alles begann irgendwo in einem Theater, ich war dort, hatte einen Sitzplatz, Mädchen gab's da, die in Buden aßen, – Jetzt zieht sich die große Parade über die Potomac River Brücke nach Washington hin, in dem Moment springen die Indianer oberhalb in den Fluß und schwimmen runter – »Sie werden uns auf der anderen Seite umzingeln!« – Ein paar von denen auf der Brücke knallen mit Gewehren auf die Indianerschwimmer, einige Frauen schießen, – plötzlich sind die Schwimmer keine Indianer mehr, sondern gewöhnliche Leute, die das gleiche Ufer erreichen möchten – ich kann sogar ein Mädchen erkennen, die zusammen mit mir in einer Bude im Kriegsland war – ich seh, wie jemand auf sie zielt, dann aber seine Absicht ändert – Andere schießen, die Schwimmer lassen ihre Köpfe ins Wasser fallen, treiben ertrinkend dahin

– Plötzlich springen auch am sicheren Ende der Brücke große Mengen von Leuten ins flache Wasser entlang des Ufers, anscheinend weitere Feinde, ein gutangezogener Mann wirft seinen Silberdolch gegen die Brücke, als er drunter durchgeht – er fliegt drüber und auf der anderen Seite direkt neben ihm ins Wasser – die Massen sind vermischt, der ganze Krieg ist durcheinander, wir rennen alle kopfüber in ein neues friedliches Leben, der Fluß hat die Wende in diesem Krieg gebracht – oder die Wende im Krieg überhaupt – Und jetzt haben Mutter und ich einen kleinen Gemischtwarenladen in der Nachbarschaft einer schläfrigen Straße, eines Nachmittags mach ich einen Spaziergang unter den schattigen goldgrünen Bäumen – Fünf Blöcke weiter in der New Orleans-ähnlichen Schläfrigkeit hör ich plötzlich ihr schwaches »Deni Bleu! – Jacky ist gerade spazieren – er wird gleich zurück sein!« – Zu dem Zeitpunkt hab ich schon eine sieben Fuß lange Salami über meiner Schulter, sie ist gekrümmt wie ein verdrehter Zweig, voll Freude kämpf ich mich mit dem schweren Gewicht zum Laden zurück – ich komm an dem gleichen Mädchen vorbei, zu der ich in der lang zurückliegenden Bude auf den Kriegsschauplätzen so schüchtern war, eine Zeitlang war ich mit ihr allein zurückgeblieben und ich weiß noch, ich hab weder was gesagt noch hochgeschaut – ich komm in den Laden, Deni ist dünn, er springt hoch, als ich ein ›*Hallo*‹-Gesicht mach – »Was glaubst du wer's ist?« ruft er, meine Hand schüttelnd – »Willst du ein bißchen Salami?« – und als meine Mutter lacht macht Deni sich über die Salami, doch plötzlich fängt er an, Olivenöl und Essig mit den heftigen Bewegungen eines wichsenden Jungen drüberzuschütten und vergießt massenhaft auf dem Boden – »Mein Gott, nicht so viel« sagt meine Mutter – »Oh, ich liebe Olivenöl!« lacht er und verschmiert glücklich seinen Mund damit – bedauernd schau ich auf das ganze Öl am Fußboden – Egal, der Krieg ist jedenfalls vorbei (das hier wurde geträumt und geschrieben am 26. Juli 1953, dem Waffenstillstandstag in Korea) –

JULIEN IST GESTORBEN – wir halten seine Totenwache, wir, die Unterirdischen, es ist Julien's Haus an der unteren Fifth Avenue, sogar in die Zeitung kommt's und es wird auch erwähnt, wie Dick Beck's uralter Kombiwagen, der stets davor parkte, ein Leck verursacht und irgendwas überflutet hat und er bekam eine gerichtliche Vorladung – Julien liegt nicht auf dem Rücken in einem Sarg, sondern sitzt aufrecht in einer Ecke auf einem Stuhl, – nichtsdestoweniger redet und trinkt jeder, sogar ziemlich fröhlich – gleichzeitig ist es auch Gerard und mein Haus in der Beaulieu Street, ein trauriges Braun – ich erinnere mich, wie ich in der »zweiten Nacht der Totenwache« reinging, nachdem ich das TV-Programm gesehen hatte, in dem angekündigt wurde, daß Jack Kerouac Kindergeschichten vorliest und nach langen endlosen Schrekken und Entsetzen in den marmornen Korridoren der Pennsylvania Station, in denen ich während heißer Ferienwochenendnächten auf Züge wartete, beim Pissoir rumhing, mit den Bullen Ärger bekam, unerklärlich, traurig – ich seh Beck's Auto davor stehen, steig ein – die Seitentür ist offen, doch auch die weite Front mit ihren blendenden apokalyptischen Lichtern und ich geh rein mit schmerzenden Augen und schüchtern gesenkten Schultern und meine Hände ungelenk in den Gürtel gesteckt, als ob irgendjemand denken würde, ich könnte die zweite Nacht von Julien's Totenwache zu leicht nehmen – so stolper ich rein, er ist immer noch in seiner Ecke, doch diesmal hab ich die freie Wahl und schau nicht hin – die Jungens lümmeln herum, ich sitz mit Roger Barnet auf der Couch, der mir eine Tonflasche mit Gin und Gypsum – GIN & GYPSUM – zeigt, »Sollen wir sie trinken?« – »Sicher, *ich* bin dafür.« Das Mädchen (Shelly Lisle's Frau) hat schon ihr Glas und die Eiswürfel bereit – die Nacht zuvor war die Totenwache viel fröhlicher gewesen, jetzt drückt uns die Publizität und die Ernsthaftigkeit von Julien's bevorstehender Beerdigung langsam nieder – Irwin steckt irgendwo in der Nähe – Wie still ist das Grab, die enttäuschte Jugend des Todes in seinem verfaulenden Eckstuhl, wie einsam, immer noch unnachgiebig, immer noch mißbilligend, selbstgerecht spröde, *tot* –

UNTERIRDISCHE SIND BEI EINER JAM SESSION im Open Door, das ein großes Theater wird und ich steck im Keller und versuch einen Weg zu finden, mich ins Freie zu schleichen, ich seh eine riesige Treppe ohne Stufen, die sich als Fahrstuhl für die Theaterangestellten herausstellt und ich sag »Wir müssen bloß hochklettern, spring los« – »Aber nein« sagen die Jungen bei mir, Dick Beck oder Lisle oder Gerard Rose, »du mußt deinen verdammten Paß und das Abzeichen an jeder Tür zeigen, am Ende vom Fahrstuhl –« es ist immer noch das große ewige Brooklyn Kino – Wir sehen einige der Angestellten mit bewegungslos aufragenden Köpfen aus dem Stechuhr-Keller von Lon Chaney und St. Louis Bazaar ›Verkaufs‹Halle vor dem düsteren Hintergrund von Bühne und Vorhang, bis rauf zu den Plüschhöhen – einer davon ein gewöhnlicher Negerarbeiter – Es gibt Jam Sessions, Gezänk – Mädchen – Bullen – Später bin ich am Strand und untersuch ein historisches, berühmtes altes Häuschen und es ist tatsächlich so alt, daß sie nur zwei oder drei Notizen an bestimmten Stellen wie in der Küche hinterlegt haben, bei ein paar zersprungenen Tassen liegt noch eine Notiz – ich tobe herum und zerschmeiß die Tassen und überleg, ob ich die Notizen zerreißen soll – es ist bloß ein altes Haus, dreckig und klein – ich hab Angst schwimmen zu gehen aus dem gleichen Grund, aus dem am Tag zuvor Trinkwasser verkauft wurde, sowas wie Radioaktivität oder Krankheitserreger – vorm Ertrinken hab ich keine Angst, nur vor einer namenlosen Salzablagerung irgendeiner Krankheit im Schlamm des Wassers selbst – Es ist wie am gespenstischen Ladeview Strand, als ich in WPA Baseballtagen von einer bleichen Sonne Sonnenbrand bekam und wie am uralten Strand vom Gray Glook See, als ich nicht mal für 5 Dollars schwimmen ging (im Alter von Drei) – Danny Richman ist bei mir in dem Häuschen, das auch den Ruinen ähnelt, in denen Ma und ich die Pastramis gefunden haben, in New Jersey – die »Van Johnson« Zeit – Später eß ich in einem Restaurant (nach einer namenlos langen Nacht bei den Fortiers, wobei meine Mutter sagt »Sie machen uns nie einen Platz zum Schlafen zurecht«, doch in Wirklichkeit hatte Mr. Fortier mein Bett in einem mittleren Zimmer in diesem »Sarah Avenue Fortier Haus« bereitet, ein großes Doppelbett, doch Donnie hat dringelegen – Bill Tenor's Donnie – und stürzte sich sofort auf mich und das mit Ma im Vorderzimmer und die Fortiers hinten und Nin und die ganzen Lichter an und die Enge all der Wände und die Abneigung und das Entsetzen, das ich fühlte und Donnie laut und verrückt und fertig zum Spritzen und rumtobend und merkwürdigerweise wie Joe aussehend, ich rannte raus, um ein anderes Bett zum Schlafen zu finden und genau in dem Moment wechselte die Szene zu riesigen obengelegenen Räumen über, leer und düster wie die Räume im Pfarrhaus in der Salem Street – im Restaurant (nachdem ich dem Koch meine Schweinestückchen gegeben hatte, der sie in einen großen Topf warf und zubereitete, während ich außerhalb seiner Küche unten am Meer ungeduldig wartete) – ich geh rein, ohne hungrig zu sein, sitz plaudernd mit dem Eigentümer (Johnny der Barkeeper) an einem Tisch (und wie damals, als Johnny »in Frankreich« war, in diesem anderen Restaurant-am-Meer Traum) und hereinkommt dieser schreckliche blonde hakennasige Bremser von der SP in Frisco, den Cody haßt und für aufdringlich hält, er setzt sich hin und bestellt Kaffee und sobald mein Freund, der Eigentümer, weggeht, um ihn zu holen, lehnt er sich zu mir rüber und versucht auf schmierige Art Geld von mir zu borgen (Was ich nicht habe) (und Johnny bemerkt es und kommt lächelnd zurückgeeilt, um irgendwelchen Streit für mich zu vermeiden), doch der Bremser, ernsthaft, eindringlich, versucht mir's mit leiser Stimme begreiflich zu machen – Das alles ähnelt auch dem Restaurant, genau dem Restaurant der »Tante Anna in Maine« Träume und teilweise auch Washington D.C., als es dort noch einen nächtlichen glitzernden Boulevard gab wie die New Hampshire Avenue und traurige Szenen, in denen ich herumirre, Big Blim suchend in dem sanften unmöglichen Geheimnis, in Höfen, dem marmornen Inneren gespenstischer Hotels, Gebrüll, Flußdämme, Eckbars, vollgestopft bis zur Tür mit hemdsärmeligen Männern, New Orleans liegt in der Luft und Gerüchte des weiten, alkoholgetränkten Amerika's, das ich auch in dem Pomeray Traum der gestohlenen Matratzen und des rotnasigen Säufers glänzen sah – Das Fleisch meiner Schweinestückchen bestand aus großen grauen Klumpen – Für eine Sekunde fürchte ich, der Bremser will auch Schweinestückchen bestellen oder Johnny wird ihm lächelnd zum Lunch welche anbieten, denn ich weiß, sie sind noch heiß und müssen im Eisschrank abkühlen, ich seh »Johnny's« selbstbewußtes

Lächeln (wer immer er auch ist) (Roland), der all das genau weiß (Übers Abkühlen) – Ronnie Ryan, Buddy Van Buder, die ganze Welt treibt vorbei, archetypisch wie sonstwas ...‹

ICH BIN MIT JOSEPHINE VERHEIRATET, ihre sämtlichen Freunde sind in der Küche versammelt und sie macht sich über mich und mein »Schreiben« lustig, ich bin mit all meinen Manuskripten da und schau blöd in die Gegend – ein Hahnrei, der Geliebte einer Lesbe – ich erfind schwache Geschichten und versuch sie zu schreiben oder uninteressierten Freunden vorzuspielen – Später kommt Ed Buckle oder Buddy Van Buder ans Küchenfenster, sieht mich, sagt, daß der Verleger eine weitere Geschichte von mir anschauen will (stimmt nicht, in Wirklichkeit will er bloß wieder einen Schuß Heroin und ich weiß es) – ein freudloses, immer nur späteres Leben ohne Saft, keine Freude, keine Ma, kein Kerouacismus, nichts als die Möglichkeiten der Gegenwart, ausgereift zum vollen Entsetzen – ohne etwas von dem jetzt offensichtlichen Charme – ich bin wie der alte Onkel Mike in den Tränen des Nachmittags oder dieser unglaublich heulselige alte Canuck-Geier in der Papineau Taverne in Montreal, der weinte als wir ihn rübertrugen (ihn rüberriefen) und ich war ganz verblüfft als ich erfuhr, daß dieser einsame gefühlsduselige Kerl einer der reichsten Männer aus der Gegend war – die Leute mieden seine überquellende heulende Erscheinung und seine offenen blauen bretonischen Augen – er war derjenige, der meinte, ich sollte Rentierblut trinken – Le Sang du Caribou – irgendwas zwischen Bretonisch & Verlorenheit –

LUCIUS BEEBE BEWOHNT MEIN ZIMMER im ersten Stock – sein Sohn ist bei ihm, während ich mich abends fertigmache zum Ausgehen und ein paar Sachen wie Rasierapparat usw. in den anschließenden Raum mitnehme liegt sein Junge schon im Bett, und Lucius, der nicht der aus dem echten Leben ist, sondern nur anscheinend Beebe, lediglich kleiner, freundlicher, ein würdevoller Besuch aus Shoolorado usw., rasiert sich im Unterhemd – ich geh in mein anderes Zimmer, so ähnlich wie Huck's Zimmer in der Nacht zuvor, merk aber, daß ich nochmal wegen irgendwas, das ich vergessen hab, klopfen muß, was ich nur ungern tu – »Übrigens, kennst du Manley Mannerly in Colorado« sag ich – an der Tür – »Nein« – »Warum hat er mir gesagt, wenn du in Denver bist kümmert er sich um dich« – »Nein, überhaupt nicht, ich kenn den Mann nicht« – er schaut aus wie Mannerly – Zuvor fuhr ich übers Wasser und New Orleanse der Traurigkeit und den brüllenden einsamen Mississippi mit bevölkerten Ufern hoch – irgendeine Art von Golf, zum Ausblick die hohlen Hände über der See – Dazu verdammt, immer in Amerika herumzureisen, Straße Schiene oder Wasser.

ENTSETZLICHE GEGENWÄRTIGE ERFAHRUNG des heißen flammenden Todes, das Ende der Welt kommt und trifft New York, alle Gebäude lösen sich auf und ich stehe herum und warte darauf, daß es passiert und wie ich mich fühlen werde, wenn's passiert – und es *passiert* wirklich, ich steh in einem Hof in New York, die ganze Stadt und alles kippt nach rechts und wie geplättet und wird in einer dröhnenden Masse außer Sicht gewirbelt wie das zusammengekrachte Haus in Las Vegas – Das Ende lag zum Schneiden in der Luft, seit Tagen hatten die Leute drüber geredet, jetzt plötzlich Grollen, New York ist dran und jeder ist in Ekstase, in Erwartung des endgültigen Todesstoßes – Alles löst sich auf und verschwindet, ich auch – doch mein Bewußtsein scheint sich nicht aufzulösen –

RIESIGE SANDBERGE DER EISENBAHN, in der Nähe ein Hospital oder Großer Bruder Krankenhaus, die Sonne, ein gähnendes Höhlenloch – ich sag zu mir »Ich wußte, daß ich wieder bei der Eisenbahn arbeiten würde, doch ich hab Angst, echte Angst, an diese steilen Abhänge, Gipfel, Brücken zu denken, –« Die Schienen führen in das niedliche Allgegenwärtige Lowell, da unten ausgebreitet in irgendeiner Märzsonne, hier wird auch tatsächlich jeden Mittag rangiert, um die Hauptstrecke für den Personenschnellzug nach Boston freizumachen, ich seh die uralten Schaffner und die stolzen jungen Bremser von Lowell in blauen Uniformen, wie sie in der Brise bei den Loks tratschen – oben von den Sandklippen aus seh ich das, während ich an den Frachtzügen arbeite – Später ist es mein Schreibtisch, meine Schreibmaschine, Papier, Romane – ich entdeck die alte Cannastra Finistra Papierrolle von Sal Paradise ON THE ROAD – ich sprech mit einem Mann und einer Frau, sie geht nach Mexico, ist eine Mutter, sagt, von jetzt an wird sie wirklich leben und genitalen Sex genießen, irgendwas Vergebliches liegt über ihr, als hätte sie große endgültige Entscheidungen wie diese hier ihr ganzes Leben lang gefaßt – *selbstsüchtig* wie ich – die Nutzlosigkeit des Bohemiens, der sich zu etwas entschließt oder nicht entschließt im Versuch, eine hedonistische Formel für das Glück auf einem asketischen Erdball voll von Unglück zu finden – In den Sandgruben hatte es eine Flucht von Abenteurern gegeben, mit meinem tödlichen Feind, hatte es auf mich abgesehen, wollte mich zu Fall bringen, kam immer näher nach cleverer Planung und langsamer sorgfältigster Arbeit, ich hab seine Knochen zusammengeklaubt, ihn auf den Ranzen gelegt und auf seinen miesen Anschlag, seitdem hab ich ihn nie mehr gesehen, außer daß ich mich an sein Gesicht erinner, traurige Figur auf dem Hügel, entfernte Feindseligkeit wie irgendwas im Wind, Traurigkeit seiner engen Seele, in ihrem Wahnsinn auf mich zurasend wie ein aus dem Universum des Lichts geworfener Felsbrocken – aber wie gesagt, irgendwie brachte ich es fertig, ihm aus dem Weg zu gehen und schaffte es und jetzt bin ich ganz in Ordnung, ich mußte mich durch derartige Schrecken kämpfen, um die friedlichen Sicherheiten der Eisenbahn zu erreichen – Es ist der in ein Leichentuch gehüllte Fremde in einem weißen B-Film-Serien-Hemd – in seinen frühesten Lowell Leinen war *Fisch* – der Junge, der mich schlug –

ICH BIN IN RUSSLAND, unter Teenagern, in einer Art kleinem Candy-Store – ich bin weit gereist, das ist das wirkliche Rußland, niemand kennt es – »Wow! Was werden sie sagen, wenn ich ihnen von den Teenagern in Rußland erzähl!« – Ein farbiger Junge ist dabei, mit einer komischen

Raskolnikow-Trambahn-Schaffnermütze und verrücktes russisches Haar schaut überall raus, er ist der Tollste von der ganzen Bande – Dann ist da ein niedliches rothaariges Kind in einem runtergeknöpften Sweater, genauso wie jemand aus der amerikanischen Oberschule – Zwei Mädchen – Es ist dunkel, kalt, aufregend draußen auf der großen nördlichen Straße, Rauch aus den Kaminen – die Kinder unterhalten sich in russisch und ich in ewigen Höhen versteh sie – ich geh raus, auf der Straße find ich ein wundervoll geschnitztes Schnappmesser aus Elfenbein und steck es stolz in meine Tasche – den Bullen werd ich erzählen, ich hab's in Rußland gefunden – Im Bus zur Stadt sitz ich neben zwei russischen Ladies, die zuerst in französisch und dann in russisch über den Untergrund plaudern, bis sie meine Blicke bemerken – Schließlich kehre ich wieder nach Maine zurück, zur großen Familienversammlung, die Baileys, Ma, die Pinien des nördlichen Maine, alles...
Der junge Hipster aus Rußland mit der Raskolnikow-Mütze ist ein Neger wie La Negra aus Mexico, jetzt 14, oder 16, – seine Haare schauen unter seinem geschwärzten Hut wie Stroh vor, wie eine »Mardou«, mit einer Schaffnermütze in Rußland und einer ganzen Straße hinter ihr, nur ein aufgeregter Junge, der sich für Mädchen und russischen Hasch interessiert –

DAS GROSSE SCHIFF UND DACHGESCHOSS DER WELT, wo ich mit allen anderen bin, wir alle wie Kinder in weißen Nachthemden – ich hab meinen Platz im oberen Teil der Leiter, wo die hölzernen Sprossen rausfallen, ich renn da hoch, um rauszufinden, was ich Unrechtes getan habe – mein Kumpel Scotty Boldieu ist verschwunden – hat was angestellt – Jeder sitzt in einer Art Klassenzimmer, *en jaquette* – ich kapier nicht, was los ist, doch alles sehr ernsthaft und verloren und die Aufsicht scheint lasch und grausam und läßt uns in dem abgetakelten Schiff herumirren und überall Verlorenheit und niemand, der uns scheltet oder klagt, – ich weiß wirklich nicht und mir ist es auch egal, was das für ein Ort war, doch wir – irgendjemand –
Ich bin ganz erschöpft aus dem Loch rausgekommen –

GROSSE EREIGNISSE & Familienvereinigungen in New York und ich hab von den Verlegern 1000 Dollars bekommen zur gleichen Zeit, als man mir einen Job anbot, in einem Geschäftswagen Bücher zu verkaufen und dazu noch ein paar andere Jobs, doch ich geh mit dem Bus nach Mexico und »bau Meine Heimstätte auf« – Im Bus sind Halvar und Peaches mit ihren kleinen zerlumpten blonden Kindern, die heulen und mit den Passagieren spielen und von ihren Eltern überhaupt nicht beachtet werden und plötzlich döse ich irgendwo in der »Nähe von Kansas« ein und höre Lärm, der Bus hält, ich döse weiter, wach aber schließlich gerade zur rechten Zeit auf, um den kleinen Jungen irgendwas neben dem Fahrersitz vom Boden aufwischen zu sehen, er wischt den Dreck auf, dabei heulend in fremder gefühlsloser würgender Hoffnungslosigkeit unmenschlich unwirklich & kurz, nur ein Aufschrei – anscheinend hat er gekotzt und der Bus hat deshalb angehalten und seine Mutter, die sich auf den Rücksitzen mit Leuten unterhält und Gitarre spielt läßt ihn, weit davon entfernt, ihm zu helfen, alles selber saubermachen – ich denk »Kein Wunder, daß er gekotzt hat nach den Pickels und was es sonst noch zu Mittag gegeben hat und weiß der Himmel, was er zum Frühstück bekommen hat (was ihm seine närrische Mutter vorgesetzt hat)« – Während wir halten ist Hal der Vater ganz blond und weiß zum Pissen raus, er kümmert sich auch nicht drum, und als jetzt der Bus wieder anfahren will klettert er voller Arroganz wieder rein und latscht den Gang runter, die Ladies beeindruckend mit einem sich deutlich abzeichnenden Hammer, der aus seinen blauen Hosen rausdrückt und er weiß es ganz genau – ich verachte ihn – ich denk dran, wie er glaubt, ich wär auf dem Weg nach Denver zu irgendeinem neuen Fiasko, doch ich bin stolz darauf, bloß »durch Mexico zu fahren« und ich werd ihm nicht mal die Befriedigung geben, das zu wissen – natürlich haben wir im Bus überhaupt nicht miteinander geredet & plötzlich verläßt mich aller Mut und ich will zurück nach New York und den Bücher-Job *annehmen* und meinen Wagen in der Wall Street parken, meine Muster einsammeln und meine Bücher an meine »Studentenkunden« verkaufen, und ich werd's auch schaffen und mich um meine Kinder kümmern, voller Liebe und nicht wie diese eingebildeten nutzlosen Hals und

Peaches, doch es ist zu spät, der Bus ist fast in Kansas, wir sind seit Tagen unterwegs, anstrengende, langsame Fahrt und Ärger – selbst wenn ich mein Ticket in Kansas wieder einlöse werd ich 36 Dollars verloren haben und die Rückfahrt wird auch 36 Dollars kosten und da bleiben mir noch 80 Dollars und alles ist ein riesiges idiotisches Fiasko, und da schlendert Hal mit seinem größenwahnsinnigen Ständer den Gang im Bus runter – Die Welt wiederholt sich auf ermüdende Weise –

FÜR DIE KLEINEN, IHRE GEBETE SPRECHENDEN KINDER ist vor Ste. Jeanne d'Arc ein Schienenbus geparkt und ich geh hin und frag den Zugbegleiter, ob ich mit nach Boston zurückfahren könnte (es ist ein einziger großer grauer Wagen) – »Kann ich mit bis Boston?« Er will wissen, wo ich gearbeitet hab, ich muß lange nachdenken, bis ich »Warsonville« sag – Er ist ein bißchen skeptisch – ich zeig ihm Papiere, alte tote Sachen – Drinnen beten die Kinder.

DAS GROSSE GRAUE HOTEL DER WELT, die ganze Nacht, mit Bull, Irwin, Ricki, Unterirdische, Gaines in Jeans und Bart – Gaines spaziert die Promenade lang, in Jeans, bohemehaft, mit dem ekzentrischen Bart eines Third Street Penners, doch immer noch mit dem Geld für eine Fixe – Und dann sieht man eine von diesen großen Gossenweibern wie sie mit ihm die Canal Street zu einem kleinen Hotel runtergeht – Das große graue Hotel ist auch eine Schule, ich hab meine ganze Ausrüstung dabei und kann die Klasse nicht finden und lauf herum, nackt und unschuldig in Basketfeldern, unter sich drängenden Mengen – Ein einziger großer Schlafsaal, mit Andeutungen von traurigen Columbia Livingston Hall Schlafsälen im September, wenn das Semester anfing, doch ich bin nicht mal eingeschrieben – In einem Eckzimmer find ich Ricki, wir gehen zusammen aus, als wir zurückkommen überläßt sie mir das Taxi – Man sagt mir, daß sie noch eine Rechnung offen hat – Ich zähl die drei Dollars, die ich noch in meiner Brieftasche hab und beschließ, nicht zu zahlen – Die Hausboys ziehen mich auf, als ich weggeh »Du hättest das Taxi zahlen sollen, Boy, ihre Firma hat gerade Öl entdeckt und jetzt wird sie dann mit diesem anderen Typ ausgehen – ha ha ha!« – die Pagen und Zuhälter der Ewigkeit – mir ist's egal – ich geh hoch, in ein Zimmer zu Bull und Irwin, während der Nacht entdeckt Bull, daß ich einen empfindlichen Nerv an meiner rechten hinteren Schädelseite hab, er berührt die Stelle – »Jetzt versteh ich, warum du gezögert und deinen Kopf gehalten hast, als diese Leute –« er bezieht sich auf frühere verschwommene Ereignisse – ich betaste meinen Kopf, der Nerv schmerzt – Bull ist stolz, daß ich so wundervoll empfindlich bin, warnt mich aber vor der Gefahr durch diesen Nerv, ich kann an einem Schlag sterben – oder irgendeinem Kurzschluß – Wir treiben uns auf einer großen Rampe im atlantischen grauen Nebel herum, außerhalb des 10ten Stocks vor den 5 Fenstern unseres Zimmers, zu dritt – Bull redet mit lauter Stimme, Irwin dämpft ihn und deutet auf offene Hotelfenster – »Oh wirklich,« sagt Bull verärgert »was um alles in der Welt sollen sie denn hören, mein Lieber« – Später sind ein paar von den Unterirdischen im Zimmer, sie lesen meine Manuskripte, ich bin ein entdecktes Genie, Irwin erzählt ihnen, wie ich an Samstagabenden in meiner heroischen Schriftstellervergangenheit meinen Kopf umfaßt hielt unter dem großen Ansturm der Ideen und Gefühle, ich glaub, das hab ich Irwin selbst mal erzählt – Der Zuhörer ist Gold aus Frisco, der dazu witzige Bemerkungen macht – Dann ist noch ein blonder Junge da, Don Johnson, der mit einem Ohr zuhört und ab und zu was sagt – alles ein großes Stimmengewirr, Zimmer, alle möglichen Studien, ein Hineinfallen wie bei Ricki, in deren Zimmer noch Teile der alten Upper East Side Fahrstuhl Apartment Träume sind, um 1946 oder 1947 – In der Zwischenzeit hat Gaines irgendwas Komisches gemacht und wir sehen ihn noch einmal, wie er in Jeans und mit Augustus John Bart die Promenade runtergeht, voll –

ICH MUSS WIEDER FLIEHEN, der leichentuchhafte fremde Javert hat mich vor meiner Verhaftung gewarnt, es ist eine graue düstere Landschaft in Kalifornien, die zu irgendwelchen unmöglichen Afrikas führt und außerhalb der Stadt gelegenen Vororten mit kleinen schwarzen Bäumen – ich muß meinen Job aufgeben und abhauen – Die Jungs haben ihre unechte Papierrevolution und üben mit den Radiomikrophonen unter der Rampe der Überführung – ich geh nach Erie N.Y. was dem traurigen Hafen ähnelt, in dem ich mich nach den Schiffen erkundigte, dieses Mal gibt's keine blonden Skandinavier und Schiffe, sondern nur traurige Leute, die Bürgersteige aufpflügen, was mich stolpern läßt und ein riesiger Eisenbahnhof wie in Montreal am Fuß einer steilen Hügelstraße – »Ich spring heut nacht auf einen Frachtzug, nach Süden, hau endgültig ab – er wird die Busstation beobachten« – Alles unsagbar traurig und fortlaufend –

DIE KLEINE KATZE, DIE ICH IN MEINEN HÄNDEN HATTE, mit so einem süßen traurigen kleinen komischen Gesicht und grauen Augen und schließlich sagte sie mit kleiner kläglicher Stimme, wie Gerard's, »J'aime pas demain« und ich sagte »Moi auch mon ange!« und fühlte mich zum Heulen, genau wie gestern bei Ma, als ich in einem New Yorker Restaurant ihre Stimme übers Telefon hörte, mir tat das Herz weh nur vom Klang und der Einsamkeit in ihrer Stimme, ich hatte sie das ganze Wochenende am Laborday allein gelassen und rief erst nachts in der letzten Minute an und sagte, daß ich kommen würde – dieser klägliche Ton, den Gerard von ihr hat und der auch in meiner eigenen Stimme ist, wenn ich meinen Katzen Koseworte sag – dieses Kätzchen war ein Engel und sagte die Wahrheit – Um uns ganze Paraden mit Irene und mir im Bett, June Evans und Bull, June gibt mir eine halbe Flasche schweren Tokaiers, gießt mir ein Glas ein und verschüttet aufs Bett, und Irwin mit den Unterirdischen unterhält sich draußen am Paradise Alley Gehsteig auf russisch mit einem koscheren Golem-Patriarchen, und Raphael Urso fummelt jedesmal, wenn ich wegschau, an Irene herum und sie sagt zu ihm, auf mich deutend, »Mit diesen alten Kerlen ist es wirklich friedlich.« – Und ich bin wahnsinnig eifersüchtig, sie hat mir bereits gesagt, ich soll abhauen, es ist trübsinnig fremd düster und am Umkippen – Ich wach schließlich auf, Irene schlagend und Raphael langt nach mir und ich schnapp ihn auch, wieder einer dieser ertrinkenden Alpträume

SO WIE IN LIMA PERU, doch in Lowell oben in der Lilly Street gibt's beleidigte spanische Väter, Szenen in einer dunklen Straße, eine Wohnung, irgendwas mit Mord oder Vergewaltigung, in einem hochgelegenen düsteren einsamen Land der Nacht, ich komm von dort runter in »Richtung Stadt«, gefolgt von dahinspazierenden hornbebrillten Intellektuellen, die dort oben die Show mit mir gesehen hatten (alles spielt am gleichen Platz wie der Große Tolstoische Traum), voraus sind die Lichter der Fabriken am Fluß, und die Brücke – Doch auf der Lakeview und der Lilly sag ich »Verdammt, ich muß endlich meine alten Sachen kapieren«, und da ist Scoop's Laden und zwei Blöcke weiter stoß ich auf das Haus, was ich *froidly* total vergessen hab, jetzt ein kleiner Bungalow, dessen Dach zwei Söhne ausbessern, die zu ihrer Mutter in der Dunkelheit runterschrein, doch in der Vergangenheit war es unzweifelhaft der Schauplatz von Ma und mir, wie wir jemand besuchten, als ich noch ein Kind war – Elemente sind drin von dem Bungalow, in dem Gerard starb und von John MacDougald und Miss Wakefield Bungalow und sämtlichen Bungalows – ich glaub so fest daran, daß ich (nicht) träume, daß ich mich bei 35 Sarah Avenue wiederfinde und im Schnee zu dunklen Fenstern hochspring und drinnen fängt ein Baby zu weinen an, eine Tür weiter »Sicher, genau wie ich's geträumt hab« sind Christbaumlichter in den Alice Fenstern, aber blaue – Dieser kleine Bungalow war Szene des Todes, braunvermotteter Küche, der uralte rheumaäugige Geisterplatz des Alten Lowell über allem der Geruch von Cubabs & Schmerzen –

BUSFAHRT MIT IRENE, die Moody Street runter über die Moody Brücke, ich dreh mich um und rede mit dem jungen Bremser, wo der Fluß liegt ist ein riesiger Hof, der bis zur tiefsten Mitte bei den White Bridge Fällen reicht – zuvor hatte es eine Flut gegeben – doch jetzt Millionen Jahre später, ist das Flußbett ein Tal mit einer Eisenbahn – und so frage ich ihn »Stellen sie Bremser ein?«
»Nein!« sagt er betont und sofort lächle ich mein strahlendes Lächeln und rufe »Oh, aber in Kalifornien tun sie's sicher!« und es ist klar, daß er sagen wird »Aber das hier ist nicht

Kalifornien« und überall in der klaren Luft des verlorenen Lowell kann ich die aufregenden Schienenstränge spüren, die roten Ziegelsteingassen der alten Bürger, am Kanal, außerhalb der Stadt in den Sandhügeln, im Flußbett – dann versammeln sich die traurigen Leute unter eisernen Wolken in den Nächten am Kearney Square, die traurige Dunkelheit der alten Lowell Sonne, wo ich mir, während ich nach bekannten Gesichtern Ausschau halte und herumirre, Sorgen mach, ob irgendjemand weiß, daß ich in der Stadt bin – und dieses chinesische Zeitungsmysterium an Schultes' Ecke, meine wiederholten, total niedergeschlagenen Besuche im Oktober – La peine dans l'aire noire, der Schmerz in der dunklen Luft.
Während ich so mit dem Bremser rede rutscht Irene, farbig, sich selbst farbig fühlend, in ihrem Sitz hin und her, als wollte sie sagen »Aber warum redest du denn so? Um welche Eisenbahn geht's? Was ist mit diesem Lowell los? und überhaupt, wer bin ich?« und all ihre sonnentrockenen Bewegungen in dem öffentlichen Wagen der Welt....

EIN GROSSER FREMDARTIGER KRIEG ist in Amerika ausgebrochen, ungefähr 400 oder 4000 Kriegsgefangene brechen aus einem Lager aus und brandschatzen sich ihren Weg den Mississippi runter nach New Orleans – das ganze Land gerät in Panik, mobilisiert, mir kommt das alles albern vor, wieder ist es dieser alte graue Krieg, nur diesmal in unserem eigenen Land – in dem allgemeinen Aufruhr des Krieges fahr ich nach New Orleans, nachts komme ich in der großen gespenstisch glitzernden Stadt im Boys-Club an, um alle zu treffen und da ist Cody!! – und er hat plötzlich seine Familie und seine Verantwortlichkeiten aufgegeben und ist geistig auseinandergefallen und nun ein Trinker, ein Säufer, rotes Gesicht und zerbrochene Nase, tragisch, schmutzig, jung-alt – ich bin so verblüfft von dieser Veränderung und trotzdem denk ich »Genau so muß sein Vater jetzt ausschaun!« – Dave Sherman, auch noch andere sind da, geisterhaft – Kartenspiele – wir drei übernachten im Haus von einem Typ, irgendwie schwul, so wie John Bottle – er erwartet uns nicht, hat aber gerade in dieser Nacht eine große schwule Party und wir sind willkommen – Am Klavier sitzt einer von ihnen, groß, dunkel, pockennarbig, mit einer verunstalteten Hand, bei dem ich ein Lied bestell, ihn mit »Hände« anredend, wofür ich einen häßlichen Blick bekomm – Wir sind in Jeans, jung, die Schwulen scheinen uns nicht zu mögen, doch ich glaub's (im Rückblick) eigentlich nicht – und in der Zwischenzeit kämpfen sich diese tragischen Gefangenen den Mississippi runter, ihre Toten zurücklassend und mit jedem Scharmützel an Zahl verlierend mit jeder neuen Sendung – mir wird schlecht von Amerika's Feigheit und Hysterie, das so blind geworden ist, daß es nicht einmal mehr den Freiheitsdrang von gefangenen Männern erkennt, »Kommunisten« oder nicht – auf ihnen der große Haufen Waffen und pathologischer Propaganda – und Cody ist zerschlagen, Nase gebrochen, bei der Eisenbahn rausgeflogen, ein Tramp, Cody Pomeray in seiner unvermeidlichen endgültigen Amerikanischen Weltraum Dempsey Whiskyflaschen-Nacht, so wie ich und mich selbst immer geträumt hab – Jetzt aber ist es ernsthafte Wirklichkeit und ich erkenne, daß Cody am Wein und Hunger sterben wird – Er redet nicht mehr aufgeregt, sondern schweigt wie Okie – Später geh ich nach langem Schlaf in mein Wohnzimmer und meine Mutter sitzt da mit der umgestellten Möbeleinrichtung und einiges fehlt, nackt dunkel traurig, ich sage »Was tust du?« – sie brütet vor sich hin, allein, sitzt zwischen Stühlen und Tisch mit gesenktem Kopf in der langen Hoffnungslosigkeit der Witwen – sie, deren Gesicht ich letzte Nacht über meinen Schlaf gebeugt sah mit einem Ausdruck unauslotbarer Bedeutung, von dem ich weiß, daß es Liebe auf Erden bedeutet – und die meine Kleider bügelte, während ich all diese tragischen Träume hatte –

BARBARA DALE UND IHR EHEMANN in ihrem neuen Heim in Lowell im ersten Stock des Lilly-Hildreth Hauses, wo ich mit 6 Jahren lebte, Irwin und ich sind zu Besuch – das gleiche Haus, ich bin ganz verblüfft es ist Weihnachten – vom Hof ruft B's Ehemann (offensichtlich Marlon Brando) »Holt Gin und Wasser«, doch als er uns Geld geben will versicher ich ihm, daß wir welches haben – und Irwin und ich gehen

leise zu »Ralph's« Laden, der »Immer noch da ist« (25 Jahre! an der Ecke) und alte Canucks sitzen mit großen Familien da drinnen in brauner Schwermut – ich komm rein und sag, »Un douzaine d'eu ... d'oeufs –« – erinnere mich dran, es richtig auszusprechen, ein Dutzend Eier, und das alte Krummbein geht hinten raus, um sie zu holen und braucht sehr lange – in der Zwischenzeit langt eine seiner Töchter, obwohl ich höflich bin und lächle, aber meine Baseball Mütze nicht abgenommen hab, nach mir und läßt durch meine Kleider meinen Büstenhalterstraps schnalzen, gegen meinen Rükken, was mich nicht stört – Zuvor war ich in einem Obispo Trainings-Kloster gewesen, mit Bibliotheken und Aufpasser-Mönchen, die nach mir sehen – unmöglich, nicht gefunden zu werden, und mich in Höfen versteckend und rumrennend, raus zu den Barbecue Feldern – etc. – dümmlich – Letzte Nacht war es Joe, der lachte, lehnte sich vor, um mir aufs Knie zu klopfen, betonte Canuck Witze von sich gebend, hochspringend Hyah! hyah! und seinen Hut aufsetzend, um zu gehen – wie in alten Zeiten – doch es gibt zwei Joes und ich bin froh, daß der eine den anderen getroffen hat (Andeutungen von Cody, oder sonst jemandem) und da gibt es einen gespenstischen Speiseraum im regnerischen steinigen Boston Chicago der Traumschwermut, wo Joe und ich langgehen, – sein Auto – die Rückkehr des alten Joe von der Salem Street –
(zufällig haben B Dale und Ehemann eine kleine Nichte, die hinter einem Schirm in der Küche auf einem Spinett-Piano spielte)

POP UND ICH FAHREN in irgendeinem Zug durch irgendein helles Land, der Zug weicht aus, um einem wichtigen fahrplanmäßigen Vorfahrtszug Platz zu machen und aus irgendeinem Grund folgt mir der dicke fette Pa, während ich in meiner Närrischkeit dem »Schaffner« folge – folge, irgendeine Rampe runter, um den Schalter umzulegen, sobald der Vorfahrtszug vorbei ist (und das ist nichts als ein Postwagen des Todes, selbstbedienend, allein, grau, düster) (den Schienenstrang schweigend entlangrasend) helf ich dem Schaffner, den Schalter umzulegen (den Schalter von der

Hauptlinie festmachen) und er und all die anderen zuschauenden Zugbegleiter lachen mich aus, nur Pop ist ernst, als die Arbeit erledigt ist klettere ich von der Rampe die eisernen Sprossen einer Leiter hoch und seh den Schlußwagen (lächelnde Zugbegleiter warten), mach das Zeichen dafür, daß ich Tempo und die Notwendigkeit dazu kenne – mitten im Gelächter fang ich an zu rennen, im Schnee und weichen Felsbetten, um den abfahrenden Zug zu erwischen und hab echt Schwierigkeiten und muß rennen wie ein Sprinter (sie feuern mich an) (und irgendwie bleiben Pa und der Schaffner sowieso zurück) – rennend, mit pumpenden Knien, auf kindliche Weise stolz, diesen sich entfernenden Beobachtungswagen zu erwischen – im Winter rotwerden, erkennen, daß sie lachen, ein altes altes Gefühl – Zuvor war der Zug ein Bus und Pa war Ma – Ma und ich fuhren irgendwo hin, wir saßen auf harten Rücksitzen und Leute stiegen aus und ich schnappte mir einen weichen Sitz, der mich an die Zeit erinnerte, wo ich die weichen Fensterplätze bevorzugte im Broadway Bus, mit Ma am Radio City Tag, gegenüber den harten hinteren Sitzen beim heißen Motor –

BEI EINER GROSSEN »SWENSON« PARTY in seinen riesigen komplizierten Apartments, wo man sich nur schwer zurechtfindet, ein Wochenende dort, trinkend – Wir sind die Straße runtergegangen von irgendeiner durcheinandergeschüttelten kalifornischen Stadt (Los Altos!) und sahen auf der anderen Straßenseite ein farbiges Mädchen, stadtbekannt, zu der einer von unserer Party rief, »Komm rüber Joo Jee!« – und sie sagte ganz entschieden nein, mit einer Bemerkung, winkend allein weitergehend, der farbige Typ in unserer Party sagte überschwenglich zu mir »Du müßtest Joo Jee kennen, du müßtest sie wirklich kennen – sie ist schon was –« und später das große Banquet für jedermann – hysterische Fresser – ich fang in der Küche an mit Krümeln vom Tisch, Toast Butter und Chips in einem Teller auf dem Büfett, verschiedene Stückchen auf dem Weg ins Wohnzimmer, im Flur endend, wo Leute in allen Stadien der Vollgefressenheit herumstehen oder -sitzen, sie reden nicht viel, stochern in ihren Zähnen herum, trinken schwarzen Kaffee, oder Port, oder Scotch – ich seh einen wunderschönen Kuchen in der Mitte des Eßtisches und nehm ein Messer, um mir ein Stück rauszuschneiden, was die Aufmerksamkeit von allen anderen erregt und als ich aufwach sind wir alle über den Kuchen hergefallen, schneiden, Stücke hochheben, fallenlassen Händegewirr und Schlagen und Schwitzen, als ging's um Gold, Hände, die vor wachsendem Hunger zittern, je mehr und je bessere Swenson Portionen aufgelegt werden, hungriger noch verzweifelter die dunklen gefräßigen Gäste kämpfen, um an den seltsamen Kuchen, den »ich entdeckt habe«, heranzukommen – der ganze Traum erfüllt von der grauen unlösbaren Hoffnungslosigkeit, wie ein Stein – ein 3-Bier Alptraum mit leerem Magen, voll alkoholischer Verlorenheit, düster –

SIE HÄNGEN DEN POLITISCHEN VERRÄTER auf meiner Toilette in meinem Phebe Avenue Zimmer, vom Fenster her schaut die Menge zu und ich (Mit einem Freund) aus einer Ecke – Es ist ein alter Mann wie der Schauspieler Ray Collins, er hat keine sonderliche Angst, um genau zu sein überhaupt keine – Der Scharfrichter legt das Seil um seinen Nacken und für einen Augenblick sehen wir einen Ausdruck von Abneigung (für den Strick) (selbst) (nicht für den Tod) auf dem Gesicht des verurteilten alten Mannes – starr vor Entsetzen seh ich, daß all das »wirklich passieren wird!« – der Henker legt die Schlinge und dann stellt er mühsam den Körper des großen Mannes zurecht, ich hatte nicht beabsichtigt, »hinzuschaun«, aber ich »sehe« es, der Strick strafft sich, der Politiker verzerrt würgend das Gesicht, sein Körper hebt sich, schweigend – keine Klage – kein Kommentar von den Zuschauern – ich »träum« über sein gebrochenes Genick, überhaupt nicht berührt sondern neugierig – geh dann mit Lionel runter ins Wohnzimmer, wo ich den Fernsehapparat andreh, obwohl es 5 Uhr früh ist und Ma in der Küche fröhlich ihr Lunchpaket für die Arbeit zurechtmacht und sich mit der auch schon aufgestandenen Nin unterhält – ich sag zu Lionel »Aber er war wirklich kein richtiger Anti-Faschist!« und es ist mein Vater, über den ich rede, mein Vater wurde aufgehängt – meine Mutter schaut mich an, als würde sie mich gar nicht sofort erkennen oder wüßte nicht, was ich da unten tun würde – Die rote Wohnzimmergarnitur der Wohnung in der Lilly Street im Jahre 1926 ist verantwortlich für all diesen Schrecken, das Aufhängen, die Schuld, – der Sarg, der nie aus dem Wohnzimmer der Kerouacs entfernt wurde – *le mort dans salle des Kerouac* –

DIE WILDNIS VON VIRGINIA nach einer Weile, der Bus bringt mich westwärts nach »Oakland«, ich hab seit New York in ihm geschlafen, mit dem Kopf auf der Rückenlehne, und zwar so fest, daß ein großer blonder Kerl glaubte, er könnte sich an mir vorbei auf den Fensterplatz drücken, doch ich tat so, als würd ich überkippen und schließlich bewegte er sich auf einen anderen Sitz – da sind die entfernten Wälder von Virginia und der Bus fährt durch eine kleine Stadt mit alpenähnlichen Häusern, jedes wie ein Gasthof vor Aufregung und den Stimmen der Essenden schwirrend, ich denk »Sie kommen in alten Landautos von jedem Hügel zu den Kneipen der Stadt runter« – Wie im August 1952 auf meiner großen Reise nach Westen durch Carolina zur Küste ist der Himmel in regnerischer Dämmerung blutig rot, durch die Bäume seh ich weit hinter dem Sumpf die letzten Reste des roten Feuers unter der hereinbrechenden Nacht, die Umrisse von dünnen Birken und Stümpfen von amerika-verlorenen Bäumen – Im Bus sind zwei junge Eisenbahner, einer trägt eine Passagier-Mütze, sie fahren geradewegs den Berg rauf zu einem Zug, zu irgendeiner Station inmitten düsterer Pinien – nach meinem Schläfchen werd ich mich ein bißchen mit ihnen unterhalten – in meinem Traum-Schlaf stell ich mir vor, der Bus fährt durch Santa Margarita und wie ich dort bin, hab ich nostalgische Erinnerungen an Obispo und die kleine Hütte in den Hügeln neben der Straße nach Margarita, so freundlich und friedlich – Amerika ist so traurig, gehetzt, nur Erinnerungen, selbst nur ein Traum, was kann Irwin Swenson schon ahnen von der roten Dämmerung über den Bäumen der Wildnis und der Bedeutung von jungen Eisenbahnern in den Hügeln, alte Hütten mit Öfen, der lange alte Traum – Ich hab auch noch Visionen von dem Krieg in Italien und seh einen Lastwagen voll amerikanischer Soldaten vorbeifahren, doch in der naiven Vorstellung der Italiener von den Amerikanern jaulen sie alle zusammen in einer großen Bop-Band Besetzung wie Ted Heath oder Neal Hefti Band und ich wach auf und erkenn, daß wir im Jahrhundert des Jazz leben und das sind die Tausende von Dollars, die die BEAT GENERATION mit der M.C.A. Agentur verloren hat, wert – Jazz wird ganz groß werden, Bop, und wie Watson das bereits auf meine Kosten begonnen hat auszunützen (indem er meine Anekdoten, Anmerkungen usw. verwendet und tatsächlich auch noch die Leiden von süchtigen Musikern weiter auswalzt) – ich bin entsetzt und fürchte, meine Blake Demut, die ich aushalten kann, wird unerträglich werden, obgleich Tausende wert für Schreiber wie Watson, geradeso und genauso, Christus und seine Dornen in einen goldenen Kelch gehämmert, die Bibel ein Bestseller – die Agonie im Paradies ein absoluter Hit!

ICH LECKE JUNE BEAUTY in einem Schlafzimmer im zweiten Stock irgendwo in der Nähe der Bunker Hill Street mit dem nach Osten reitenden Weißen Pferd, wo wir in der Nacht zuvor nach geheimen dunklen Plätzen zum Bumsen gesucht hatten, in dem mondhellen Schatten eines Hauses, der auf unser Bett oder Fahrzeug fällt, doch nachdem wir einmal angefangen haben, erkenne ich, es war gar nicht so dunkel und sie sehen uns vielleicht im Inneren des Hauses mit den traurigen schwacherleuchteten roten Fenstern (Andeutungen von Pauline Cole und mir, wie wir in der sanften oralen Dunkelheit lachen) – ich bin nicht reich, nicht arm, glücklich liebend – nun sind wir in einem taghellen Zimmer und ich kniee keuchend vor ihr, in Ekstase zuckt sie vor und zurück, ich kaue & arbeite – plötzlich merk ich, daß ein ganzer Haufen Arbeiter auf dem nächstgelegenen Dach alles sehen können, doch jeder von ihnen tut so, als würde er überhaupt nicht hergucken und als ich schließlich hochschau (Leidenschaft verbraucht, Blindheit vorbei) haben wir riesige Doppelfenster, die das ganze Dach zeigen – gegenüber der Gasse lacht eine Frau in den Morgen, während wir Sex miteinander hatten, dachte ich undeutlich, sie lacht, weil sie uns gesehen hat, hatte mich aber nicht weiter darum gekümmert – Doch jetzt lacht sie immer noch, während ich auf der Suche nach möglichen verdächtigen Beobachtern herumglotze, in dem Raum der Ewigkeit mit meiner nackten Schönheit –

EINE GANZE MENGE TYPEN sind mit mir in so einer Art Newport Bootcamp Baracken – ich hör, im Verpflegungsamt warten 27 Dollars Ausgleich auf mich – wir hauen ab in die Cafeteria, anstatt meinem üblichen heißen Zuckerzeug bestell ich Erdbeeren mit türkischem Honig – in der riesigen Baracke mit der Sodafontäne werden die Bestellungen von einem rangniederen Offizier übers Mikrophon wiederholt – dämliche Kellner schleppen eiserne Platten – Erwartungsvoll stell ich mir die eilenden fliegenden Hände der Eismacher oben vor, wie sie über unserer Bestellung von sieben verschiedenen Eisbechern mit Früchten flattern – ich beobachte den Kellnertrottel, Tablett kommt runter – Irene und ich reden darüber und beobachten – doch es ist leer –, nur ein kleiner trauriger dämlicher Junge kommt runter und schreit dann die lärmerfüllten hölzernen Stufen hoch und so stell ich mir immer noch die eilenden Hände vor, den Eiscreme, die Beigaben, Beeren, Nüsse, die flotte Arbeit wie bei Jahn's – ich mal es mir aus und fixier die *Zeit* in meiner Gier zu essen und Irene macht dasselbe – meine Kumpane sind in der Zwischenzeit große sorglose Blödsinn machende Rekruten oder abgebrühte Armeetypen, die bloß auf Eiscreme überhaupt nicht scharf sind – Der Mittelpunkt, worums in dem Traum geht, ist nur einmal erinnerbar und deshalb auch nur einmal schreibbar und deshalb werd ich mich an den Traum von jetzt an nur noch durch diesen Traumbuch-Notizblock erinnern, denn der ganze Traum von heute nacht ist verloren, dazu gehört ein langer schrecklicher Teil über eine Bestie, ein kriechendes Monster – verloren in der ersten offiziellen Erinnerung im Kopfkissen – denn wenn man sich erinnert und geistige Anmerkungen macht ist das Gehirn unbeweglich und keine weitere Öffnung bleibt möglich (wie bei einer wellenförmigen Blase) – merde!

2.52 DOLLARS VERLANGEN sie für den neuen französischen zweisprachigen Film im Kino über der Straße, anscheinend die Avenue A – das Büro ist über der Straße, das Mädchen erzählt mir, daß es sich um ein »erstklassiges« Publikum handelt – »Du meinst, halt ganz gut angezogen« spotte ich – In der Zwischenzeit versucht ihr Freund durch das Loch des kleinen vergitterten Fensters zu reden – das ist nicht das Büro, sondern eine Informationsbude, Leute stehen Schlange und Irene liest Zeitung und hält einen Damenschirm, während sie in der Reihe steht – Okay, wir gehen ins Büro im Foyer und dann dieser fürchterliche Preis, der neue Film hat Titel in französisch, italienisch, englisch, deutsch – ich erwisch einen kurzen Blick nach drinnen auf eine Szene mit einem hellhaarigen starrenden Mann, der Bildschirm ist ungewöhnlich weiß – Die alte Kartenabreißerin, die auch die alte jüdische Candy-Laden Besitzerin in Richmond ist, beobachtet mich mit abgewandtem Blick, damit ich nicht zuviel sehe (sie trägt Hosen) – Fünf Dollars sind zuviel für eine Show, Irene und ich hauen ab.

ZUVOR MARY PALMER, auf einem Bustrip von »Lowell nach New York über Worcester-Springfield« mit einem Haufen Puertorikaner, die da hinfahren, Mary hat eine Koje und sie liegt lesend da und ich seh sie nach der Ankunft auf halbem Weg in »Worcester«, wo ich mit zwei Puertorikanern die untergehende Sonne auf rotziegeligen amerikanischen Wänden bewundert hatte – ich will mich zu Mary legen, ich ruf »Mary!« – sie hat nichts dagegen, rückt rüber, doch ihr eifersüchtiger rothaariger Freund starrt mich wütend an und so zieh ich die Dunkelheit und Einsamkeit am Fenster eines rückwärtig gelegenen normalen Sitzes für den Rest der Reise zu dem Fluß von New York vor – ein Mann döst im Sitz, läßt den Fensterplatz für mich frei und ich schlüpf hinein.

IRGENDEIN FÜRCHTERLICHER VERRÜCKTER greift mich an, hört nicht auf, mir mit eisernen Fingern in die Eier zu schlagen, mit knirschenden Zähnen, ich kann ihn weder abhalten noch verstehen, niemand hilft mir, mit Bauchschmerzen wach ich auf – Zuvor hatte Mickey Mantle einen Siegtreffer im Stadium der Träume geschlagen, ich war dort nach unserer langen Fahrt (300 Meilen) von Maine nach New York und plötzlich in der grauen Beleuchtung scheint überall Lowell-Manhattan mit seinem Merrimac-Hudson und der Fahrer war entsetzt – Mary Palmer oder sonstjemand bei mir – und so wie die Rückfahrt vom Salisbury Strand in Lawrence in früheren Tagen und Sonntagnachmittagen liegen die roten Ziegel von Lowell still da und die Fabriken sind ruhig, die Kisten außerhalb der Warenhäuser am Kanal liegen in langen düsteren Schatten unter den ewigen Schornsteinen – der Siegtreffer von Mantle ist ein Ball den ich vor den anderen darum Kämpfenden wegfang, doch ein Aufpasser will ihn zurück – es ist dort oben in dem »eine Meile hochgelegenen Balkon«, wo ich früher schon war – Später in einem Hinterzimmer nach einigen Ereignissen im Vorderzimmer, die was mit Schulschwänzen zu tun haben, fangen die verrückten Bastarde an mit mir zu ringen, namenloses Entsetzen wie gekitzelt zu werden, aber auf bösartige Weise, ich erinnere mich, wie ich schrie »Wenn ich irgendwas nicht ertragen kann, dann jemanden, der gleichzeitig schwul und verrückt ist«.

ICH GEH NACH MEXICO ZURÜCK, HASSE ES ABER, Irene ist bei mir – mach am Tag einen langen Spaziergang mit ihr runter nach San Juan Letran und sag »Die Straßen hier kenn ich gut« und überleg, ob ich sie zum Lunch an einen früheren Traumplatz, den ich mit Dave Sherman gesehen hatte, mitnehmen soll, ich find den Platz nicht mehr – Irgendwie bin ich auch wieder allein und schlepp einen weißen Seesack und wie ich zwei, drei Kerle auf der Straße sehe erinnere ich mich an den Traum, in dem mir mein Seesack geraubt wurde und eile weiter – Es gibt da eine lange traurige schmutzige Fellaheen Straße, ich hab die falsche Straße erwischt, als ich in die Stadt zurückkehren wollte, ich erzähl das einem Kerl, der mit seinem Wagen zurückstößt, doch er ist zu doof, um sich drum zu kümmern, obwohl er's kapiert und nimmt mich nicht mit – mein Gott, die Müdigkeit, die Düsterkeit meiner ewigen Fehler – ich bin zurück in einem, in *dem* Mexico der Unwirklichkeit – ich glaub, ich werd mit Irene in dieser Behausung leben, doch wenn sie Kleider aufhängt wird jeder nach ihr starren, besonders die Soldaten – ich hab ein kleines trauriges Zimmer in der Nähe des altgeträumten Medellin-Roebuck der originalen 1950er Hasch-Nachmittage – Zuvor war ich in Kalifornien gewesen und wollte bei der Eisenbahn arbeiten »außerhalb von San Diego« und es schaffen, es gab dort einen Schaffner – alles, alles unwirklich und Träume – die Reisen dazwischen – Endlich, allein, *habe* ich Lunch in irgendeinem Platz, mit einem Haufen Männer, die gutes Englisch sprechen, ich mach mir im Kopf eine Notiz, Baby hierherzubringen, – es ist komisches Essen, kleine Kaktuspflanzen in Töpfen, naß – um dort hinzukommen mußten wir leichtfüßig durch organisch angereichertes Wasser gehen, zwei Fuß tief und wurden gewarnt, nicht zu spritzen oder zu tief hineinzutreten – Das ist die Nahrung des großen traurigen gefährlichen Wassers – Kaktus-Peotl wie kleine heiße und dampfende Pflanzen, winziger und blaßgrüner Rosenkohl, und einen Teller hab ich, von dem mir gesagt wird, daß es das Größte ist: eine Art Auberginen-ähnlicher oder *Boudin*-ähnlicher (französische heiße Blutwurst) Haut – oder wie jüdische Innereienhaut, etc. – von jedem eß ich eine große Portion und denk »Wenigstens hab ich endlich einen Platz für den Lunch gefunden, obwohl ich mich frag, ob dieses ganze ›Wasser‹geschäft nicht nur ein Trick ist und diese freundlichen Männer sind lediglich Aufreißer fürs Restaurant« – Verirrt auf dem abseits gelegenen Sandweg hatte ich die Umrisse der Stadt gesehen, verloren und verdreht in einer ganz anderen Richtung, wie damals, als ich das Zentrum von San Luis Obispo aus den Augen verloren hatte und in den ausgedehnten Bergen herumspazierte – Mexico Shmexico, das ist zuviel Einsamkeit und Verlorenheit.

MÄNNER EINER ART VON SCHIFFS-CREW, alle zusammen in einer Cafeteria, wo sie gegessen hatten, ungefähr 50, 60 – elegante Leute wie Hubbard, W H Auden, viele andere, wahrscheinlich Swenson – Es ist so weit wie der Lowell High School Speiseraum, so dunkel – Als mir mitgeteilt wird, daß es für mich Zeit zur Arbeit ist geh ich zum Essen an die Bar, setze mich zu einer Gruppe – Ein anderer verpißt sich in die nächste Bar, jemand sagt »Warum gehen sie immer wieder zu diesem anderen Platz?« – W H Auden kommt rein und sitzt »zum erstenmal« neben mir und ich merk, daß er vielleicht mit mir reden wird – ich hab eben irgendwas Brillantes geschrieben – Wir fangen an, uns über irgendeinen Witz von Drink zu unterhalten – »Weiberpisse« nennen wir's – »Nur« füg ich hinzu (lachend) (herzlich) »wir werden's anders nennen – Frauenurinat« – wir machen uns auf eine philologische Suche –

14. OKTOBER '53 – IN EINER GRAUPELIGEN NACHT BIN ICH WIEDER ZURÜCK in der Moody Street, d. h. die Straße ist mit einem Film weißen Frostes bedeckt – ich war bei Destouches' gewesen, wo die Leute herzhaft lachten, dann dachte ich daran, die »verrunzelte Teerdecke« von *Dr. Sax's* Ruhm zu schreiben und überlegte »Würde mich gar nicht wundern, wenn ich Scotty und Lousy sehen würde« – Plötzlich seh ich »Duke Gringas« jungen Bruder angehumpelt kommen, ich seh bloß seinen Schatten in der melancholischen Dämmerung, er ist den ganzen Weg von der Bibliothek mit Büchern unterm Arm gelaufen so wie ich es zu tun pflegte und ich denk: »Ich werd ihn fragen, he Gringas! He! Wo ist dein Bruder Duke, Menelaeus? –« Ich glaub, er ist ein großer Gelehrter, war auch ein Football-Star, unzweifelhaft ein Gringas mit seinen großen klobigen Stiefeln im Schnee und dem langen Kinn wie bei Heiligen und russischen Ohren und dem schwankenden Gang – ich bin mir sehr wohl der neuen Generation von Pawtucketville-Kindern bewußt und schau herum, ich hatte eben zwei andere »wie jüngere Brüder« von »dem und dem« gesehen – ich laufe in Richtung Blezan's Laden, mir des Traumes bewußt und entschlossen »ihn wahr werden zu lassen« und das feine graupelige Weiß verstärkt meinen Glauben in die Unwirklichkeit des älteren »Schnee-Traumes« von der Moody, doch je dünner (und deshalb glaubhafter) die Wirklichkeiten davon auch sind – Kid Gringas hat in der traurigen Dämmerung die gleiche scharfe und erschütternde Realität, die ich in den »mondhel-

len Pennerlagern von Amsterdam« sah und in vielen anderen Träumen, wo Gestalten klar und deutlich herumschleichen in den sanften düsteren Wolken des armen schlafenden (H Horror) Gehirns.

(wirkliche, lange zurückliegende Nächte, als ich zu Destouches ging um 7 Karamells für einen Penny und ich kau das langsam über Operator 5, der erste durchquert den Park, unter den Füßen der gewohnte Staub)

G J'S IST DAHEIM in Lowell, bei seiner Mutter, ist zu einem komischen intensiv redenden Faulenzer herangewachsen –– –– sitzt mit den Jungs den ganzen Tag in der Küche, einer von ihnen ist Georgie der Pole, der ihm seinen üblichen Vorrat an lustigen Fantasien und mörderischen Geschichten erzählt (z. B. wie er während eines Luftangriffs auf Marseille drei Bullen umgebracht hat), nur glaubt G J davon kein Wort und macht sich sofort über ihn lustig »Da haben wir ihn Oh Oh Oh was für ein Lügner!« und ich seh überwältigende Hoffnung in Georgie's grünen Augen, sie glühen schwach leuchtend grünlich und er schaut mich an, macht sie zu Schlitzen, als wollte er sagen »Siehst du? Endlich hab ich einen Mann gefunden, der mich mit großartiger Freude erfüllt, weil er *weiß*, daß ich ein Lügner bin und ich werd nie nachgeben und es ihm eingestehen« – »Ha!« – ein großer polnischer Lügner erzählt Geschichten und all diese Heinis da in der Küche glauben ihm seinen Scheiß, aber nicht der einheimische erwachsene G J in seiner Ewigkeit der Mitte – Was für verrückte Kumpels sie sind in all dieser später gelebten Traumdüsternis – Da ist eine vage Takelung in dem düsteren schiffsartigen Hintergrund – Sie sitzen sich Auge in Auge in uralten Stühlen in der Mitte des Zimmers gegenüber – ich glaub, etwas eher war auch noch Scotcho dagewesen –
Ich hab auch vom Park geträumt, »der gewohnte Staub unter den Füßen« war eine prophetische Phrase dieses Traums, und in ihm liegen Mord oder Entsetzen und Tod, Leichen, – das ausgetrocknete Kornfeld, – ein Mann, tot – Abenteuer in der schicksalhaften Düsternis, – Larry Charity – nicht Larry Charity, sondern Kid Taki – ich hab seinen Namen vergessen

– die Gershom Wohnblocks, die Omaha Garage, Riverside Street und der riesige Eisenbaum – die alten Häuser, darunter die Friedhöfe, die versunkene Düsternis der Verlorenen

Nun in die Einsamkeit
tauche ich noch einmal ein
im eigenen schweigenden Raum
des heiteren Geistes
mich an die Welt
erinnernd

IRGENDWAS GESCHIEHT ZWISCHEN MIR UND POP, in Centralville – in der vergitterten rosigen Trauer der kleinen Hütte in der West Street, vor langer Zeit Weihnachten in den Augen, wir stehen uns näher als je zuvor, er ist von den Toten zurückgekehrt und ich bin erwachsen und dreißig, doch wir leben in der West St. und gehen ineinander auf, während andere interessiert zusehen – Aus irgendeinem merkwürdigen Grund sind mir die Details der ganzen Angelegenheit entfallen, ich kann nur sagen »J'ai revez de Papa« –

IN DER POLIZEISTATION ESSEN WIR LUNCH, Bull und ich und Raphael oder sonstjemand, – Bull trinkt was von dem neuen Kaffee-Ersatz mit einem komischen Namen wie PREEN, es hat kein Coffein drin, schaut aber genau wie Kaffee aus – als er umrührt und seinen ersten Schluck nimmt, beobachte ich ihn und warte – »Nun?« – Er zieht ein Gesicht, »Nicht gut« – ich hatte gerade einen Artikel über ein allgemeines Rauchverbot in Amerika gelesen und zwar bald schon – mit lauter fröhlicher Stimme sag ich »Geradeso wie in den Zwanzigern, als die Leute nach Europa fuhren, um sich zu besaufen – bald werden sie nach Nordafrika und anderen Orten gehen, um zu rauchen – und du weißt, was sie rauchen werden – ha ha ha!« – und alles mit lauter Stimme, doch keiner der Bullen bemerkt es oder kümmert sich drum, sie sind in einem dunklen Raum, in Hemdsärmeln – Die Szene verändert sich leicht, als wir nun ein großes Dinner essen in einer Cafeteria in Mexico City und mein Dessert besteht aus einer kleinen Glasschüssel Brotpudding, an den Seiten angebrannt, an dem ich zögernd herumpick, während wir uns unterhalten und Bull, der die Platten zum Schalter zurückträgt, nimmt den Pudding und bringt ihn mütterlich und ohne mich zu fragen zurück, als wollte er nicht, daß ich wie ein Aasgeier an Überbleibseln herumpick und davon fett werde und ich muß darüber lächeln – Zuvor hatten wir auf dem Bürgersteig herumgestanden ... in irgendeinem fremden Land – Ich überleg, wie jeder das Rauchen aufgibt und ich mich immer weiter mit meiner Opiumpfeife verstecken muß – das ist die 1% Eisbergspitze und 99% darunter – Ag!

DER STURZBOMBERPILOT, er ist hoch oben im Himmel und bereit zum Fallen und seinen Fallschirn öffnen, – ich bin es – ich falle lange und tief, hab aber keine Angst, wenn man die Landschaft betrachtet ist es noch ein weiter Fall und nachdem ich meinen Fallschirm geöffnet hab fühl ich, daß ich einen Fehler gemacht hab und den ganzen Nachmittag brauchen werd, um zur Erde runterzusinken – ich hab meine Katze in meinen Armen –
Später, unten auf der Erde, arbeite ich zwischen Frachtwaggons und Schuppen mit einem Haufen anderer, »im Süden«, ein Kerl malt zwei Waggons mit glänzendem Silber und einen mit blendendem Gold an, so strahlend, daß man sie in der Sonne nicht anschaun kann – der Kerl ist der große Ted Joyner aus dem Süden rotgesichtig und narbenbedeckt – »Wie sollen wir nun mit diesen Waggons arbeiten!« denk ich kleinlich – Andere Ereignisse – Wegkreuzungen in der Nähe von Easonburg – Ma –

EIN GROSSES FEUER hat ganze Blöcke in New York zerstört und dann wurden sie ausgehöhlt und Zementfundamente gelegt und jetzt treiben sie Löcher für die Grundpfeiler rein und ich steck in der Falle in den hochaufragenden rutschenden Bergen von Sand und Felsen beim Versuch, hinter den Zaun zu kommen, hab aber Angst, daß es zu riskant und unsicher zum Hinlangen ist – ganz schön hoch, von hier oben runterzuschaun – Ein alter Vorarbeiter kommt daher und sagt mir, es ist sicher, nach dem Zaun zu greifen – Er betastet weiter meinen Arsch, inspiziert mein blaues Eisenbahnertaschentuch, anscheinend um zu prüfen, ob ich schon gekommen bin – Zuvor hatte ich eine Verabredung getroffen, Onkel Mike von der Eisenbahnstation abzuholen, der Pennsylvania, am Informationsstand, – wir fahren zusammen nach Nashua – ich weiß, ich werd den ganzen Weg die ganze Zeit heulen und er auch – Dort steht er in einer entfernten Ecke des Bahnhofs und winkt mir zu, schüchtern und ungewiß, als wär er nicht sicher, ob er der richtigen Person zuwinkt – ich bin an einer Zugtür, er an einem Fahrkartenschalter, keiner von uns ist am richtigen Treffpunkt – ich geh rüber – Das alles wurde während eines großen Wochenendes in Tante Clementine's Haus arrangiert, das dem Haus bei ›Fortier's‹ in der letzten Nacht ähnelt, als ich mit Donnie im Doppelbett schlief – in der Küche sitzen die ganzen Verwandten – Mein armer trauriger Onkel Mike mit seinem schwarzen Schirm, wie sehr wünsch ich mir, ich hätte ihn als Erwachsener gekannt – welcher Makel der Sorge, der nun ein Grab in Nashua füllt – neben dem anderen weiten Makel des traurigen Fleckes von Pop – und der kleine Erbe, Gerard –

GROSSE FLAMMENDE FLUGZEUGE VERSUCHEN ZU LANDEN, auf dem New York-New Jersey Flughafen, eine Katastrophe bei hellem Tageslicht, zwei von ihnen taumeln über den Himmel und krachen in Abfallhaufen – ich schaue vom Feld aus zu nach einem Bustrip von irgendwo aus dem Norden, wo ich einen Koffer und eine Tasche mit großen Murmeln (große Tasche) hatte und sie in dem Busgepäckabteil selbst verstaute in einem Versuch, die Murmeln zu retten (für Lil Luke), nachdem ich rumgeguckt und einen Spaziergang den Bus-Highway zur Stadt runter gemacht hatte, dann merkte ich, ich mußte so schnell wie möglich zum Bus zurück und die einzige Möglichkeit, pünktlich zu sein, war ein Taxi, teurer als der ganze Bustrip! – Beeilung – und jetzt auf dem Flugfeld fallen die DC-6's mit orangenen zurückschlagenden Flammen – Später, entsprechend den Instruktionen, die im Almanach der Mysterien enthalten und auf der Karte von Bayonne markiert sind gehe ich nach Bayonne zu dem ottomanischen Tempel, älter als Amerika, aus byzantinischem Holz gemacht, splitternde graue Sprünge, so als, wie die Kähne in den Communipaw Gewässern – ich schleich herum auf gefährlichen Planken, such den Altar, jenseits des Flusses kann ich das ganze glitzernde New York sehen – es endet damit, daß ich drinnen nackt mit dem kleinen Philipp bin und noch jemandem, anscheinend meine junge Schwester, wir sind alle nackt, ich versuche mich zu entscheiden und zur gleichen Zeit bin ich (bleich und infantil) mit anderen Dingen befaßt, wie Flugzeugen und der Bedeutung von Tempeln – es war ein arabischer pseudomorphischer Belag auf dem Rost von Jersey, den kein Historiker bis jetzt bemerkt hatte und es war so fremdartig, es hat was zu tun mit diesen Messern und den burmesischen Höhlen des Horrors, irgendwas tief drinnen, Rituale von Schlangen und alte Sanskrit-Geheimnisse – Wer war dieser überlegene Mann, der gegen mich kämpfen wollte? Ich war mehr als bereit für ihn

ICH BIN DABEI, EIN GROSSES BILD FÜR DIE NAVY ZU MALEN, wie der Rock Island Stromlinienzug auf einem Brückengestell über dem blauen Wasser in Frisco City einfährt und daneben läuft ein Schiff ein, die eine Hälfte der linken Seite von dem großen 2-Seiten-Farbgemälde wird die Türme der Stadt zeigen, dann die Diesel, wie sie nur ein paar Wagen ziehen, dann die Schiffahrt – jedenfalls bin ich deswegen auf dem Pier und irgendwann sitz ich bloß wartend herum wie der Schuhputzer am Merrimack Square auf seine Fünfer und Zehner, in der hölzernen verdrehten Müdigkeit des Nachmittags mit oberflächlichen Trotteln sitz ich mit Nin und rede, irgendwas marineartiges, auf Wache, wartend, und irgendwie erinnert's auch an die Boott Fabrikhöfe, die Laderampen – Zuvor und wahrscheinlich damit verbunden war ich mit den ganzen Marinern unter der Dusche gewesen, fett seh ich mich selbst dort stehen, ich weiger mich, mit irgendeinem von den Marinern zu kämpfen, besonders mit dem Rothaarigen (»sie kennen Messertricks«) – Die ›Szene‹ hat auch noch was zu tun mit früheren Sachen, ebenfalls in der Navy oder mit Marinern, Robert Whitmore, mein Kumpel von der S.S.Carruth zeigt mir, wie er ein Apartmentgebäude beschreibt, wenn er schreibt, »the wander wada rada rall werden schul, *Zack*!« der Fluß der Worte und der endende Bop-Sound zum Schluß des Prosa rhythmischen Paragraphen – wir lachen auf Teufel komm raus – unterwegs hatte es große Ereignisse gegeben und raus und rein in die Baracken, die irgendwann zu Joe Fortier's großem Bridge Street Haus verschmelzen und der große Traum von Doktor Sax's verfluchtem Haus

DOKTOR SAX'S VERFLUCHTES HAUS – es ist Nacht, ich bin mit Bertha und Philipp im Fortier-Haus, da sind Lichter in dem (nun bewohnten und nicht abgewrackten) Haus den Hügel hoch auf der anderen Seite der Straße – ich seh den Schatten einer auf- und abgehenden Figur im Kamingeflakker des goldenen Wohnzimmers, riesig – Lichter in vielen Fenstern – »Wow!« sag ich »Doktor Sax, der tatsächliche aus richtigem Fleisch bestehende Doktor Sax oder einer seiner Erben für diesen anscheinend verrückten Teil meines Lowell Traums läuft mit einem Cocktail durchs Wohnzimmer wie der verrückte Hubbard zur Cocktailstunde oder irgendein rasender James Mason Lord« – die Nacht, das goldene Licht in einigen der Mansardenfenster scheint durch die dichten Pinien auf dem Rasen, der sich von der Steinmauer am Bürgersteig der Bridge Street hochzieht – »Los, komm, Philipp, wir wollen durchs Gras hochschleichen und nachforschen« – Wir schleichen über die Straße, im Mondlicht, ein Stück von alten traurigen Güterwagen ist in der Spur der Bridge Street, eins davon direkt auf unserem Weg, also stoß ich danach, ›tret es‹ irgendwie und es rollt auf den Rasenweg des verfluchten Hauses und so schnell und so weit, daß ich Angst hab, es trifft auf den toten Block oder rollt über den Spurdamm raus und entgleist oder prallt zurück und rollt zurück auf uns zu und so warte ich eine Weile, ein scharfes Auge auf den Rand des trüben Mondes voraus gerichtet, bis ich mich mit Philipp den Rasen hochschlängel – Nun kriechen wir, wir kommen unter einer Pinie zu einem Erdwall, plötzlich stakst da der Besitzer, der Verrückte Sax, selbst durch das blinde mondhelle Gras mit Gewehr und Revolver, wir liegen platt und beobachten – Durch irgendeinen Fehler läuft er irgendwie genau auf uns zu und plötzlich geht er sogar über den Erdwall und kommt direkt auf uns zu und in dem Augenblick seh ich den Sheriff-Stern, den er trägt und er wird zufällig über uns stolpern oder weiß es aus einem irgendeinem dunklen Grund sowieso und deshalb spring ich auf und schrei – der verrückte Sheriff fängt an zu brüllen »Bang! Bang!« die Revolver sind bloß Spielzeug, doch er ist sehr wütend und stößt mich immer weiter zurück und lacht und zerrt wild mit irrer Hyde-ähnlicher Intensität an mir und ich spring vor Entsetzen zurück, Philipp rührt er überhaupt nicht an, in der Nähe gibt es einen anderen »Sheriff«, den ich um Hilfe angehen will, während ich rückwärts taumle und tanze in dem Gras eines nun grauen Nachmittags unter den Stößen und Schlägen eines zähnefletschenden alten Irren mit Spielzeugpistolen und Stern, der wütend ist, weil wir hochschleichen und ihn in seinem Haus der Ewigkeit zur Cocktail-Kaminstunde beobachten wollten – er brüllt und krächzt mich an wie dieser Verrückte, der mich letzte Woche kitzelte –

EIN LANGES FAHRRADRENNEN NACH LAWRENCE, das ich gewinn – da gibt es auch ein Stück, wo man rennen und das Fahrrad über den Sandweg tragen muß, durch das ich am Rand wie ein Motorradchampion auf einem Volksfest fahr – die Verlorenheit dieser schmachtenden Öde, dieser Sandstraße, des keuchenden einsamen Rennfahrers! – ich gewinn das Rennen und kehre in das große Haus an der Salem Street zurück, wo June und Ma (versöhnt) auf mich warten, June steht am Tor, wunderschön, wir flüstern uns gegenseitig Versprechungen für die Nacht zu – ihr Körper ist fest, warm, aufregend drücken ihre Brustspitzen gegen mich, sie ist so weiß und offen wie das echte Oyster Girl – im Haus sitzt sie auf der Verandacouch und näht, Ma ist in der Küche, arbeitet mit Unmengen von Töpfen und Pfannen in einer abgeteilten Sektion in der Mitte der riesigen Küche – Später schiffen sich June und ich ein, durch ein paar von meinen Freunden »weil ich zu verrückt oder zu wild oder zu sonstwas bin, um als Deckhand zu arbeiten« werd ich Steward machen, Chief, und da sitzen June & ich in der Offiziersmesse und

essen mit den Ingenieuren – einmal sagt der dritte Assistent »Aber keine Milch« – »Ich werd die Milch holen« sag ich »wenn ich schließlich Steward werd« – das Schiff liegt noch im Hafen, ich renn runter zu den Vorräten und such wie irr in dunklen Schränken und komischen großen, doch im Inneren kleinen Eisboxen, die waagrecht geformt sind (zum Deck) – schließlich, in einer fürchterlichen, mit Leinensäcken ausgelegten Eisbox, ähnlich der Horror-Tasche von Kafka's Alptraumhelden, der seine drachengrüne geknöpfte Raupen Maschine Tragetasche über die graue fremdartige Bühne der ewigen Gerüste und des Staubs schleppt, find ich massenhaft Milch und auch neue Socken und alle möglichen Vorräte (zuvor hatte ich gerade halbleere Milchbehälter in einer hölzernen Eisbox zurückgewiesen) – hier find ich jetzt brandneue (weil ich geglaubt hab, ich entdeck saure Milch durch die durchsichtige Paraffin-Bedeckung) – hier gibt's überall frische Milch und ich will gehen, doch der Leinensack hat sich fest um meine Hüfte gewickelt, während ich herumstöberte und so war's auch beabsichtigt, es ist eine Eisbox-Falle des Schiffs, um Missetäter zu erwischen, die dann hilflos zur Brücke hoch müssen mit dem großen Sack, der sie wie ein Kleid der Schande umflattert, eine große »den letzten beißen die Hunde« Super Horror Schande – ich zerr daran, es liegt fest um mich, beständig, ich bin in der Falle – Zuvor hatte es ein großes Singen der Rigoletto Company gegeben, Fröhlichkeit, ich war bei ihnen – und die Worte: »Cad Pa L.I. Canada« –
(Oh diese mich hinterrücks überfallende Zwangsjacke)

»IHRE MILCHMASCHINE BEGINNT« ist ein Sexy-Spruch über die Schönheit Ava Gardner's in der Geschichte – die Enguardiente Indianer, die »ursprünglichen Eigentümer von Kalifornien« und deshalb offensichtlich die erste Gruppe tapferer organisierter Kämpfer sind dabei, 1850 ein Fort zu überfallen, wir sehen ihre nackten Körper auf dem Dach herumschleichen, das erklärt, wie sie das Fort angezündet haben, in dem sie trockene Holzbündel unter die Grundpfosten steckten – Wir sehen auch die Heizkessel, wo sie Angst haben reinzugehen, den unter dem Boden gelegenen Dampf-

raum, wo ich zuerst wohnen wollt mich dann aber anders entschloß – Keine weißen Männer sind da – Wir sehen die großen Enguardiente, wie sie auf einem blaßgrünen Hügel trainieren, Kavallerie greift zu Pferd an, ganze Haufen von Füsilieren zerfetzen die Ziele mit einem Feuerstoß, so daß man die großen Ballons in Rauchwolken explodieren sieht – Früher hatten wir alle Angst davor gehabt, daß die Atombombe den Merrimac River treffen würde und tatsächlich hab ich es in einem »Tagtraum« erlebt oder es passierte sonstwie, dunkle Düsterkeit liegt über unseren Seelen, als wir versteckt und eng aneinandergedrängt in der Lakeview Street warten (gegenüber bin ich geboren) – Katastrophe und Armageddon in der dunklen Luft meiner Geburt, über dem Fluß des Lebens –
Nach der großen Tragödie von »Camille« beginnt der junge Priester, mit dem zu Besuch weilenden skandinavischen Champion auf der Straße Football zu spielen – sie sind sensationell – ein ganzer Haufen Nonnen geht vorbei, auf dem Weg zur Konditorei, um Kaffee zu trinken – das Spiel ist sensationell, lange Pässe, lange Läufe, mit den Fingerspitzen gefangene Bälle, Rufe, Straßenbahnen fahren vorbei, es ist eine große *Komödie,* und zugleich auch der letzte Teil der Tragödie von Camille – ich schau mit Nin zu – es ist wie Liverpool Merseyside –

IM PAZIFIK AUF EINEM N.M.U. SCHIFF, zuerst als Küchengehilfe und mit einer 50 Mann Crew, für die ich Teller spülen muß, es ist ein Fracht-Passagierschiff, ich bin ganz verblüfft, wie schnell ich den Job bekomm und da steh ich mit Schürze an der schmierigen Spüle unter den schreienden goldenen Jungs und stolper mit all den Tellern die graue Treppe runter zu der fremden kleinen Pantry, wo ich sie stapel – und in zwei Tagen läuft das Schiff in den Orient aus – nichtsdestoweniger geht in irgendeiner gespenstischen Bucht ein anderes Schiff längsseits und ich setz mich über Backbord ab und kehr nach Amerika zurück und alles endet damit, daß ich wie ein Kind auf das Fenster zu Hause in der Gershom Avenue in Lowell starre, am hellen Nachmittag mit einem Laken oder Leichentuch oder einer Decke über dem Kopf und unter dem grauen düsteren Tuch vorschauend – ich guck auf das große Wohnhaus und ein Negerarbeiter starrt mich von seinem Sims an und versucht herauszufinden, was ich bin – es ist der alte sinnlose ums Haus herumgammelnde nicht arbeitende kranke neurotische vom Schiff abhauende schulschwänzende Ti Jean, der in den Düsterkeiten des Wohnzimmers seinen Verlorenen Bruder zu finden versucht – Zum Schluß seh ich den Anfang von dem Film ›Zwei Jahre vorm Mast‹ mit den beiden gleichen alten Burschen, die sich voller Überraschung in einem vergitterten Seegarten umarmen –

IN WATSONVILLE CALIFORNIA, mit meiner Mutter, plötzlich sehen wir (draußen im Sumpf, in der Gegend von Elkhorn oder Moss Landing, über die Steinbeck geschrieben hat und wo ich als Bremser für die SP gearbeitet hab) einen Schwarm fliegender Schlangen, die mich auch an diese Seepferdchen gestern im Film erinnern und grün und mit kleinen zum Fliegen gekrümmten Körpern und der schwachen Andeutung von durchsichtigen Schmetterlingsflügeln und furchtbar abstoßend – »C'est des cockrelles,« sagt meine Mutter mit großem Abscheu und Widerwillen, »Das sind bloß Schaben« – sie läßt sich nicht zum Narren halten – das sind Schaben, die fliegende Schlangen nachahmen und sie hat es früher schon erlebt – Sofort muß ich an Irwin Garden denken (Pa nannte ihn Schabe), Hubbard, all meine Freunde, meine Mutter hassen & fürchten sie und tatsächlich fliegt eine der Schlangen plötzlich über mein Genick »wie Garden!« denk ich und renn mich duckend davon, »wie die unwichtigen Freundschaftsbezeigungen meiner abstoßenden Freunde!« – der Schwarm Schlangen über dem Sumpf fliegt davon –
Später, aber direkt danach, hab ich eine Vision vom Katzenjammer-Jungen mit dunklem Haar, gestreiften Hemd, an einem Seil zieht er einen Geschenkkarton vom Himmel, es stellt sich raus, daß es eine Mutter mit Geschenken ist –

PA UND ICH TRÜBSELIG in den Sitzen eines Personenzuges, wir unterhalten uns über seine Krankheit und was sie zu ihm drunten bei der Gewerkschaft gesagt haben, worüber er nur sehr verschwommen spricht – Er wird sowieso sterben, wenn er es nicht schon ist – Ma und ich reden drüber – Mein Gott, wie schwer schleppt er seinen verwesenden Leichnam in diesen sich wiederholenden Träumen herum, mit welcher Hoffnungslosigkeit, Blässe, fast unsichtbares Gesicht, so freudlos, so weit jenseits aller Hoffnungen der Lebenden und selbst von der düsteren Erkenntnis der Verdammtheit jeder Existenz (was ihn nicht mehr berührt, er ist so taub) (tatsächlich vom Grab zurückgekehrt) – Das ist unser Papa vergangener Sternennächte, wenn wir in dieser Welt aufwachsen und alt werden ist das Wenigste, was man sagen kann, daß es einen schlechten Geschmack im Mund zurückläßt, wie Eisen – Düsteres gummiartiges Eisen von hoffnungslosen Morgenden, Scheiße auf dem Zweig des Friedens – Es gab da ein weiteres, besonders hohes Gerüst, wo ich hysterisch war – Das wurde alles letzte Nacht geträumt und ist nun Erinnerung – In der Nacht zuvor bin ich zu Nin's Haus in Carolina zurückgekehrt, Luke fuhr mich den dreckigen Weg hoch und Nin, weit davon entfernt, mich freudig zu begrüßen, sagt zuerst, ich soll ihr mit dem Koffer helfen und dann redet sie nur ganz kalt mit mir und fragt, warum ich gekommen bin und weshalb ich nicht wieder abhau – düsteres weißes kleines Holzhaus auf der offenen Fläche am Highway, geträumt und zuvor schon gesehen, und ein großer grauer winterschlammiger Hof – und Big Luke gibt keinen Kommentar, Lik Luke kümmert sich um nichts – irgendwo ist auch ein Hund –

EIN HENRY FONDA FILM über Piraten, doch er spielt irgendeine Frau und man sieht ihn, wie er hysterisch Sachen packt, um das Schiff zu verlassen, alles aus einem kleinen Schränkchen rauszerrt, unter anderem wunderschöne fließende Seidentücher, einige von ihnen blau wie die Nacht und im Publikum hören wir ein paar Frauen sagen »Oh, er hat sie trotzdem gestohlen« – und am Ende des Films (ohnehin schon seltsam genug) kein Make-up und man sieht ihn draußen die Treppen runtergehen mit glattem Gesicht, grauhaarig, und man weiß, jetzt wird der Film wieder eine piratenhafte romantische Wendung nehmen, wenn der *echte*

Henry als Kapitän des Piratenschiffs zurückkehrt, mit Make-up und gekämmt und er wird aufrecht dastehen, gut aussehend und verachtungsvoll in der Mitte des Mädchenzimmers und den anderen Henry anprangern – die Leute, die diesen Film gesendet haben erhalten bereits Briefe von Zuschauern in Greenwich Village, die mitteilen, daß sie noch nie was von diesem großartigen Film gehört haben und er ist alt, 15, 12 Jahre alt – sie möchten die Namen aller Beteiligten wissen – ein altes untergegangenes vergessenes Meisterwerk aus Henry Fonda's früher Vergangenheit

ÜBER DEN RIESIGEN ABFALLBERGEN DER AIKEN STREET und Laurier Park und Hoboken New Jersey mit den abgestürzten Flugzeugen und dem Rost beobachte ich an einem hellen sonnigen Tag die abhebenden Flugzeuge und studiere die Geschichten der Piloten – dann gehe ich und such eine dunkle versteckte Unterabteilung einer gespenstischen Welt-Scheune oder Tanzhalle und ich geh da rein mit einem Kind wie meine Mutter oder Philipp Fortier und kriech über einen großen ovalen Felsen und find dahinter in einem erleuchteten tropfenden Schacht Holz und Zimmermannswerkzeug – Jetzt möchte ich in diesem Abfallkeller ein fantastisches Mysterium schaffen und plötzlich hör ich ein schweres langsames Klopfen – »Der Schlag eines gigantischen Herzens – Ein Monster ist hier versteckt! – Dafür bauen sie hier!« Weit entfernt hebt sich gegen die große Wand des Kellers in der Düsternis die Gigantische Welt-Krabbe ab, doch ich bin nicht sicher, ob es wirklich das oder bloß ein Schatten ist, oder etwas noch Schrecklicheres, noch mehr Herzklopfen – es ist nicht wirklich, ich will, daß diese Monster-Krabbe existiert, damit ich die Geschichte schreiben kann – In den Dreck seh ich Familien auf Abenteuer ausgehen

KRIEG – FURCHTBARER INFANTRIEKRIEG der mich in der Nacht hochschrecken ließ mit dem Wunsch, wie Thoreau Zuflucht in den Wäldern zu suchen – Ich bin allein in einer Art Schulhaus, umzingelt von Orientalen, die aus 100 Yards

Entfernung über ein Feld schießen und von hinten aus den Wäldern, Knallpistolen, Gewehre, ein ständiges Gekrache und alle zielen auf mich, der in diesem Traum so unschuldig und kindlich ist und ich hab nur eine verdammte Peng-Peng-Pistole, mit der ich aus den Fenstern knallen kann und selbst als die Scheiben krachen und die Feinde große Kanonen auf mich richten schieß ich weiter mit der Spielzeugpistole, »Brow!« – ich stell mir vor, wie mich ein ganzer Kugelschauer trifft, die Schmerzen, doch es passiert bis jetzt noch nicht – aber so viele Kugeln werden auf das kleine Schulhaus gefeuert, das teilweise auch Bartlett Jr.Hi ist, doch nur der erste Stock und wie das verfluchte Haus gegenüber von Joe's und irgendwas zuvor, fremdartiger – soviele Kugeln, ich muß einfach getroffen werden – Schließlich dämmert ein mondheller Morgen und ich weiß wirklich nicht, wie ich aus dieser Falle rauskommen soll, weil ich plötzlich ein paar echte Kugeln und einen echten Revolver gefunden hab und ich steck die Patronen rein, kann aber den Sicherungshebel nicht finden und ein Feind steckt seine Pistole durchs Fenster, um mich zu töten und alles was ich tun kann ist die echte Pistole zu heben und ›pow‹ zu sagen – ich hatte gehofft, in der Dunkelheit davonzuschleichen, doch in der mondhellen Dämmerung kann ich deutlich wie Indianer heranschleichende Figuren sehen – und ich würde es nicht schaffen, zwischen ihnen durchzukommen, zu Sicherheit, Vergessenheit, jenseits der Wälder – ich wach auf und wünsch mir, daß ich tot wär und wenn ich an den nächsten Krieg denk weiß ich, daß ich ihn nicht überstehen würde und ich denk an die amerikanischen Soldaten in Korea, mit auf den Rücken gebundenen Händen von Bajonetten durchbohrt, auf dem Boden dem wirklichen düsteren Winterfrosttod ausgesetzt, ich sehe nicht ein, warum der Westen die Unwürdigkeit erdulden soll, mit diesen mongolischen Idioten aus dem Osten auf einem Globus zu leben, die in tausenden von Selbstmordwellen in monderleuchteten Nächten angriffen und es liebten – Pearl Harbor ist nur der Anfang – Sie haben Attila Kriegsschiffe gegeben – ich glaub, andere sind anscheinend tot, zusammen mit mir im Klassenzimmer, – ich sehe oder bemerke sie nicht in der allgemeinen, fremden Goldfarbe dieses Schreckens und der endgültigen Verzweiflung dieses Traumes –

ICH BIN IN EINEM KARIBISCHEN LAND und rase mit einem kleinen Boot über das Wasser einer Bucht, das ich mit den Füßen vorwärtstreib und je fester ich stoß, desto schneller flitzt es über das Wasser – andere Boote sind auch da, ich bin ein Tourist – ich komm und knall direkt ans Ufer und rutsche weiter durch die Straßen zum Strand, merke aber, daß der Strohboden langsam in die Brüche geht – ich lauf durch die engen pittoresken Straßen des karibischen Dorfes, auf der Suche nach einer Frau – ich seh eine seltsam interessant wirkende, aber alte Frau mit kaputtem Gesicht auf einem Balkon und zwinker ihr zu, zuerst reagiert sie nicht, doch dann kommt sie runter und hinter mir her – Wir gehen durch schweigende mysteriöse Straßen wie im viktorianischen Mexico und der Frau mit der Fellaheen-Hilltop-Gitarre – ich bin erfreut, daß ein Mann in einem lateinamerikanischen Land immer zu einer Nummer kommt –

Wir gehen auf der Hauptstraße des Dorfes, die der Hauptstraße in »San Obispo« gleicht und auch auf genau die gleiche Art in die Stadt führt – hügelig, ereignisreich – das verläuft bis zu dem Punkt, wo Julien und ich und wahrscheinlich Irwin (oder Bull) in dieser Stadt Urlaub machten und unser Auto vor einem Kinderheim oder Charitas-Schule geparkt hatten, vor der Wand – aber der Vorstand steht stirnrunzelnd im Tor und sagt, wir könnten hier nicht parken, doch ich find ein halbverstecktes Schild, das besagt, wir können doch und Julien kümmert sich nicht sonderlich darum und schuftet mit dem Gepäck und flucht –

Da wir das Land verlassen lande ich in »Russell Jurgin's« oder »Gene Dexter's« oder »Charley Williams« Apartment und raff unsere Habseligkeiten zusammen, die hier verstreut sind, der Besitzer ist ausgegangen – ich stehl Büroklammern, suche nutzloses Zeug, laß aber absichtlich unerwünschte Hemden, Socken (die purpurfarbenen), verdächtige Hosen (gehören sie mir oder ihm? die Reise ist lang gewesen) und drei wertvolle Bilder zurück, eins zeigt Julien Love als der gekreuzigte Christus, weinend und am Kreuz zerrend, jedoch so festgenagelt, daß er in einer Pose gigantischer Agonie golden und *schnauzbärtig* von der Wand der Kathedrale hängt und der Grund, warum das Bild für »Garden so wertvoll« ist, liegt darin, daß sein großer Penis sich in einem

Lendentuch hochstreckt und von unten betrachtet sehr erotisch wirkt – das Bild ist betitelt »Elmont High School Gang, 19 –« und von J. Kerouac unterzeichnet, um zu zeigen, wer es gemalt hat... eine großartige Angelegenheit und ich laß es zur Beunruhigung des Bewohners da – (den Geist seiner vergewaltigungssüchtigen Besucher zeigend) – Im ganzen Wohnzimmer stöber ich in Abfall und Unterhosen und Büchern herum und versuch, endgültige Sachen für das endgültige Ende der Welt einzupacken – Das Ganze endet in einem Durcheinander von Hipstern und Dick Beck und von einer Bude zur anderen gehend sammle ich alles mögliche auf und einen TV-Apparat und zum Schluß bin ich in Ma's Haus in der Phebe Avenue, es ist Weihnachten, sie legt sich auf die Couch, schläft, ich zieh den Stecker von dem winzigen kleinen tragbaren Fernsehapparat im Nebenzimmer raus und trag ihn ins Wohnzimmer gegenüber der Couch, doch zufällig hab ich stattdessen die elektrische Standuhr rausgezogen (getragen) – ich bin in Pyjamas, das Haus ist voll mit allem möglichen Zeug (die Standuhr ist mit teurem Leder bezogen) – und alles fing mit einer fröhlichen Fahrt auf einem See an – (die Form des Fuß-Bootes war wie die von einem Papiersegler, den man gegen die Decke wirft – es ging *wirklich* ab)

MITTEN IN ZAZA GABOR'S LANGWEILIGEM Nachmittags-Tee, der irgendwo anders in dem großen traurigen Haus am Ende der Boisvert Street bei dem alten St. Louis de France Nonnenhaus stattfindet, wo Nin ihre trübseligen Klavierstunden an langen roten Nachmittagen in New England Wintern hatte und ich auf dem Platz der Devils in meinen großen Tretern spielte – ich versteck mich in der Toilette und scheiß vor mich hin und ein anderer Typ, gut angezogen geistreich gesellschaftlich angesehen wie Kyle Elgins, aber langweilig, kommt rein oder ist schon drin und stört mich in meinen Betrachtungen – ich versuch mich vor dem russischen Romangeschnatter der Ladies in diesem grauen spitzenbesetzten Wohnzimmer zu verstecken und stell mir die Abscheulichkeit davon so vor wie ein kleiner Junge an Horden von Tanten denkt – An irgendeinem Punkt dieser Farce und Stärke dieses ungeschlafenen Traumes erfahr ich, daß Zaza und der Gesellschaftslöwe krank sind und vom Doktor verordnet bekommen haben, jeden Tag nach New Jersey zu fahren und puren Creme Eiscreme zu essen, pfundweise und sofort möcht ich mitgehen und auch was bekommen, möchte auch krank sein – Hatte die Möglichkeit, um 8.30 Uhr aufzustehen und hab stattdessen bis Mittag geschlafen, aus lauter Angst, was ich mit soviel Morgen anfangen soll –

UNDEUTLICH IN EINEM ÜBELKEITERREGENDEN TRAUM sind ein ganzer Haufen von uns in einem offenen Raum von einer gaffenden Menge umgeben, ein gigantischer Akt der Kameradschaft und der Pflicht zum Mitleiden wird vorgeführt, als jeder von uns (so nebenbei und mitten in fast fröhlicher Unterhaltung) an die Reihe kommt, in der Mitte den ungeheuren, jedoch immer noch sanften Aufprall eines vom Himmel schwebenden Fallschirms zu empfangen, irgendein schlagender Stoß gegen Verstand und Schuldgefühle, jedoch wirklich, materiell, und als ich in letzter Sekunde an der Reihe bin sagt einer meiner Kumpels »Jack Jack« und schon kommt es runter, weiß groß, flappig und erschüttert meinen Schädel einen Moment in wattiger Erkenntnis und zerfetzt meinen Traum und nachdem es seinen vorgeschriebenen langsamen Rammstoß der Ewigkeit ausgeführt hat hebt es sich wieder, schnellt wieder hoch und weit weg, fast außer Sicht, wo es wieder beginnt, auf die Erde herabzusinken (die es *niemals* berühren darf), wo WIR SEIN WERDEN, um es mit unseren opferbereiten Schädeln zu empfangen – Die Zuschauer sagen nichts, wir reden und schlagen die Zeit tot und selbst den Schlag überstehen wir lachend, kameradschaftlich, verrückt und einig wie eine Truppe von Motorradartisten im Himmel –

AL BINGHAM IST IM GEFÄNGNIS, gilt aber als vertrauenswürdig und darf während des Tages in Gefängniskleidung oder in einem Pyjama mit Nummer drauf herumspazieren – ich besuch ihn, wir klettern die Stufen zu den eisernen Zellen hoch und in die Gegend des grünrasigen Hofes – »Ugh« sag ich, als wir beim Hochkommen der düsteren Treppen die eisernen grauen Stäbe sehen – Er lacht strahlend und ernsthaft – »Dasselbe hat Wallington letzte Woche gesagt, als er sie sah –« Al hat resigniert, auf buddhistische Weise, nicht wie Christus, wie ein Held von Genet ruhig und kaum ironisch den Knast genießend, er macht keine Klagen, oder führt Entschuldigungen an, als gäbe es für ihn keine andere Möglichkeit als im Knast zu sein, doch könnte er *selbst hier* aufhören, seinen Kopf zu quälen – und so sehe ich sein Strahlen und wundere mich über ihn – wir kommen zum Hof, wo all die anderen Gefangenen mit ihren Besuchern versammelt sind, ein paar sitzen auf einem kleinen Abhang, andere wandern herum wie in einem Puppengarten von Ginsberg, irgendwie sanfte Gefangene, alle in grauen Anzügen als ›Vertrauensleute‹ und Bingham der freundlichste, der strahlendste von allen und irgendwie heilig – alles ist so wunderschön, daß ich mir wünsch, selbst in dieser Art von Gefängnis zu sein –

DIESES WILDE CHICAGO-ÄHNLICHE NEW YORK oder ›verregnete Pittsburgh‹ der ersten Seite vom Buch der Träume – ich trete aus meiner 450 W 20 Wohnung raus, um in einer Bowery Brown Cafeteria eine Kleinigkeit zu essen, wie in der alten Henry Street Vision von Joe, als er und ich zwischen trübseligen Mülltonnen und Häuserruinen herumspazierten, ein Traum so alt wie Rußland mit Joe, der lachend ›Hyoo hyoo‹ in purpurnen Stiefeln daherreitet in der Düsternis dieses mörderischen Gartens – das hier ist nun die andere Seite der Stadt, doch die gleiche Bowery-ähnliche Dunkelheit und nach dem Essen, wofür ich zwei Stunden brauch und während des Essens schweifen meine Gedanken so weit und ich erwach und merke, daß mein Geist durch zweihundert trostlose hirnerweichende Finnegangs Wakes gerannt ist, halbwacher Narkotic-Schlaf – hat irgendwas zu tun mit einer Kellnerin, brennt – ich gehe und eile zurück nach Hause, zur »First Avenue«, obwohls geographisch die Elfte Avenue West Side ist – ich lauf runter über düstere bostonähnliche Pflastersteine, wie die Pflastersteine, die ich zuvor in einem rotsonnigen Nachmittagstraum am Sheridan Square gesehen hab, Danny Richman und Bev Watson, ich erspähe vier farbige Mädchen, die unter einer Laterne langgehen (wie die Lampen der 59sten Straße New York im kleinen griechischen Kolonialhaus waffenstillstandsfreier Traum) (ich geh hin, um den geheimnisvollen Jack Anderson zu sehen) – Als ich anfang, aus sexuellem Interesse hinter ihnen her zu gehen bemerk ich vier weiße Mädchen, die ihnen folgen, aber alle mit kurzen Haaren und Hosen und ganz schöne Brummer – ich folge – andere Griechen treiben sich wie ich herum (in dem unverdorbenen Stadtmorgen New York der braunen Häuser die Griechen des Sex) – es ist wie Boston und hinten die Fabriken – plötzlich merk ich, daß ich durch ein Restaurant muß, um zu meiner Straße und zurück zu meinem möblierten Zimmer zu kommen – ich geh durch eine gestopft volle Cafeteria, wo ein Mann auf mich zustürzt und mir eine Geschichte über irgendeine blonde Kellnerin erzählt, die so schlampig ist, daß ihr Furunkel läuft, während sie bedient – »Pickel«, sagte er – ich drücke höfliches Interesse aus, doch er haut sofort ab, hätte ich ihn nur ernst angestarrt, wie ich eigentlich wollte, würde er sich an jemand anderen gewandt haben (Oh der Jammer der Lowell Brücke über den Kanal, der alte glasscherbenübersäte Weg für Liebende an der Kanalwand, die Nacht, in der ich im Traum dort runtersprang und im wirklichen Leben trieb ich mich dort als wirklicher Junge mit Dicky und Sonstjemand herum und der Traum von der alles übersteigenden Flut) (mit tobendem weißem Schaum, der Mund des Flusses gefletscht) – drash! – brash! – Aoooo – wayyy br-a-a-shh – ich geh weiter durch die Küche und hinten raus mit Instruktionen von puertorikanischen Küchenjungen – ich lauf eine eiserne Treppenflucht hoch mit Stufen wie die von Waterworks & City Clocks mit fetten Putzern in Unterhemden, die neben Regulierventilen das Union City Journal lesen – eine weitere Treppe, betrachte eine dritte, auf jedem Flur ist die eiserne Tür verschlossen, ich hoffe, daß in irgendeinem Stock die Tür unverschlossen sein wird und ich dann außen zu meiner Gasse runtersteigen kann – doch keine Tür ist unverschlossen, je höher ich komm, desto aussichtsloser wird meine Suche – ich bin gefangen in dem Stahl & Wahnsinns-Apparat der Stadt – muß wieder runter, muß von unten neu anfangen – Irgendeinen Weg finden, die Ebenen meines Geistes aufzuschließen und reinzukommen – wachte in die eisenrote Dämmerung eines Arbeitstages (im Postbüro) hinein auf und dachte: »Ich will nicht nach Kalifornien & in der rotgeränderten müden Dämmerung wartet meine Maschine in Richtung des drei Stunden entfernten Watsonville –«

WIE ÜBLICH QUATSCHEND, in der Lowell City Hall Square, wahrscheinlich mit Cody, ich hab den Grund für Lil Timmy's großen Trip mit dem Auto nicht mitbekommen, er ist erwachsen, 5, hat einen kleinen blauen Anzug an, während ich quatsch hat ihn Evelyn, seine Mutter, geschniegelt und gestriegelt und so werf ich erst in letzter Minute, als sie den Wagen besteigen, einen Blick auf ihre Reiseroute und erkenn mit schuldbeladenem haschumnebeltem Gehirn »Religion« & Namen von Orten in dem Büchlein und merk, daß der kleine Timmy (und auch Gaby) irgendwie *konfirmiert* wird, großer Tag, etc. Oh Gott, ich langweile selbst mich mit sinnlosen Details – hab im Wagen nichts mitbekommen vom großen Tag des Jungen im blauen Anzug Fahrt in Richtung Religion, wegen des Gequatsche in der City Hall und Evelyn an nichts anderem interessiert als ihren Kindern, so sauber, und ich wach auf und sag »Hat keinen Zweck, daß ich da draußen mitmisch«, und stör damit ihre Fröhlichkeit, weil ich schon wieder über mich red – die kleinen Heiterkeiten junger Eltern mit ihren kleinen Kindern und die ganze Ruhe & die kleinen Freuden vor der Asche – Für mich bedeutet es Unsterblichkeit in einer Hütte –

IM PARAMOUNT THEATER schauen G.J. und Scotty und ich dem Ballett der Black Men zu, eine Art Neger oder Polynesier, muskulös und graziös, erinnert einen wieder an den »indianischen Gepäckträger von San Jose« (tatsächlich ein großer Frisco Portugiese) – mit harten Muskeln, runden Schultern, mager, hervorspringenden Adern, die Tänze nicht weiblich, sondern männlich & wunderschön, dort oben auf der Bühne – Es ist dieses gespenstische Paramount Theater, in das ich Ma und Nin in der Nacht von Irene's ›Candy Job‹

mitgenommen hatte – ich geh hinter die Bühne & in die Gegend der Wendeltreppen wie gestern in dem Hinterhof-Restaurant mit G.J. und Scotty und sag jetzt »Wir wollen uns auf einen Kaffee treffen, wo werdet ihr sein?« – »Wie wär's mit der Cafeteria im Ritz?« – ich unterbrech G.J., der »X« Cafeteria zu sagen versucht, was tatsächlich auch der richtige Name ist, ich weiß es, besteh aber darauf »Okay, drüber ist das Ritz Hotel,« in Wirklichkeit ist es das gespenstische Astor – astrale Astor – G.J. und Scotty nicken also, anscheinend sind sie sich (wie in Lowell Middlesex im Traum über die traurige Rückkehr in den Saloon) über mich nicht ganz im Klaren und schauen sich merkwürdig an – »In einer halben Stunde« schlage ich vor – ich überrumple sie richtig, bevor sie nein sagen können – per Fahrstuhl verabschied ich mich, um hinter der Bühne Geld für Kaffee und Hörnchen zu borgen, wenn's nicht klappt werden G.J. und Scotty für mich bezahlen müssen – Es ist die Hinterbühne der Hinterbühnen und das sich wiederholende Vorbild Paramount ist auch dieses Riesenräumige Haus der Ewigkeit und die Bühne der großen Verwirrungen & erstickender Staub liefert ihren eigenen Kommentar für die Aktivität der ganzen Welt – Später bin ich ein erfolgreicher lächelnder New York Damon Runyon genialer junger Schriftsteller (wie mein Selbst im Jahre 1949) im Central Park mit meinen gutangezogenen Freunden, mit Hut, lächelnd, plaudernd, fragend »Nun, wohin gehen wir jetzt, was machen wir?« – wie Lionel, Kumpane von spätbesuchten Cafeterias, von Reden & nettem entspanntem megalopolitischem Eifer, die einzige Art, die ich je wiederholen möchte, sollte ich je wieder zurückkommen (wegen des Geldes) – in die Stadt für weitere vorübergehende Aufenthalte – Es ist Winter, mitten am Nachmittag und wir faulenzen alle im Park & nur leicht ausschweifend (für verantwortliche Seelen) und gutaussehend – wie ein Team rumguckender Autoren – wie ein Haufen Sigmund Rombergs – ich fürchte, G.J. und Scotty waren niemals dort um mich zu treffen –

EIN KÄFER KRIECHT ÜBER EIN RUNDES FASS wie in dem Traum, er frißt glaub ich ›Pfirsichfleisch‹, während er dahinkrabbelt, es ist ein Mensch – wurde dabei im tiefsten

Schlaf von der Katze aufgeweckt, Beweis dafür, daß die größten tiefsten Träume unwiederbringbar sind für das morgendlich-erwachende Gehirn – Wahrscheinlich war ich der Käfer, und so tief in der Nahrungsaufnahme versunken, daß es mir nicht mal merkwürdig vorkam – Später dann kam ein langer glücklicher Traum von dem Hinterhof in der Phebe Avenue und Jack Elliot, der singende Cowboy, hat eine Platte rausgebracht, die sich millionenfach verkauft & und wir sind alle zusammen glücklich in dem Hof, ein neues Haus ist da, an einer Stelle gibt es drei dünne Matratzen auf dem Boden einer kalten Hütte & glücklich such ich mir meine raus, (schmaler, aber dicker), laß den beiden anderen keine Wahl, Jack & Irgendwer – Jetzt, am Nachmittag, ist alles vergessen, nichts gerettet, damit ich »vollständiger« schreiben könnte und das hier ist das traurige Resultat.
Mein Geist, der Geist ist zu weiträumig, um damit Schritt zu halten.
Der Käfer fraß pfirsichfarbenen Kürbis, wie Fleisch, es war sehr vertraut in dem Traum & wird deshalb in irgendeiner zukünftigen Welt auch bereits vertraut sein –

SEX-TRAUM – Marie Fitzpatrick oder sonstjemand, und ich, scharf, gehen in den Keller und halten gegenseitig unsere Geschlechtsorgane – ich habe ihre und sie meine, während wir langsam runtersteigen – Wir suchen einen Platz zum Austoben – Es ist das Erdgeschoß des riesigen Fortier-Hauses in der Salem – ich such einen kleinen Nebenkeller aus, Kohlenraum, grau vor Asche, naßkalt, und drück sie gegen die Wand, als wir aufwachen – Nur dringende sofortige Begierde – scharf und schnell zieht sie den Atem durch ihre heißen Zähne – ich preß und quetsch mein ganzes Gewicht gegen sie -r-r-o-p! – Wir müssen einen Platz finden, wo wir unsere heißen und feuchten Teile Stab gegen Loch pressen können in irgendeinem versteckten Scheißloch des großen Kellers, niemand wird's erfahren, wir haben nackte Schenkel und schreiben auf den Kalk der Wand und schmatzende Gänsehaut und haben heiße Säfte in dem ekstatischen geheimen lippenleckenden Schlucken des Leck-und-Blas-Kellerlochs – ich pack ihren nackten

Körper und drück und stoß rein, stehend, die aufrechte Stange, hinein in ihren zuckenden Schlitz, tief, sie öffnet sich mit warmem Atem – ich ramm sie – Saft überflutet das Innere ihres Bauchs – bringen meine Knie zum Zittern – bringen sie um den Verstand – ein zufälliges Hineinplumpsen, mein Gott.

DAS VERHASSTE SCHIFF AUF DEM VERHASSTEN MISSISSIPPI, ich komm zu spät an Bord und zusätzlich ist es auch nicht das richtige Schiff und in der frühen Dämmerung stolper ich über das Deck – meine Koje liegt in der Mannschaftsmesse – nach schlimmen traurigen Ereignissen, wahrscheinlich in New Orleans, Besoffenheit – mein eigenes wirkliches Schiff ist flußaufwärts davongefahren –

GLÜCKLICHER TRAUM VON KANADA, das erleuchtete nördliche Land – ich bin zuerst auf dem Ste. Catherine oder irgendeinem anderen Boulevard mit einem Haufen französisch-kanadischer Brüder und mitten unter alten Verwandten und einmal redet Nat King Cole mit meiner Mutter (er ist nicht dunkel, sondern hellhäutig, freundlich, ich nenn ihn ›Nat‹) – Wir alle besuchen die Harsh Northern Schule und sitzen da (wie der graue Holzraum der mechanischen Zeichenklasse in der Bartlett J H Hütte) und der Lehrer ist ein sommersprossiger rothaariger Schotte und behandelt die Franzosen ein bißchen verächtlich, sein Lieblingsschüler sitzt in der vordersten Reihe und er ist ebenfalls ein sommersprossiger rothaariger Britisch-Kanadier – ich war mit allen befreundet und kam mit jedem gut aus wie der heilige Ti Jean und so lehn ich mich nun nachdenklich vor und studiere die Situation, beobachte den Lehrer und seinen arschkriechenden Prototypen, und nicke ganz leicht, denn ich seh alles, was nur ein amerikanisches Canuck-Genie sehen kann und sag auf französisch, »Ca-na-da« – (sag ich) Ca-na-daw – und mein dunkelhaariger begieriger wütender Canuck-Bruder stimmt mir heftig zu – »Immer sind's die!« rufen sie und ich seh dieses sarkastische nicht-französische Grinsen auf dem Ge-

sicht des Rotkopf's, ein Gesicht zum Reinschlagen, irgendwas verhaßtes, was ich im März 1953 in der Ste. Catherine Street gesehen haben muß, dieser arrogante britische Blick – oder von den Erinnerungen der Ahnen an alte französisch-indianische Kanu-Kriege – wär ich nach Kanada zurückgegangen hätte ich mir von keinem Kanadier nicht-französischer Abstammung irgendeinen Scheiß gefallen lassen... hab mir alles von Bruder Noel gefallen lassen und geklagt – aber mein Gott, das von Fäusten zerschlagene Gesicht meines rothaarigen anglo-kanadischen Feindes –
Das war so ein glücklicher Traum, ich wachte fünf Uhr früh auf, voll mit dem warmen Glanz der Kameradschaft – überhaupt kein Ärger (wie jetzt, am Nachmittag) – ich hätte das hier in der Morgendämmerung schreiben sollen – endlich war Ti Jean der glückliche Heilige, wieder unter seinen loyalen Brüdern – Deshalb

ALTE SZENENWECHSEL, UM UNS SELBST ZU UNTERHALTEN, G.J. und Lousy und ich in den unsterblichen Jugendjahren, in New York, der Stadtteil (Thompson Street), wo GJ & SCOT & ich an diesem Sonntagnachmittag im Jahre 1940 langschlenderten, als sie den großen Columbia Zagg in der Hartley Hall besuchten und wir spazierten.... tiefstehende rote Sonne auf den Pflastersteinen des unteren Manhattan, wir liefen zwischen den verfluchten Häusern von Wolfe und blauhellen Fenstern der Büro- und Fabrikgebäude unten am Kanal, wir sahen Schiebekarren von Bleecker und kehrten zurück bis zu Skippy's Kindheit, damals noch unverdorben von NY – es endete damit, daß wir auf den Treppen der Avery Hall Photos machten, lässig mit Pfeife, voll von Times Square Eisbechern und Kino – die letzten emsigen Späße von GJ mit Scotty und die Würfel im Schlafsaal, das letzte traurige Bier in der Löwenhöhle und dann kehrten sie zurück nach Lowell zu dem, was sie für ihr ›düsteres Schicksal‹ hielten – Oh was für ein grandioses Buch muß ich nun über mein gesamtes Leben schreiben! – der untere Teil von New York bei diesem 1940er Spaziergang, nur ist es jetzt Nacht, eine Bar, der Zustrom von Puertorikanern nach NY ist so groß, daß die Bar voll ist mit PR Mädchen, die allein auf der überfüllten Tanzfläche tanzen, als wir uns vom Hinterzimmer (als Pionier Club) (Jungen) in Richtung Tür drängeln, die Mädchen wiegen und wenden sich und ich stoß die erste beiseite (Zagg führend) und versuch sie nach den Lehren von Buddha zu ignorieren – es sind dürre Fellaheen-Brunetten – Männer sitzen lachend herum, es ist das wirkliche gegenwärtige Downtown Lower Village NY der echt schwulen Puertorikaner – ich verfall deshalb in tiefes Nachdenken und seh Lousy, GJ & Scotty, jeden an ein Mädchen geklammert und erfinde einen wunderschönen traurigen französischen Liebesfilm mit den Bildern vom nächsten Tag, jeden einzeln mit seinem Mädchen in einem Zimmer, der ernsthafte tragische Liebhaber wird der pickelgesichtige Scotty sein, mürrisch und tatsächlich verliebt ... komisch erleichterte Lousy mit seinem komischen Mädchen ... auch GJ mit seinem unglaublichen Benehmen und seinem wilden Mädchen ... »Ich werd mich selbst da raushalten«, denk ich ernsthaft, »wird besser sein« – ich stell mir die echten Mädchen vor –

EIN MG AUTO oder Spielzeugwagen, die ich über die sonnigen Plazas von Lowell zerr, bei der City Hall, zuerst über einen Frisco-ähnlichen (alter Traum) sonnigen am Fuße des Hügels gelegenen Platz (diese Original-Visionen vom Van Ness oder Fillmore Hügel sind so alt wie die Original-Visionen von Deni Bleu in Marin City) – meine schnelle Maschine bringt mich herum und ich schau hoch in die verblassende Sonne und seh, daß in ihrer Nähe ein paar aufgeblähte Sterne sind, so groß wie kleine Sonnen, sie sind riesig (und rund wie ein Globus), aufgeblasen und wachsbleich wie der Mond bei Nachtanbruch oder wenn er hinter dem Horizont verschwindet – Und so schau ich und seh die kleinen Feuerringe in dem Feld der runden Mondsterne und bin schreckerfüllt in diesem alten Lowell-Traum der sternenübersäten Katastrophe ... während ich mit der Maschine dahinrase schau ich durch ein Fernglas und beobachte & überlege – ich erkenn, der Stern ist aus irgendeinem erst kürzlich geschehenen Grund riesig, doch auch aus Gründen des schwindenden Horizonts und der verblassenden Sonne, vage, orange – wir kommen zu einem alten Haus wie das ottomanische Reich von Hackensack, doch gegenüber der öffentlichen Bibliothek in Lowell und dort steig ich aus dem Auto und erleb mit irgendjemandem weitere Geschehnisse, eine bestimmte Sensation mit dem nahegelegenen Musikladen – ich beobachte die kochenden Kügelchen in dem globusartigen Welt-Stern, wie orangene Spirochaeten

DER HAUSBESITZER UND SEIN ASSISTENT kommen zu dem Textil Lunch Wohnhaus, wohin Ma und ich gezogen sind, anstatt im vierten leben wir im zweiten Stock, während ich von Iddyboy's Gershom Haus, das wir auch besetzt haben, beobachte, messe ich den Abstand zwischen den Derbyhüten der vorbeigehenden Männer und den Fenstern unserer Wohnung in dem Haus und er ist kleiner als man erwartet, obwohl wir wirklich nicht groß sind – ich lungere allein in der Küche herum, der Canuck-Hausbesitzer und sein Assistent haben gerade irgendeine Reparatur beendet und lassen mir ein Papier da, das ich unten in der Stadt bei der Kreditbank in der Nähe des Musikladens abgeben muß – sie fangen mit ermüdenden Lowellstraßen Instruktionen an – für die Rückkehr des verlorenen Sohns – einen Augenblick lang erfüllt mich Düsterkeit und Hoffnungslosigkeit davor, wieder zurück zu sein und erneut den ›Gesetzen von Lowell‹ zu unterliegen, so lang war ich ihnen entronnen – der Assistent ist ein kleiner grinsender neugieriger Pawtucketville Junge, den ich an diesem Abend in den Gassen vom Gesellschaftsclub sehen muß, zusammen mit Gene Plouffe und all den anderen und es wird geradeso wie in den Kneipen der Ste. Catherine Street sein, Bier, Rauch, Reden, düstere winterliche Stadtstraßen und Lowell Kanada – kein glücklicher oder wenigstens interessanter Traum – So hab ich selbst das Hinschreiben verflucht, und der Sonnenstern, und ich tue es aus einem Pflichtgefühl heraus, dessen Existenz ohne Begründung bleibt in diesem späten Stadium meiner Suche um Gelassenheit jenseits des Schicksals und Ruhe jenseits des Himmels

WENN DU TRÄUME NIEDERSCHREIBST, ACHTE AUF DIE ART, IN DER DAS SCHÖPFERISCHE GEHIRN TÄTIG IST

DIE ANNALEN DES JACK KEROUAC – in der Tat Annalen – von der analen Sorte – der Geist wünscht und erträumt sich selbst einen Schwall von San Jose, wie ich zum Parkplatz zur Arbeit gebracht werd in einer Gegend, die ich im *Tagtraum* nicht gesehen hab, auf der Straße von Santa Clara in Richtung Norden zu dem Büro und dem Flughafen – und weil ich weder Stoff trinke noch rauche ist mein Kopf sehr klar und ich bin mit jedermann freundlich und geradezu und spiel mit fröhlichem Gemüt mit den Kindern etc. – graue, doch glückliche Szenen auf dem Platz, Evelyn fährt mich, und ich seh die Autos, die abfahrenden Parker, den Boss, etc. – doch in einer Szene in einer Toilette auf der anderen Straßenseite von Cody's Haus verliert der Verstand die Kontrolle und Cody und ich scheißen Seite an Seite in einem Doppel-Scheißhaus, während ich mich mit Papier abwisch redet Cody über einen Schauspieler, er sagt »Du weißt doch, daß er schwul ist, er bläst die Kings« und ich habe meinen Schwanz im Schoß, während ich mich abwisch, ganz nackt, und bei der Erwähnung dieser erotischen Angelegenheit fühl ich ihn anschwellen und so beeil ich mich mit dem Abwischen es ist ein Ständer geworden beim Wischen kommt alles durcheinander und ich krieg ein bißchen Scheiße in den Mund, ein Stück, aus irgendeinem Grund mit Papier und ich lang rein und Stücke davon hängen fest und klemmen zwischen den Zähnen – hier versuch ich verstohlen, einen Haufen Traumscheiße aus meinem Mund zu entfernen, der auch noch voller Toilettenpapier ist (ich hatte statt unten oben gewischt) und Cody's Gerede übers Blasen, ich krieg einen hoch und versuch mich zu beeilen, eine Komödie – ich träumte sogar vom Geschmack der Traumscheiße, ein Gefühl, an das ich mich nur in Verbindung mit der Möglichkeit einer geschmacklosen Erdnußbutter erinnern kann, wie dieses ›Pfirsichfleisch‹, durch das sich der Faß-Käfer letzte Woche seinen Weg gefressen hatte – In der Zwischenzeit bemerkt Cody mein Dilemma überhaupt nicht und ich arbeite momentan nicht bei der Eisenbahn, also beunruhigt mich auch die Zeit nicht –

ZU DEN PICKNICK-PLÄTZEN FAHREN, mit Mr. Calabrese, der kleine Luke und Ma und anderen, ich lang aus dem Wagen und greif mir spielerisch irgendwelche braunen oder gelben Kokosnußfleisch-Stränge und eß eine Handvoll – schmeckt unangenehm seifig – auch haben mich die Offiziellen des Parks gesehen und befragen mich (›ermahnen‹ mich), und Mr. Calabrese, der bereits vorher sehr verärgert war über ›Sachen nehmen, die einem nicht gehören‹, sitzt nun in rotgesichtigem Schweigen da, weil ich mir so ganz beiläufig zu einer Kokosnuß verholfen hab – der erste Park-Polizist (in Zivil) ist ein mittelalterlicher großer sheriffähnlicher Okie mit Brille – »Warum hast du das getan?« Ich sitz allein im Auto, das zwischen dem Vogelhaus und anderen Gebäuden geparkt ist, die anderen vergnügen sich mit Spielen, und hör mir geduldig und ein bißchen sarkastisch die ›Ermahnungen‹ an – konsequenterweise geht der Sheriff weg und ein anderer Ermahner kommt, diesmal ein dunkelhaariger Mann in blauem Anzug mit einem kleinen Schnurrbart – ich seh, wie sich sein Gesicht wechselweise verändert von verschlagen bis grob (höflich bis direkt brutal), während er mit mir spricht (»Warum«) und versucht dabei herauszukriegen, ob er mich als ein Mitglied der höflichen Sonntagsfahrer-Familien (Oh, als mich damals der Hund biß bei dieser Sonntagsfahrerei!) behandeln soll – ich beobacht ihn vorsichtig, überleg mir, wenn er mich schlägt wird schwer mit ihm fertig zu werden sein, gefährlich brutal, doch ich bin bereit und warte, spür nur einen kleinen Zweifel, was meine persönliche Sicherheit & Fähigkeiten anbelangt – Zuvor hat der Verstand seine Figuren über irgendeinen Ferien-Boulevard geführt wie der Boulevard des Carver Farver Hotel der Welt und noch früher landen Ma und ich mit einem Flugzeug und ich hab solche Angst, daß es abstürzen wird (es *stürzt* ab, der Pilot hat gesagt, alle sollen sich festhalten) und es ist der Lilly Lakeview Platz (Laurier Platz) und auch New England Boston Kanal Brücke West mit Mattapan Charley Dachfirsten und die Hostess, die Lichter der Straßen darunter, Nacht – Meine

Mutter und ich sitzen Arm in Arm auf dem Boden, ich heul aus Angst vorm Sterben, sie ist völlig glücklich und hat ein rosafarbenes Bein sexuell aufreizend zwischen mir ausgestreckt und ich denke »Selbst am Rande des Todes denken Frauen noch an Liebe & Hingabe« – Frauen? Wer träumt das?

DIE WUNDERSCHÖN ZURECHTGEMACHTE DUNKLE FRISCHE HERRLICHE PEACHES kommt aus dem Aufenthaltsraum mit der hohen Tür und dem Querbalken und bei ihr ist eine Lesbierin, wahrscheinlich Ricki, und so aufregend und Maggie-ähnlich und dunkel und wunderschön, daß ich unwillkürlich meine Arme ausbreite, um sie zu umarmen, beherrsch mich aber noch und Peaches sagt »Hm, wenn du tun willst, was du möchtest, warum machst du's denn nie?« und verschwindet hochmütig oder vielmehr gleichgültig mit der Lesbierin – ich bin die ganze Nacht in dem Zimmer gewesen, alt, graue Besorgnis, liegt in der Stadt, doch eine Tante Anna der tote Gerard verlorener Lastwagen vordere Veranda weiche seifige graue Stadt, und wie verloren für immer in meiner Erinnerung und selbst das vergessen . . . als wär ich wegen meinen alten Schuhen in den Himmel zurückgekehrt – erst endgültige Überlegungen werden die Einzelheiten dieses verlorenen Lebens freilegen und ich schreibe es –

IN IRGENDEINEM IMBISSWAGEN hatte ich gerade einen großen Streit mit ein paar Leuten hinter dem Schalter gehabt – »ich werf meine Tränen überall hin« sag ich zu mir selbst, wobei ich mich an Einzelheiten zu erinnern versuche und dabei wieder einschlafe – jedenfalls fühl ich mich traurig und niedergeschlagen und plötzlich setzt sich zwei Hocker von mir entfernt ein Kunde hin, unerwartet mitten in unsere haßerfüllte Tragödie, seine Ankunft mehr als komisch, doch nichtsdestoweniger ein echter Kunde aus Fleisch und Blut bei diesem sich im wirklichen Leben abspielenden Essen – und es ist W.C. Fields!!! Ich bin total verblüfft, rote Nase, Strohhut, der Fields im wirklichen Leben ist zufällig gerade hereinspaziert – so unerwartet und solche Möglichkeiten von erlösendem und reinigendem Humor eröffnend, daß ich unwillkürlich einen freudigen Schluchzer ausstoß und W.C. hört mich, schaut nur flüchtig her und studiert höflich wenn auch traurig das Menü aus Respekt vor dem, was er für einen neben ihm sitzenden, über irgendwas heulenden Jungen hält – und dieser Respekt und Kummer ist so komisch, bis jetzt hat er noch kein Wort gesagt, man weiß aber, er wird's gleich tun – es war die Verwirklichung von Old Bull Baloon, der lebende Fields, gerade rechtzeitig für Kummer und Sorgen – hätte ich diesen Traum in seiner Morgendämmerung geschrieben, würde ich eine Himmelsbotschaft über W.C. Fields mitgebracht haben, denn im Himmel hat er seinen Platz – so lustig, daß er glaubt, ich heul aus Kummer und Sorge, sogar räuspern tut er sich nur ganz leise, er sitzt da (gerade hereingekommen) und kümmert sich um seine eigenen Angelegenheiten, er ist ganz vertieft in seine persönlichen Abenteuer und hier nun wird er vom Schicksal an der Nase zu unserem schlichten verrückten Imbißwagen geführt, die unglaublichen Probleme und Scherze, die ihn hierher gebracht haben! –– In diesem Moment wurde ich aus diesem Traum von der Katze geweckt, die mich mit zwei Pfotenhieben weckte, wie es die Wölfe in Indianergeschichten machen, und zum erstenmal hat Rondidindu das bei mir gemacht, obwohl er es bei meiner Mutter die ganze Zeit tut, um rausgelassen zu werden – in diesem Fall wollte er bloß mit mir schlafen (oder mein Schnarchen stoppen?)

EIN GYMNASIUM, EIN ROTHAARIGER KERL, ich bin Zeuge von einem Mord und geb dann die ganze Nacht damit an – die Szene spielt auf dem Columbia Campus und Guy Green ist da – In Wirklichkeit ist der weiße Basketball noch nicht außer Sicht der oberen Bewohner des Fenway Balkons, als ich in irgendeinem Krieg oder sonstwas mit meiner Kanone hereingerannt komm und Geist gegen Geist kämpfe, und darin die richtige Aktivität finde und außerdem möchte ich das College abgeschlossen haben und versuch mir vorzustellen, welche Vorteile wohl ein Diplom bringen würde – hab mich vor der Army gedrückt, aus der Stadt abgehaun,

Flaggen nicht gegrüßt, im Keller versteckt, dunkle Puppen geliebt, in einer Burma-Höhle Dhyana praktiziert – »Red von dem Kerouac & hier ist es, & wie gesagt«, und ich lauf herum und mach einige gezielte Witze über den berühmten rothaarigen Kriegsmörder, was ich miterlebte im Schilfgestrüpp und den Messern eines sonnigen Schlachtfeldes draußen am Phillipine Park, wo die 3 Soldaten Snodgrass beim Mösenlekken sahen und die philippinischen Könige legten Strohmatten aus für die verwundeten faustischen Helden von der Moody Street und der West End Bar, ein einziges Gestöhne Durcheinander Gekämpfe von riesigem Ausmaß in der Potterstr – cram! crash! crackcizy! – Nacht folgt auf die Sonne, – ich sah Guy, vielleicht auch Carlo, den puertorikanischen Helden, vielleicht Garden mit Aschentonnen der Henry Afghanistan Street und rosa Schlüpfer von nach Westen gelegenen Schlafzimmermorden der See, und Yucatan Blues (jetzt) – die Vision der roten rostigen Sonne Park Sporthalle, alles vor dem Ge-dächt-nis ausgebreitet – in der entsprechenden Sprache geschrieben –
(Wenn ich von ›Jeannes‹ spreche und zu dem zweiten Traum von der andren Nacht zurückgeh war es das unbestechliche heiße weiche und feuchte Loch von Jeanne Desmarais, als sie nach langem Hin und Her endlich kommt und sich auf meine Richmond Hill Couch legt (im Wohnzimmer) und ich lang runter und alles ist bereit, ganz feucht – doch zuerst muß ich zum Pissen auf die Toilette und es ist sechs Uhr morgens und ich wach sowieso auf – wir alle sind Kinder ––
Enthüllungen eines umherschweifenden Geistes in der wesentlichen Verbindung –)

ARBEITE IM AUSSERHALB DER STADT GELEGENEN FLUSSHAFEN als fremder Hafenarbeiter an der Kante eines Piers, wo ich einen Kran zu den großen Fässern dirigier, in denen Protein-Erdnuß-Öl gebuttert wird und dabei häng ich akrobatisch außerhalb der Schiene und übers Wasser raus und es ist das gleiche Wasser wie die Gewässer im 1942 Traum vom Brookly Liberty Schiff Pier, den ich träumte, weil ich Angst davor hatte, wieder zur See zu fahren, wurde von den Eisernen Irrealitäten in der diskriminierenden schoßlosen Dunkelheit der Welt betrogen und tauchte oder sprang vom Schiff, oder beging Selbstmord, genauso wie mit Julien an unserem Letzten Tag ... diese Gewässer, jedoch im schwülen Süden des Mississippis – Haufen von Schauermännern auf dem gegenüberliegenden Slip lachen und beobachten mich, wie ich schwanke und balanciere, um das runtergelassene Ruderboot zu leiten –

•

VOM KRANKENHAUS ZURÜCKGEKEHRT MIT EDDY MAC-ARTHUR (!) (ein kleiner irischer Kerl, von der Gen. Mac-Arthur Artillerie), wir kommen in mein Haus in der West St. und ich schleich hinten herum, um zu sehen, ob jemand daheim ist, duck mich dabei tief unter den Fenstern durch das hohe trockene krachende Gras, doch in Wirklichkeit dahinschlendernd mit halber Anstrengung, mich so zu bücken, daß der Kopf unterhalb der Fensterhöhe bleibt, weder zu tief noch so schnell, daß ich dabei eine Menge Krach mach – schau in geschlossene Fenster wie das Wohnzimmerfenster (dunkel, wie schwarzes Wasser) und dahinter Linoleum und lederbeschlagene Holzmöbel und Mahagony-Radio – so kriech ich im Hinterhof herum, am Holzzaun entlang, wie im Hof von Joe Fortier an dem Tag, als ich ums Haus herum die Wasserspiele veranstaltete, während er mit Reparaturen für erwachsene Männer beschäftigt war – ich seh das kleine weiße Hundehaus – kleiner Holzschuppen (nun ähnlich Phebe Avenue) im Hof und merk, daß es zu viele Fenster, Öffnungen hat, um vor den Winterwinden geschützt zu sein und ich's bewohnen könnte und außerdem ist's zu klein – komm herum, läute die Glocke und rüttel an der Tür, »vorn«, doch auf einem Gerüst zur Linken, und hoch oben, – ich seh Eddy Mac davor warten und Jeanne Desmarais und ein Mädchen öffnen auf mein Klingeln (Jeanne in Shorts) – sie sagen »Dein Pa ist seine Brieftasche holen«, doch weil ich bis jetzt nur an meine Ma gedacht hab nehm ich an, daß sie im Haus ist, weil sie sie nicht erwähnen, vielleicht krank in ihrem Schlafzimmer – ich war zu nachlässig, um wie ein richtiger Indianer zu schleichen, nichts war wirklich genug – das Krankenhaus war eine Irrenanstalt irgendwo Tod der knochige Besitzer –

TRÄUME MIT SCHMERZENDEM HALS, irgendein Virus zwingt mich ständig zum Schlucken und es wird immer schlimmer, bis ich meine Kehle überhaupt nicht mehr fühle, als wär sie rausgeschnitten, das Schlucken bringt nichts und je stärker ich versuche zu schlucken, desto schlimmer wird es... Begleitträume dazu sind von unendlicher niemals endender schmerzvoller Karma-Aktivität des gepeinigten Gehirns, das die harten Realitäten aufklaubt und sich mit den kalten Tatsachen abquält (die wir Leben nennen)... Szenen in einer Brooklyn-ähnlichen Slum-Nachbarschaft, mit jedem Schlucken wird es größer, komplexer, schmerzhafter.... Gangster, eine Menge Betrieb am Sonntagmorgen... nachts vor einem Billard-Club, der große Baum über der Straße, ein paar Einzelheiten, an die ich mich erinnere (sie sind von der ›San Luis Obispo Traum‹ Art)... hoch oben auf einem Gerüst mit Hal Hayes und dem kleinen Hal Hayes, als wir von den Bullen entdeckt werden wollen wir uns in Sicherheit bringen, doch der kleine Hal springt direkt auf den Boden hundert Fuß tiefer – ›Nein Nein!‹ sag ich, als ich ihn mit den Füßen zuerst fallen seh... er scheint unbeschwert und sicher im Sand zu landen, mitten unter der Menge – ich wünsch mir weiter nur Ruhe und Frieden, doch Karma produziert weiter diese rastlosen Vorstellungen, Aktionen, voller Schmerz schlucke ich und es verdoppelt sich wie Zellteilung, die Dunkelheit vervielfacht sich, ich seh nun, wie der Geist sein sollte (und ist) und wie Karma enden muß – Später braucht Eisenhower oder sonstjemand im oberen Stock der Carolina Schulhalle heißes Wasser und ich geh runter in den Keller, wo sich Deni Bleu gewaschen hat und hol in einem Eimer Wasser – In dem sonnigen grünen Feld hinter der rotziegeligen Schule möchte ich eine Menge für Ma's Trailer kaufen, frage einen Farmer in einem Auto, einen Sheriff – In den roten Ziegeln zeigt die Uhr die Zeit – Nachts gehe ich in den erstaunlich belebten Seitenstraßen an dem Lastwagen des Ginstergroßhändlers vorbei, er ist jung und zwei alte Verkäufer streiten mit ihm von der Straße aus, ich seh ein Büschel Ginster, sieben für 29 Cent – am Leben erstickend seh ich, daß das Karma-Zeug auf chinesisch GHAT genannt wird – es vervielfältigt sich selbst, in Schmerz & Sorgen – Wo sind alle anderen? – Nachdem Little Hal gesprungen ist, falle ich, und während ich falle und die große Höhe sehe, merke ich, daß mich dieser Sturz umbringen wird – Kurz bevor ich eingeschlafen war hatte ich den merkwürdigen Tagtraum gehabt, daß ich aus tödlicher Höhe voll auf Gesicht & Bauch fallen würde, das tödliche doppelte *Aufklatschen* des Gehirns – das GHAT wird formlos, schmerzt aber immer noch – ich werd verstrickt in GHAT Verwicklungen einer höllischen Unterwelt und wach leidend auf, krank, nehm ein Medikament, denn das Schlucken verstärkt sich durchs Schlucken und zwingt mich zu immer heftigerem Schlucken – Schließlich, als die Pillen wirken gegen zwei Uhr nachmittags, lieg ich bei offenem Fenster und frischer Luft im Traum der ›Gabor Sisters‹ – die eine lädt die andere ein, sich ihr in Australien anzuschließen, während ihre Scheidung läuft – ich seh, daß sie sich weigern, Verwesung zu erkennen, ganz zu schweigen von dem schrecklichen GHAT und zwei lächelnde und klatschende Blondinen bleiben wollen, eifrig und aktiv, bis sie alt und fett werden und immer noch werden sie vorgeben, es geschieht nicht und lächelnd und klappernd auf emsigen Damenabsätzen in die Läden gehen und endlich werden sie richtig alt sein und immer noch nicht glauben, daß so eine Sache wie Kummer sie aufgefressen hat, ein Leben des ständigen Selbstbetrugs mit einem Lächeln und Kosmetika, um ihr Entsetzen zu verstecken – Heirat, Scheidung, wieder Heirat – sie sind die berühmten fröhlichen Schwestern der Welt – Zaza und Eva – nie geben sie ihren Schmerz, Horror, Leiden, Enttäuschung, das tückische alte Alter, Krankheit & Tod zu ... die Früchte von Karma, die Fäulnis von GHAT – immer so tun, als wär alles das gleiche, – sie sind rumänisch-slawische Typen à la Tschechow, d. h. »weinen« anstatt *verstehen* .... dieses Leben ist nicht lebenswert und es wäre besser nie geboren worden zu sein wird ihr letzter geheimer Gedanke sein, in dem Moment, in dem solche Leute einzig und allein dafür zugänglich sind, in dem Moment des Todes – arme fette Lügen auf altgewordenen Beinen und gummierten Gaumen – herumschwankend in einer Welt der Irrungen

Ich legte Asche auf das Original
Und sie verschwand.

BRUE MOORE und ich sind im Boys Jazz Club in der 59sten Straße und wir gehen runter zur Bowery, um in den Gassen Lichter anzuzünden und er wird dazu sein Tenorhorn spielen – doch in der Nacht liegt trauriger Oktober – kalt, verloren –

|

VERLORENE RÄDER, VERLORENE LOWELL MONDE – Lupine Road Nachtclub – die ganze Nacht Mädchen, alle Sorten – ich werd zu dem Mädchen, das ich heiraten werde, in das kleine Dorf der Salem Hexen geschickt, sie wohnt über der Straße in der Nähe des Dorfplatzes, ich klopf, ein großes gutgebautes häßliches Weib macht die Tür auf und ich denk sofort ›Oh, Figur hat sie – wirklich wunderbar‹ – doch es ist nicht sie, es ist ›ihre‹ Vermieterin – meine ›sie‹ ist hinten, in ihrem eigenen Zimmer, schüchterner, bleicher, dünner, ich kann sie nicht richtig sehen, denn die Vermieterin keift herum, wie weit ich in das Zimmer darf, wie lange, obwohl sie beide jung sind – Mein Mädchen ist eine entschiedene Persönlichkeit, ich seh die Seite ihres hübschen, aber blassen, leicht pickeligen Gesichts und denk ›Sie ist sehr traurig, und zurückgezogen, wie ein Schullehrer, fast wie Bev Watson‹ (in Zimmern von Landhäusern am Nachmittag auf der Couch liegend) –
Alles explodiert in eine gigantische Party am Fuße der Lupine Road – ich war dort gewesen, um Ma über meine Kindheit auszufragen – jetzt, auf der Lakeview, gibt das große Hotel eine Orgie, man kann Paare rein- und rausrennen sehen, im zweiten Stock tanzen sie, rauchen Marihuana – eine Menge hartgesottener Burschen drücken sich am Eingang herum – ich war eine zeitlang am Brooklyn Pier gewesen, wo Joe und ich auf verschiedenen Handelsschiffen fuhren und durch die Slip-Anlage voneinander getrennt schliefen, obwohl ich in meiner angsterfüllten Koje irgendwann in der Nacht vermutete, daß jemand an Bord gekommen war, vielleicht Joe – jetzt bin ich in das Lake view Haus zurückgekehrt, wo der alte Mann gestorben war, mit der untergehenden Sonne auf der Steinwand, dazu weitere Geschehnisse – ich renn die Treppen vom Hotel mit der Orgie hoch und klopf an eine Tür, drinnen stehen eine nackte farbige große Schönheit und ein Mann, sie läuft hinaus, um sich in der Halle zu unterhalten und sofort

greif ich nach ihr und zieh sie heran, halte ihren geschmeidigen Körper und sie reagiert darauf und wir machen es fast hier auf der Stelle, haben aber nicht die Zeit dazu – Sie hat ebenfalls einen ausgeprägten Charakter, groß, kennt mich, belegt mich mit Kosenamen – Im Traum renn ich runter und borge ein Fahrrad und strample die Californias runter zu meinem Haus – Evelyn ist weggewesen, hat nichts für Cody und die Kinder gekocht – Cody ist Joe, ich hab das Rad von seinem Freund geborgt – An der Station schrei ich den Fahrkartenverkäufer an, glaub, er hat mir zuwenig rausgegeben – ›Oh, ich dachte, das Ticket kostet 45 Cents!‹ – absurde Idee, in die Stadt kostet's 1.65 Dollars – Ich lach, renn ohne Wechselgeld und Ticket raus, um mein Fahrrad zu kontrollieren, merk, daß es nicht da ist, gestohlen – In der Düsternis suche ich, suche, manchmal finde ich alte Fahrräder ohne Räder, Skelette von Fahrrädern aber nicht meins, – Im Gebüsch . . . Es ist die Rückseite eines traurigen Platzes, den ich mal gekannt hab – ich komm zurück zum Fahrkartenschalter, die Lichter sind aus, während ich auf der kleinen Straße dorthin gehe haben Schläfer aus Umhängen ihre Füße gestreckt und ich muß vorsichtig sein – Oben im Apartment seh ich die erleuchteten Fenster einiger Freundinnen – Was werden sie sagen, wenn sie erfahren, daß ich das Fahrrad verloren hab! Ich such das Licht der Ticketstation, fummel im Dunkeln herum, hinten brennt ein Licht, wo wahrscheinlich der Schalterbeamte immer noch mit Ticket und Wechselgeld wartet, im Dienst, mit anderen Männern von der Spätschicht scherzend – Dann bin ich in der Bibliothek und seh den weißen Arsch des farbigen Mädchens, wie sie ihn auf dem Scheißhaus wischt und hab unter dem Bücherbord meine alten Junkies gefunden – namenlose halbe Gummibänder und halbe Eßwaren – all die Formen, die die Dharmakaya Wesenseinheit annimmt, in diesen tobenden menschlichen Träumen – dieser tobende menschliche Traum dieser Welt – Während ich im Gebüsch nach dem Fahrrad suchte fiel ein bienenähnliches Stückchen in die Seite meines Schuhes und ich ging trotzdem weiter und dachte, »Es ist feucht, ich hoffe nur, daß es keine lebende Biene ist – vielleicht ist es eine nasse Frucht oder ein nasses Steinchen« – und ich ließ es drinnen – und es erwärmte sich –

IN EINEM SCHEUSSLICHEN STUDIOZIMMER in New York hat meine ganze Familie, Ma, Pa & Nin und ich, Quartier genommen und »alle haben Jobs« und hier ist es Nacht, nur ein düsteres Licht brennt, wir unterhalten uns, aber es ist eine seltsame Unterhaltung, es sieht so aus, als würde ich nicht erkennen, was ich tu und unbeabsichtigt oder nachlässig (weil ich den Zorn der weiblichen Verwandten nicht fürchtete und den von Vater schon vergessen hatte, weil er bereits so lange tot ist) dreh ich ein Marihuanastäbchen und werf ihnen dabei wild und aufgeregt ein paar Geistlosigkeiten hin, auf die sie gar nicht hören, sondern sie diskutieren in feierlichem Ton über mich und mein Vater steht auf und sagt »Er macht sich keine Sorgen wegen Marihuana? Eh?« und er kommt zu mir rüber – ich seh ihn kommen und werde blind, Dunkelheit legt sich über die ganze Szene, nichtsdestoweniger fühl ich jetzt seine Berührung an meinem Arm, er könnte eine Axt haben, er könnte alles mögliche haben und ich seh nichts – ohnmächtig stürz ich in die Dunkelheit, mit einem Stöhnen, das mich weckt und davor bewahrt, tot aufgefunden zu werden (falls es sowas wie den Tod gibt), morgens in meinem Bett – denn mein Herz hörte auf zu schlagen, als dieser mit Leichentüchern behängte Reisende schließlich Hand an mich legte – Er kommt näher & näher – ich weiß nun, wie ich an ihm vorbei komme – indem ich nicht betroffen bin und weder an Leben noch Tod glaube, falls sowas in dieser Zeit bei einem schlichten Pratyeka möglich ist

NACHDEM ICH VON DEN TRAGISCHEN, VON ROTER SONNE BESCHIENENEN LIEBENDEN GELESEN HAB, die bei Islip Drownpond auf einem Eisberg ins Meer hinaustrieben und später gerettet oder entdeckt wurden, als sie in eine Liebespaar-Yacht krachten, und über das große Michigan Football-Team, eingeschlossen Keith Jennison, las, den letzten Absatz vom Football Liberty Magazin, der nur von Patienten in Zahnarztwartezimmern, die mühsam ihre Schmerzen verbergen, gelesen wird und der vom großen Defensivspiel Jacky McGee's im hinteren Drittel berichtet, da fand ich mich bei dem Team wieder und wir flogen im Jet nach New York nach »Detroit« – außerdem les ich einen deutlichen, gut illustrierten Artikel über Jets, mit losdonnernden Jets – das ganze Team sitzt bequem festgeschnallt in weichen Sesseln, als wir Chicago erreichen und unten seh ich vertraute Monumente und weite graue Avenuen des Schmerzes und eine gut bekannte Traumgegend und sage »Chicago!« doch jeder ist so blasiert über Flugzeuge und ich versuch es dem gangputzenden Piloten zu erzählen, doch er ist mit seinem Eimer zu beschäftigt – wir landen auf dem Flugfeld, doch plötzlich ist es überhaupt kein Flugfeld mehr und niemand sagte, wir würden in Chicago landen (»Fliegen könnte viel sicherer sein, wenn man gar nicht mehr landen würde!« denk ich mürrisch) – Es ist eine Straße außerhalb der Stadt in einem weiten Park, eine gerade Straße, aber ein Bus kommt uns entgegen – wegen uns weicht. er ein paar Zentimeter aus – wir machen eine perfekte 3-Punkt-Landung, kein Aufknallen, aber wir rasen mit 200 Meilen pro Stunde auf dieser verdammten Straße lang, wenn auch eine schnurgerade Straße – der Bus fährt ganz normal seinen eigenen Weg, es ist so eine Art brauner Lieferwagen von Macy – Hier kommt ein Auto – der Pilot mit seinem besonders zynischen Gesicht, als wär er ein Kommunist, der uns absichtlich in Chi runtergebracht hat, um Verwirrung zu stiften, schwingt in einer weichen Kurve wegen dem Auto zur Seite und ich seh uns schon kopfüber umkippen, doch es passiert nichts – Mein Gurt ist straff angezogen, doch niemand ist besorgt, am wenigsten der Gangputzer, der lächelnd im Gang steht »Man wird bis 3 Uhr nachmittags warten müssen und dann eine Maschine nach Detroit über Porto Rico nehmen« höre ich und werd wütend, wenn ich daran denk, daß diese ganze Verwirrung absichtlich von der Gewerkschaft der Fluglinienangestellten erzeugt wird – Wir sind gelandet.

TREFFPUNKT IMBISSWAGEN VON FUTURISTISCHEN TEENAGERN irgendwo in einem Raum im unteren Teil von Centralville Lowell in der Nähe der Kreuzung von Aiken & Lakeview, wo ich kürzlich so viele Träume über futuristische Ereignisse und Aufregungen hatte (die Vier Brüder, der wütende Vater aus Peru), große Bauwerke wie Pyramiden aus Holz auf einer traurigen surrealistischen glatten Weltebene – Deni zeigt mir eine Postkarte, die er gerade von meiner Mutter bekommen hat und wo sie von ihm Rechenschaft fordert für seine kürzlichen Angriffe auf mich – Es sind Zeichnungen, sie zeigen verschiedene Anordnungen von sitzenden und reitenden Leuten und ihre Positionen unter den Symbolen und Zeichen, die sie gemalt hat – Da sind zwei andere Leute, ein Pärchen – Doch plötzlich hab ich die ungemein bestechende, deutliche Idee: »Deni, immer unberechenbar auf dieser riesigen Skala, auf der er sich bewegt, unschuldig zwischen Bosheit und Nettsein, ist sehr beeindruckt und schaut mich mit fast verängstigten Augen an« – »Das Haus, in dem ihr geboren seid? – hört ihr das?« sagt er zu dem Pärchen – Und, weil ich gerade erkannt hab, daß ich wieder zu Hause im heimischen Lowell bin, bekomm eine deutliche Vorstellung von mir selbst, wie ich die Lilley und über den Friedhof zur Hildreth hochgeh, dann runter ins Fellaheen Mysterium der hölzernen Wohnhäuser, die Aiken hinab zur Lakeview zum bewaldeten Hügel der Lupine, in meinem Gehirn voller Blut in der Märchensonne – gleichzeitig werd ich das Gefühl nicht los, daß ich nie weggehen werde, sondern hier rumhängen und mit den Leuten quatschen – ich lebe in Pawtucketville überm Fluß und dieser Spaziergang wird der Heimweg sein – Draußen scheint die 4 Uhr Nachmittagssonne – Plötzlich ist es Nacht und ich hab's nicht getan –

AN MEINEM OHR FANGEN ZWEI VÖGEL AN ZU KÄMPFEN, auf der Bridge Street überm Fluß, ihre Wut nimmt zu und sie kreischen und beißen und kratzen in zornig-unheimlichem Wahnsinn – zum Schluß picken sie mein Gehirn durch mein Ohr

IM GANG ÜBERM TEXTIL LUNCH kommt er, der leichentuchbehängte Reisende, der mir 1945 durch die Wüste gefolgt ist – in einem gewöhnlichen weißen Hemd steht er da und schaut mich ausdruckslos an – es ist spät nachts und das

Licht ist an in der Halle des hölzernen Wohnhauses – Er will nach mir greifen –

Diese beiden Träume sind Irrsinn & Tod

ENTSETZLICH! Tante Jeanne von Lynn ist in meinem Haus über dem Textil Lunch, als ich gerade reinkomm und mich mit Maggie Zimmermann für einen Ball auszieh – wir sind in der Küche zwischen Kleidungsstücken, Schachteln – »Warum haust du nicht ab!« schrei ich den alten Eindringling an, der uns beobachtet – »Ich will nicht!« Ich steh nackt vor ihr, führ das Mädchen ins Schlafzimmer – Drinnen fangen wir an – In der Küche hör ich Tante Jeanne immer noch vor sich hinmurmeln und Drohungen ausstoßen – »Wenn sie hier reinkommt werden wir weitermachen und sie überhaupt nicht beachten« – Doch plötzlich fühl ich mich danach, Tante J zu beleidigen und als sie uns weiter was vorjammert (dem Mädchen ist's völlig egal) sag ich »Ich bin nicht Jack – der ist es nicht – es ist Noel« (ihr Sohn) – »Oh Noel, ja« sagt sie rätselhaft »Wir werden uns darum kümmern« und sie geht zum Telefon, um meine Mutter im Schuhgeschäft anzurufen – »Nur zu, du alte Närrin, die sich überall einmischen muß!« schrei ich – Wenn meine Mutter heimkommt werd ich meinen Koffer gepackt haben und fort sein – nachdem ich mit dem Mädchen fertig bin –

WOHIN GEHT DER GEIST DER LEBENDEN? daß ich träumen sollte, ich geh in einer kühlen Sommernacht unter glitzernden Lichtern die 2te Avenue in New York hoch, vorbei an Bars, wo ganze Klumpen von Männern, alle mit einem Bier in der Hand, den TV-Kämpfen zusehen, wo Jungs auf der Straße spielen und in mich hineinrennen, während ich mit vorgeschobenen Schultern, um zu zeigen, wie rauh ich bin, daherlauf – wohin? auf welche endgültigen Lichter zu?

AN EINEN PFAHL GEBUNDEN EIN MANN, er soll getötet werden, der Henker sticht zwei kleine Stahlmesser in seinen Bauch, was ihn nicht so sehr schmerzt, wie er erwartet hat, so daß er weiter wartet, ohne Schmerzen, voll Neugier und Schweigen – doch der hinterhältige Henker zieht mit dünnem Lächeln eine Maschine hervor, wie einen Gemüsemixer oder einen Blech-Toaster, den man auf den Ofen stellt und die Toasts auf die vier Seiten legt – es ist ein vorbereiteter Aufhänger für die beiden Stahlnadeln, eine einfallsreiche schreckliche, mörderische Erfindung dieser Bestie – Während ihn das Opfer beobachtet, immer noch mit dieser herzzerbrechenden, lammgleichen erwartungsvollen Neugier, geht er hin, hakt die beiden Stahlnadeln im Inneren des Blechinstruments fest und zieht daran – Irgendwas geht vor, um die gesamten Gedärme des Mannes rauszuholen, er gurgelt in entsetzlichem Schmerz und krümmt sich zusammen, gefesselt, und stirbt – Kopf fällt herunter –

IN EINEM TEENAGER TREFFPUNKT im Village Nachtclub auf der 14ten Straße Nähe 5te Avenue in der fremden New Yorker Nacht bin ich mit Ma, die mitkommen wollte – Doch es ist ein schwach erleuchteter, düsterer Apachenplatz und sie paßt überhaupt nicht hierher, ist aber neugierig – Eine wunderschöne Rothaarige sitzt mit mir in einer Nische, zusammen mit zwei anderen Jungen, einer von ihnen ähnlich Tod von Easonburg, groß, dick, ruhig – Das Mädchen wirft einen Dollar auf den Tisch und sagt »Will irgendjemand f-ken?« Ich stürz mich auf die Chance, doch irgendwie gibt es da eine Übereinkunft, daß Tod es ebenfalls machen soll (der Dollar), er rührt sich aber nicht und so pack ich ohne ihn anzuschaun und ohne ein Bier gekauft zu haben das nächstbeste Bier und stürz es runter und rutsch aus der Nische, das Mädchen hinter mir herziehend – Um 3 Uhr nachts laufen wir die 14te Straße zu Deni Bleu's Wohnung runter, Ma ist bei uns, müde – sie möcht schlafen – plötzlich wird mir klar, daß ich kein Recht hab, mitten in der Nacht Leute zu Deni zu bringen – »Fahr lieber mit der Subway nach Queens« sag ich zu Ma – sie ist zu müde, möchte nicht – der Rotschopf ist nun eine lässige Maggie Zimmermann, die ruhig neben mir geht – Und als nächstes bin ich auf einmal ganz allein auf der El im weiten verlorenen Brooklyn und hab soviel Zeug und Abfall, den ich rumschlepp und Eis-Creme-Früchte-Salat-und-Gemüse Salatöl, alles zusammengemischt und in einem Karton schmelzend, aber gut – ich klecker was auf mein Hemd und mach es gerade sauber, als der Bus (Jetzt ist es ein Bus) in die Richmond Junction Haltestelle einfährt – ich wisch, während der Mann neben mir sich über meine Knie rauskämpft – Dann sammel ich mein ganzes Zeug zusammen und renn nach vorn, gerade als das letzte kleine Mädchen aussteigt – »He, – ich will hier raus!« schrei ich, doch der Busfahrer will mir eins reinwürgen und fährt weiter, schnell, läßt die Bustüren zuknallen – ich schrei und kämpf mich den Gang runter – aus irgendwelchen Gründen, die ich nicht hören kann, weigert er sich, anzuhalten – die Passagiere scheinen auf meiner Seite zu sein und brüllen mir Anweisungen zu – Der Busfahrer schreit wie irr »Ich hab gehört, wie du das-und-das gesagt hast, du hast versucht, mich zu bestechen, ich laß dich abführen und vor Gericht bringen –« »Halt den verdammten Bus an!« brüll ich, nun, wo mir klar ist, daß er einfach verrückt ist – Er wird ganz rot im Gesicht – »Ich laß dir eine Strafe aufbrummen und dich verhaften« – Für einen Moment jagt er mir Angst ein mit seinen vorgetäuscht legalen und von seiner Fahrerautorität gestützten Drohungen – Ich sag »Halt an, damit ich hier aussteigen kann!« und ich hab gar nicht die Zeit, ihm zu sagen, daß ich viel zuviel Zeug dabei hab, um mich zehn Häuserblöcke zurückzukämpfen, doch er fährt nur noch schneller – Also ich hoch und tret ihm meinen Absatz ins Gesicht und alle fangen zu kreischen an und der Bus gerät ins Schleudern – und ich wach auf, meine Ferse schlägt in die Luft – vom Bett aus –

VATER & SOHN EPIC, schließlich springt der Vater (ich) auf nach Osten fahrende Frachtzüge und trifft dabei seinen zehn Jahre alten Sohn, der dasselbe macht – »Sein Gesicht so dreckverschmiert, daß ihn der Vater nicht erkennen kann« – ich bin der kleine Junge ebenso wie der Vater – Es ist ein Ort wie Santa Margarita, in den Bergen, mit einem kleinen Wald hinter den Schienen – ein Frachtzug fährt auf ein Nebengleis und ich (mit meinen Sachen) überleg, wie man am besten raufkommt, damit's für das Baby nicht zu schnell ist – wegen ihm renn ich in einem langsamen Hundetrott, fast schon ein

Zeitlupen-Hundetrott – ich hab zu lange gewartet, denn nach dem Umlegen der Weiche durch den Vormann nimmt der Frachtzug Geschwindigkeit auf und rast nun fast auf dem langen Nebengleis dahin, ich seh den Passagiereilzug bereits an der oberen Weiche vorbeidonnern und hab einen Traum, in dem ich fürchte, daß der Frachtzug die Sperre durchbrechen und weiterfahren wird – alles ist komprimiert und läuft sehr schnell ab – doch ein weiterer Frachtzug kommt hinter dem Passagierzug auf der Hauptlinie und wir haben massenhaft Zeit zum Aufspringen, ich wähl den vorletzten Waggon, der nun genau vor uns ist, mit geöffneten Türen – Bei diesem gespenstischen Zug gibt es am Ende keinen Bremswagen – In dem Moment, als ich mit dem Jungen langsam zu dem Waggon renne, höre ich Schreie und seh zwei dreckige, wüst ausschauende Kerle aus dem Wäldchen hervorbrechen, in der unmißverständlichen Absicht, mich auszurauben – In der Hosentasche hab ich Geld zusammengefaltet und in dem schweren Sack stecken wertvolle Sachen, zusammen mit der blauen Zahnbürste, die ich stolz zu der Extrahose gepackt hab – »Ich hab kein Messer!« denk ich voller Panik, nichts zur Verteidigung, keinen Felsbrocken – Als wär ich allein, schlotternd in einer gejagten Welt, renn ich einen steinigen Hügel runter, halt aber an, als mir einfällt, daß sie mich mit dem schweren Pack erwischen werden – ich denk daran, mit Steinen zu werfen, aber die könnten sie zurückwerfen – ich denk dran, zu dem offenen Waggon zu laufen, doch der hat nun gestoppt, und all das wird untergehen im Donnern des vorbeirasenden Frachtzugs und niemand in der Welt wird was von dem Mord hören und ich denk mit Grauen an den Eindruck, den das im Herzen des kleinen Jungen hinterlassen wird – ich bin total verwirrt in dem Durcheinander dieses eigenen Traumes – wache auf, wünsch mir, ich könnte Buddha sein und hätte keine Angst vor dem Selbst, vor der Auflösung des Selbst vor Schmerz und Schmach und Tod –

Wenn es Gott tatsächlich gäbe, alles wäre eitel Wonne
und so ist wirklich alles eitel Wonne

EIN HINTERHÄLTIGER KRIEG, alle amerikanischen Infanteristen schießen ständig mit ihren Gewehren, doch ich bin der unzurechnungsfähige Witzbold der Kompanie, der ständig sein Gewehr verliert und der nach einem anderen Ausschau hält, das funktioniert und so hört man mich mitten in der Schlacht (auf Schutzwällen, Hügeln, im Unterholz versteck ich mich vor feindlichen Soldaten) schreien »He, wo ist mein Gewehr?« und jedermann ist zu beschäftigt, um mich zu beachten oder auch nur zu lachen – Meine traurige Soldatenrolle – Doch irgendwann schau ich auf und bemerk die vollständige Zerstörung einer europäischen Stadt, in der wir uns befinden, aus dem Schutt hebt sich deutlich die Architektur der Stadt hervor – ich hab mich verirrt und kann meine Kompanie nicht mehr finden, niemand kümmert sich darum, es ist ein riesiger neuer Krieg –

FLUGZEUGABSTÜRZE (im gleichen Krieg) wurden von einer Kameraapparatur gefilmt, die Bilder von Leuten macht, wie sie aufklatschen, man sieht ihre Agonie und einmal sieht man sogar einen Mann in Flammen aufgehen – (beim Aufprall) – die Apparatur zerbricht nie – Wir schauen uns eine Bilderserie an – Ich bin total entsetzt, weil ich mich selbst damit identifizier und ganz vergesse, daß eine (Traum)Apparatur die Bilder macht – Zivile Passagiere werden gezeigt, ein zuckender gequälter Haufen in dem tapferen braunen Flugzeug, das durch die Nacht stürzt und sie alle umbringt – Man sieht, wie sich Menschen mit unerträglichem Bedauern anschauen – ich beobachte, wie ein Mann ruhig auf den Boden blickt – während die anderen stöhnen und beten und sich krümmen – Er ist bereit, den Absturz ruhig hinzunehmen – Doch auf den nächsten Bildern, während das Flugzeug schon knapp über dem Erdboden ist und der tatsächliche Augenblick des Todes naht, ist unser Held aufgesprungen und schreit – Egal, auf wen man schaut, das Gesicht (Frauen, Kinder, Männer) zeigt etwas, was man in diesem Gesicht nie zuvor gesehen hat und auch nie wieder sehen wird – Unglaubliches Bedauern und großes ruhiges Verstehen, dazwischen schmale Streifen von Angst, so gewaltig, daß mich der bloße Anblick quälte – Ich seh Bilder der Sterbenden in Rauch und Flammen, berühmte Helden allein mit ihren Todesqualen, die nicht wissen, daß von ihnen Bilder gemacht werden oder daß irgendwas geschehen wird – Es ist die Einsamkeit des Todes, der Tod selbst – schließlich die Früchte des Selbst und der Schmerz und der Terror davon – Der Halt daran war so stark, das Loslassen ist ein gigantisches entsetzliches Zerren – Oh, wenn ich nur diese Gesichter beschreiben könnte, wie die Augen zum Schluß schauen mit einer neuen, einer endgültigen Erkenntnis von irgendwas – Die Schluckbewegungen der Kehle, wenn sie versuchen, es ruhig hinzunehmen, ein paar schluchzen in die vors Gesicht geschlagenen Hände, als die arme Welt kreischend der Vernichtung entgegenstürzt – Og – OM! Berühre alle fühlenden Wesen mit deinem diamantischen Stab!

IN EINEM SEHR GROSSEN HOF sind Joe und ich, wenn ich irgendwas aus dem Haus holen muß ist es ein weiter Weg über die Wiese, wo verstreute Gruppen von Jungen langgezogene Bälle üben – entferntes Geschrei – Joe und ich lehnen am Drahtzaun, als ein Fremder in einem Anzug sich nähert und beide sagen wir ›Ist das nicht Dicky Hampshire?‹ aber da er in Bataan als vermißt gilt nehmen wir unsere Vermutung nicht sonderlich ernst – Dunkler und größer, es *ist* Dicky – »An deinem Hinterkopf hab ich erkannt, daß du's bist« – Es gibt keine überströmende Freude des Wiedersehns oder der Wiederentdeckung, nur ein ernstes Händeschütteln und ruhige Bhikku Würde und Zurückhaltung – Joe ist »erwachsen« und gut gekämmt und groß – Später sind wir in meinem Hof vom Sarah-Haus und dann passiert irgendwas mit dem Traum, wobei ich eine Wand vom Haus meiner Mutter nehme und auf die andere Straßenseite bewege »um mehr Platz zu schaffen«, doch nun fließt der Verkehr durchs Haus und man will gar nicht zum Wasserholen gehen (in die Küche) durch all diesen Verkehr – Im Lebensmittelladen gibt es vier rosige Kätzchen, fluchend sammel ich sie ein – ich möcht die Wand und die Möbel wieder auf den alten Platz stellen und das Haus wieder zusammenbringen, bevor Ma von der Arbeit heimkommt – der lange trockene müde Rasen –

EIN DOPPELSEITIGER WOHNWAGEN von ein paar Leuten (Packwagen), was wirklich ein großer nutzloser Wohnwagen mit hölzernen Schienen und keinem Dach ist, sie wollten ihn an Ma und mich verkaufen – sie stoppten bei unserem Haus an der sonnigen staubigen Straße des alten mit Leichentüchern behängten Arabischen Traumes – ich riet Ma, ihn nicht zu kaufen – Doch diese Leute waren alte Okies und hatten einen alten Mann bei sich, für den ich pflichtgemäß Mitleid empfand und ihm in der Küche ein Glas Wasser mit Eis gab, aber anscheinend ist das Eis weinverkrustet oder damit vollgesogen, jedenfalls ist das Glas voll mit rotem Portwein, also hab ich vor, den Reisenden zu erzählen, daß ich ihnen einen Pott Weinwasser mit Eis gemacht habe, ein großes Glas davon und die Mühen ihrer Fahrten werden sich in nichts auflösen – Der alte Mann hat weißes Haar, ich mach mir wegen ihm Sorgen und versuch angestrengt, den Wein aus dem Eis rauszubekommen, weil ich ihm wirklich helfen, ihn erfrischen und erfreuen will – die heiße Sonne scheint, im Traum ist es Sommer

IM SPIEGEL SCHAU ICH auf meine hinteren Backenzähne und ich kann meinen ganzen zahnbewerten Kiefer rausrenken, damit man die skelettartige Andeutung, was hinter allem steckt, sehen kann, die Knochen der Zähne schimmern durch – die Backenzähne sind riesig und haben eine einzige senkrechte schmutzige Linie, die an ihnen runterläuft und der Gedanke daran, daß ich so alt-&-verfault & so ein Skelett geworden bin macht mich ganz krank und zittrig – ich schnapp meinen Kiefer wieder ein

JEDER BEWEGT SICH MIT OHRENBETÄUBENDEM STAMPFEN, wenn für alle die Zeit kommt, en masse zu der großen Weltpremiere im Regen zu gehen, doch es gibt nur einen Wagen, ein Trainer paßt an der Tür auf und läßt nur einige zu & bald ist der Wagen voll, tatsächlich seh ich gar nicht, wie er sich füllt oder daß überhaupt jemand hineingeht & und die Ansagerstimme schreit »Das ist genug, das ist die erste Ladung« und bringt jedermann in höchste Aufregung, zur Premiere zu kommen und nun wird es die ganze Nacht dauern, die Leute überhaupt dorthin zu bekommen, ganz zu schweigen davon, den Vorhang über der ersten regenverschmierten braunmottigen Maske zu heben – ich seh das Theater, die Nacht, die Balustrade, die leere Straße, das einzige Fahrzeug schlängelt sich wie ein Wurm heran in der Science Fiction oder Verrückten Irren Comic Nacht, um die lilliputanischen Marsianer-Passagiere abzuladen, nun die ersten Ankömmlinge – »Wir werden alle gehen!« ist der Ruf in der gepeinigten Halle – ich hab die ganze Nacht geschuftet, mir eine Eintrittskarte zu fälschen, um reinzukommen – Schreib!

ICH BIN AN MEINEM REGNERISCHEN MORGENDLICHEN ARBEITSTISCH im leichenhaften Manhattan und ich schau zu den Docks runter und seh in der Bucht die Schiffe vor Anker liegen und die Matrosen laufen haufenweise übers Wasser aufs Land zu – ich sag »Jetzt hat jeder schon diesen Trick gelernt – scheint leicht zu sein – zu leicht – muß irgendeine simple Apparatur sein« –

MICKEY MANTLE ist im Fernsehen, am Schlagen, der Schläger ist in seiner Hand, als der Kampf beginnt und man sieht den sauberen jungen amerikanischen Helden mit dem Schläger direkt nach den Beinen von dem Kerl zielen, säbelt ihn um, man sieht durcheinanderfliegende weiße uniformierte Ballspieler, Explosionen von Gewalt auf dem Bildschirm

SEHR LIEBEVOLLER ALTER TRAUM VON HAL HAYES, Kafka Geschichten, Raphael Urso studiert in der Bibliothek, Reihen von Büchern – Hal hat einen langen Bord mit Büchern aller Art, sowie umfangreiche persönliche handgeschriebene Aufzeichnungen über Musik, sorgfältig in Tinte mit großen Buchstaben aufgeschrieben, durch die nun irgendeine Gangster-Type oder Boss oder angeberischer Eindringling blättert und sich laut darüber wundert, während

Hal & sein Mädchen bescheiden zuschaun – »Wow, dieser arme Hal studiert vielleicht!« denk ich. »Über Musik weiß er soviel wie Nietzsche« – In der Zwischenzeit liest Raphael an einem anderen Bücherbord, mit gesenktem Kopf – ich seh die aufregenden hellen Buchdeckel von Das Urteil und Das Schloß von Kafka, ich möchte Das Urteil mit heimnehmen und ein interessantes neues Jahr mit Lesen & Studieren beginnen – ich fühl mich sehr glücklich – die Luft ist kühl, herbstlich, als ich erwache –

GIGANTISCHE FELSEN TRÄGT DIE RIESIGE WUNDERSCHÖNE KATHEDRALE der Welt von Notre Dame in Montreal-Lowell und Ma und ich und noch jemand (Hal Hayes?) suchen ein China-Restaurant auf der Ste. Catherine Street, um unser großes fröhliches Einkaufsessen abzuhalten, es ist gegen Weihnachten und in der Dämmerung ist die Szenerie glitzernd, die bergigen Felsen, die steile Klippe, wo ich in einem langzurückliegenden Traum war und Angst hatte, auf die Ebene darunter zu fallen (der Traum von der Arbeit bei der Eisenbahn auf der Klippe über der rotziegeligen Stadt, Montreal, aber auch staubige Straßen, die nach Mexico führen – & außerdem war ich da noch einen gebrechlichen zerbrochenen Zaun entlanggelaufen, direkt an der Kante, im Mondlicht die Gebäude wie Joe McCarthy's Gebäude auf dem Trainingsgelände und General MacArthur's Krankenhäuser, all diese Szenen in einer vollständigen Welt, der ich einen sterblichen Namen zu geben versuche) – Beim Aufwachen sehr glücklich, zieh meine Tagesschuhe an – und les Tschuangtse

GEHE DURCH EIN VERLASSENES HAUSBOOT oder schlammiges Apartment an der Flußseite mit Danny Richman, ich klaue einen alten Plattenspieler und nehm ihn mit in die Stadt, wo er spielt, aber nicht sonderlich gut und aufgezogen werden muß er auch – geht unbemerkt unter in den allgemeinen Aufregungen der Stadt – Filme gibt's, Ma und ich gehen rein – ich sitz am Boden, ein Typ geht vorbei und starrt mich neugierig an, dann sieht er Ma und sie begrüßen sich überschwenglich – er trägt eine Brille – Zurück am Fluß lauf ich mit Danny am Ufer lang, denke daran, wenn der Yangtse überflutet, kann man auf einem Inselchen ein Pferd nicht von einer Kuh unterscheiden und ich halt Ausschau nach den Mississippi-Inselchen – Fleckchen – es ist warm, Gras und Ufer sind warm, ich hab Angst vor Stichen, wir laufen durchs Gras, gehen zurück nach Amerika – nochmal marschieren wir durchs Hausboot und ich denk daran, den Plattenspieler zu klauen, was ich aber bereits getan hab – Durch die zerbrochenen Fenster die goldenen Strahlen der Nachmittagssonne –

MONTREAL, RUSSLAND. Große Szenen mit Eltern in einem Gebäude, eingeschlossen der haltlose Schwager Eddy Jones, der Taxifahrer in dieser fremden dunklen düsteren nördlichen Stadt ist – regnerisch und grau ist alles, als Eddy und ich, der 18 Jahre und noch ein bißchen kindlich ist, in seinem Taxi losfahren, um irgendwas zu holen – Eddy ist wie ein dünner W.C. Fields – »Junge« sagt er »wart hier, bis ich meinen Schluck Whisky hab – Der Ärger mit deinen Leuten ist, dauernd nörgeln sie an einem herum, dies oder jenes zu tun – Ich häng an meiner Freiheit, verstehst du?« – Er fährt weiter durch die ganze Stadt und im verregneten Morgen auf irgendeiner Straße der russischen Ebene und im Nuttenbezirk außerhalb der Stadt kommt er schließlich zu einer gigantischen Straßen-Pflastermaschine, die über die ganze Breite der Straße geht und vier Fuß hoch ist und Schienen für Teer hat, ein alter Arbeiter fährt sie – Eddy knallt sein Taxi direkt hinein, brang, und das ganze Ding zittert und schüttelt sich und bewegt sich vorwärts, nicht schwer – Eddy amüsiert sich köstlich und lacht und ist betrunken & verrückt – Als nächstes rammt er einen Lastwagen und stößt ihn immer weiter zurück (er ist leer) gegen einen Fußgänger, der auf der Straße zu laufen versucht – und weil das Lenkrad eingeschlagen ist folgt der Lastwagen dem Mann in einem Bogen – ein zuvor gerammter Lastwagen oder ein Taxi, ein Fahrer mit Schirmmütze springt raus und zieht einen bösartig aussehenden Revolver mit Holzgriff – »He« sag ich vom Rücksitz des Taxis »ganz ruhig, ich bin bloß Fahrgast« – er hält ihn am Lauf, um ihn zum Schlagen zu benutzen, während der

Fußgänger bereits hergerannt ist und Eddy aus dem Taxi gezerrt hat und ihn hart und professionell mit den Fäusten aufs Kinn schlägt, also renn ich auch hin, um dem ein Ende zu machen und schaff's auch, Eddy vor den Schlägen in Sicherheit zu bringen, indem ich ihn an meiner Seite halte – Gerade als der Taxifahrer *seine* Beschwerde einbringen will zieht der Fußgänger zu meiner Überraschung eine Pistole aus seiner Tasche und schießt Eddy ganz ruhig einmal in die Brust – Eddy ist überrascht und fühlt den Schmerz erst nachher, und fällt – plötzlich bin ich mit ihm allein auf der scheußlichen stürmischen regnerischen Straße in der Morgendämmerung, es ist keine Arbeitsstraße und so ist niemand in Sicht bis zu den Grenzen der grauen Düsternis – Eddy windet sich und schreit »Hol mir einen Schluck Whisky« – »Aber wo? wie?« ich bin allein mit einem Mann, dessen Verwundung ernst sein kann, ich weiß es nicht, und er will Whisky und liegt schmerzgepeinigt auf der Straße, sentimental, mein verrückter betrunkener Schwiegeronkel – ich bin so beunruhigt, daß ich mir wünsch, ich könnte weggehen – (Doch an der Ecke ist eine die ganze Nacht durch geöffnete Nutten- und Spiel-Cocktail-Lounge, mit blauen Vorhängen in der Plüschtür) – »Ich geh dahin und hol dir einen Schluck Whisky, Eddy?« – »Ja, ja, aber hol eine ganze Flasche, beim Zurückbringen verschüttest du bloß das Glas –« – in meiner Tasche find ich bloß einen 5 Dollar Schein und denk »Für den armen Eddy kann ich schon den allerletzten Schein opfern« doch ich hab Schuldgefühle und bedauere Furcht und Gier-Ängstlichkeit und hör mich selbst sagen »Hast du 5 Dollars« – »Ja, ja, in meiner Tasche, hol's raus« und ich muß seine Taschen durchsuchen, weil er sich nicht umdrehen kann und ich schau hoch, ob mich irgendjemand sieht, denk »Sie werden meinen, ich bin ein Räuber, der sein Opfer filzt« – Scheine fallen raus, ich nehm einen Fünfer und renn zu der Ecke im grauen Nebel, geh in die Bar – Sie wollen mir keine Flasche verkaufen – »Es ist zu spät, was zum Teufel ist mit dir los, weißt du das nicht?« – Es ist dunkel da drinnen, plüschig, blau, goldene Bar, Flaschen, Lichter und im Hintergrund ein Piano und die wenigen Stimmen von Leuten, die bis zur Morgendämmerung durchgetrunken haben – ich möcht ihnen sagen, warum ich die Flasche brauch – Sie reden miteinander – »Mußt bis

8 warten, Stadtverordnung« – Ich werd wütend auf die Welt mit ihren verdammten Regeln und Kommentaren zu Regeln und da draußen stirbt mein Onkel für einen Drink im Regen mit einer Kugel in der Brust, ich schnapp mir eine Flasche vom Regal am Ende der Bar und renn schnell raus – »Sollen sie mich jagen! Eddy wird seinen Drink bekommen!« doch als ich die teilenden Vorhänge erreich hör ich überhaupt keine Bewegungen auf der anderen Seite, sie reden immer noch über die Stadtverordnung und irgendjemand lacht sogar, anstatt also gejagt und angeschrien und angeschossen zu werden komm ich voll klar mit der Whiskeyflasche und Eddy's 5 Dollar Note! – Ich renn schweigend raus und die Straße hoch zu Eddy – Er ist tot – Mit der Flasche und seinem fünf Dollarschein in meinen Händen steh ich über Eddy gebeugt, der gerade eben für immer seine Unschuld zurückgewonnen hat, und weine aus Scham und Bitterkeit

EIN TURM IST GEBAUT WORDEN in der Stadt, um zu zeigen, wohin die Atombombe gelegt wird, wenn die Zeit gekommen ist, die Stadt in die Luft zu jagen – Ankündigungen deuteten auf nächsten Monat hin und die Evakuierungen haben begonnen – Man sieht die Stadt jetzt bei Nacht, dunkel, unter einem schwachen Mond, vereinzelte Lichter überall von der verminderten Bevölkerung – Ich bin da auf einem traurigen Wohnhausbalkon und plane meine Abreise den nördlichen Fluß rechts hoch – Die ganzen Puertorikaner bleiben noch im untergangsgeweihten New York, um die üppigen Überbleibsel einer einst reichen Stadt noch einen letzten Monat lang auszukosten – ein Versuch, ihre ganze Manhattan Liebe aufzufressen – ihr Manhattanana, bevor sie es für immer verlassen müssen – ich schau im Mondlicht auf den Turm, er sieht so drohend, wach, leichentuchartig aus, zu sterben –

»ZU GENAU DER GLEICHEN MUSIK REITEND wie zu Beginn des Films,« sagt die Kinoreklame, »Sieht man Turhan Bey in die überfüllte Stadt von Havalah eindringen –« man sieht Bilder einer ungeheuren Phalanx von schnellen

Reitern, wie sie ohne Schwierigkeiten eine Stadt erobern, mit Turbanen auf dem Kopf, dahinter die Ebene – dann, am Ende des Films kämpfen sie mit Schwertern, Zähnen, Nägeln und Pferdehufen in den engen Gassen von Havalah – »die Kämpfe werden von jüdischen Kommentatoren erzählt« sagt der Sprecher – Eine Szene nach der Schlacht zeigt Kriegsgefangene, die an ihren Händen von einem öffentlichen Portal hängen und man hört ein lautes THUMP, als im Zwielicht und Straßenlärm darunter der Sprecher erklärt, daß »ein Teil der Henker ungeduldig geworden ist, weil sie hinterm Zeitplan zurück sind und so haben sie den Kopf direkt auf dem Bürgersteig abgehackt« aber ich hab den Anblick verpaßt, hab's bloß gehört – eine geschundene bösartige Stadt, die Turban Bey da befreit hat –

VERSUCHTE DIE GANZE NACHT ZU SCHREIBEN in einer Nische der Cafeteria, trug dabei den großen dicken roten Lowell Highschool Leichtathletik Sweater und die Schulterpolsterung vom Football schließlich zog ich alles aus und Ma, die sich in der Nähe mit ein paar Freundinnen unterhält, möchte wissen ob's mir gut geht – »J ava sho« (mir war heiß) – Zuvor war Joe in diesem Sonntagshaus in der Salem Street, stand langbeinig archaisch herum, wie ein Zuschauer auf alten verregneten Photografien –

»EINER DER NETTEN JUNGEN DER LIEBE, MUSELLE« ist ein Song, den jemand in einem tiefen Traum singt –

DICKER RAUCH steigt von dem Dreckhaufen jenseits der Schnellstraße auf, wo wir ein paar Wochen zuvor unseren Abfall zum Verbrennen hingetan hatten und statt zu verbrennen ist es nur schlimmer geworden, ein Hund bellt daneben – Ma, Nin, Pa & ich gehen von unserem großen grauen Verandahaus über die Schnellstraße gucken – es ist irgendwo südlich – der Verkehr ärgert mich und ich versuch, zwischen den Autos durchzukommen, doch sie strömen ohne Unterlaß dahin –

An einem Wintermorgen quillt aus den Küchen süßer angenehmer Rauch –
Man sieht den Präsidenten des Lions Club zwischen den Boys auf dem Balkon sitzen, während die Orgel »Hold That Lion« spielt und er trägt nun die Haare kurz, seine gespaltenen Zähne zeigen sich noch deutlicher, er ist Bill der Präsident und man merkt, daß er sich seines neuen Haarschnitts bewußt ist und sich fragt, was die Leute von Amerika wohl davon halten werden – Die Kamera zieht zu der großen Decke hoch und dem darüberliegenden Gefängnis, wo die Gefangenen die Musik hören können und das Fest mitkriegen, man sieht Drahtkäfige und graues Licht –

NACH HINTEN ABFALLENDE TREPPEN und die Stufen sind nur 3 Inches breit – ich steig ungemein mühsam runter, halte mich am Geländer fest, langsam, ich kehre vom Auditorium der Neger zurück – Es ist eine mondhelle Nacht, irgendwo, ich bin ein Seemann – ein farbiger Bekannter von mir läuft mit einem farbigen Mädchen, sie sehen mich – ich sag ihnen »Diese Treppen bringen mich noch um« – Zusammen gehen wir zu dem großen Auditorium, wo ich wohn, wo ich zuvor in der Falle gesessen hatte, weil ich Juwelen gestohlen hatte und der Typ will das Mädchen aufs Kreuz legen, doch sie geht zu einer Party, also verschwindet er in einer kleinen Seitenstraße mit Fahrrinnen im Dreck und verschlafenen Hütten und ich geh mit ihr weiter – Bald hab ich ihre Hand in meiner und spiel mit dem Finger herum – Sie sagt, daß sie zu einer Party mit sechs Leuten geht, im Haus eines Bullen – »Bist du die siebte?« – sag ich – »Ich halte gern Händchen«, sagt sie – nicht hübsch, bißchen fett, häßlich, aber sexy – Jetzt New Britain – Als sie mich zuvor erwischt hatten versteckte ich mich oben auf den gigantischen Stufen, wo mich der blonde Kerl an den Zivilbullen verpfiff, ich raste durch die dunkle ehrfurchtgebietende Halle, Sprossenleitern zwischen Echos von der Show, Schuldgefühle, ich war's nicht, sondern mein Freund hatte damit begonnen – gallertartige Diebstähle – Jetzt, während des Mondscheinspaziergangs, ist das Auditorium zu meinem Zimmer geworden und ich will sie dorthin mitnehmen, aber sie geht zu ihrer Party

IN IRGENDEINEM APARTMENT IN NEW SHMICAGO muß ich dringend in eine Weinflasche pissen, weil die anderen leeren Flaschen bereits von Hubbard vollgepißt wurden – Mit halbem Entsetzen erkenn ich in der grauen Humorlosigkeit des Traumes, daß ich meine eigene alte Halbliterflasche benütze – Ich will nicht auf den Boden pissen und in der Wohnung des Mädchens eine große sichtbare Pfütze hinterlassen, doch meine Pisse steigt schnell bis zum Flaschenhals und quillt reichlich über meine Hände und an den Seiten runter auf den teppichlosen Hartholzboden –

DER ALTE HÄSSLICHE GRAUSTAUBIGE ZUG, der Zipper, fertig zur Abfahrt nach Watsonvill Junktion, also steig ich ein und marschier in die Passagierwagen (!) und dann fährt er los, doch in die falsche Richtung, zur Stadt zu, ich versuch die Sprossen runterzuklettern, doch mein großer Schlüsselbund ist im Weg, baumelt von meiner Hand und wenn ich versuch, ihn in die Tasche zu stecken (während ich noch auf den Sprossen häng), geht er nicht rein, sondern baumelt halb drinnen halb draußen und natürlich darf ich ihn nicht verlieren und so halt ich mich verzweifelt mit drei Fingern an den Eisengriffen fest, während der Zug ungeheuer beschleunigt – Ich schaff's bis zu der Grauen Lokomotive und komm runter, dreh mich vom Boden und vom Zug weg, während ich mich ruhig entspann, mit gestreckten Armen geb ich den Sprossen einen Abschiedskuß, Fuß draußen und Absatz hoch an der Balance der Eisenbahner, wie ein stilistischer Tanz – drunten & in Sicherheit.

IM FREMDEN VERSCHNEITEN FRISCO nehm ich hinterm Markt eine Abkürzung, ende aber auf dem Land zwischen schneebedeckten Farmen, obwohl sie immer noch ›parallel zum Markt‹ verlaufen, doch nun macht ein geschlossener Tunnel meine Rückkehr unmöglich und ich und ein anderer Kerl gehen durch die hölzerne Sperrtür und landen in weiten unterirdischen Höhlen voller entflohener orientalischer Kriegsgefangener, die sich dort verstecken – wir bewegen uns in verschiedenen Höhen, tiefer & tiefer, verirren uns immer mehr, unter Felsbrocken, Staub, Müll, Papier, Scheiße, Abwässer, Rinnsale von der Stadt darüber – schließlich find ich die beiden Orientalen, nach denen ich gesucht hatte, bei einem Feuer in der Ecke der weiten Höhle der Ewigkeit und wenn ich nicht aufpaß werden sie mich zum Abendessen rösten, weil's hier unten nichts Eßbares gibt – Oh, was ist nur mit den verschneiten Bauernhäusern geschehen?

ALLEN SPIELT EIFRIG Schallplatten in dem geschlossenen Wohnzimmer des Textile Lunch Wohnhauses und ich mach Danny Richman darauf aufmerksam, aber er ist nicht interessiert – ich geh zur Tür und lausche, ich wünschte, Allen würde lauter und deutlicher spielen, erkenne aber seine Größe und seine prophetische Demut der Lautstärke, seine ›Ruhe‹ – ich muß die grauen schmutzigen Stufen runter, wo der leichentuchbehängte Reisende in weißen Hemdsärmeln gewesen war, – unten auf der Straße halte ich an und mein gesamtes Traumleben überrollt mich in einer einzigen Welle, traurig, grau, riesig, – überall graue Szenen, scheußlich und ohne Ende – das ist der Preis für Empfindlichkeit, der Wechsel zwischen Tod und Wiedergeburt – Oh Weg der süßen Beständigkeit, durch welches Holz, durch welchen Regentropfen?

IN LOWELL HAB ICH DIE SUN ANGESCHRIEBEN, wahrscheinlich Jimmy Santos, wegen einem Job beim Commentary Magazin und er hat mir einen dicken überschwenglichen Willkommensbrief zurückgeschrieben und den Job angeboten, doch Ma ist mißtrauisch und meint, ich sollte vorsichtig sein, nun, da ich Geld verdien und bekannt werd wollen andere davon profitieren – ich überleg und mach überhaupt nichts, svaha! – In der Zwischenzeit hatte es ein Theaterstück gegeben oder ich schrieb eins oder spielte in einem mit und die Schlußszene zeigt den Vater des Helden auf dem Picknickplatz, wie er ein großes Wasserglas voll Rotwein hält und seine Frau sagt »Du trinkst zuviel« und ich schau Nin an und sie sagt »Natürlich tut er das –« Dieser Mann hat einen Sohn, der mit ihm die ganze Zeit über große philosophische

Angelegenheiten argumentiert – der Mann trägt einen Tweed-Mantel – Jetzt bin ich bei Joanna, wir gehen hoch in ihr Zimmer, ein neues Zimmer, in einer kleinen engen Halle, ich geh mit ihr, als sie sich bückt, um irgendwas zu suchen werd ich von ihrem Hinterteil festgeklemmt, wir drücken ein bißchen zusammen, doch ich möchte, daß sie mich nicht für vulgär hält, obwohl mir ihr Entgegenkommen mehr als angenehm ist und ich preß ihr schnell einen kleinen Kuß aufs Kleid, beug mich hinab – Dann liebkosen wir uns zärtlich, träumerisch – Sie ist wunderschön und ich liebe sie sehr –
Die Lebensspanne einer Ameise ist sehr kurz und sie lernt nur, daß Wissen Unwissenheit bedeutet –
Ich lauf nach Lowell hinein von der lang entfremdeten »Nordseite« aus, nicht weit entfernt von der kürzlich erlebten Klippe, ich komm plötzlich auf einen Platz, der mir bekannt erscheint, wie ein alter vergessener Lowell-Platz, der mir fremd geworden war und den ich niemals mehr in meinen Gedanken wiederzufinden glaubte – irgendwo in dem Durcheinander von Kathedralen, hölzernen Wohnblöcken, Eisenbahnschienen und dem starken Verkehr hinter der North Woburn Street und hinter South Common, hoch in Richtung südliches Lowell, dann nach Osten, fremd – mein Erinnerungsblitz ist im Traum und *für* den Traum, denn jetzt erkenne ich, daß es so einen Platz gar nicht gibt in Lowell oder meinem Gedächtnis und daß ich ihn nur erfunden hab, weil er in den Traum paßt, das zeigt wieder, daß der träumende Geist sich gar nicht um so tyrannische Bestimmungen wie erfunden oder nicht-erfunden kümmert – ob es nun stattgefunden hat oder nicht, all diese Gedankenerinnerungen sind aktiv, saugen die leeren Vorstellungen einer Traumwelt aus der blauen Luft

ICH SUCH EINEN PLATZ im Baseball Park, wo ich in Ruhe sitzen und schreiben kann und geh um einen Springbrunnen herum zu einer Bank, wo eine alte Schreibmaschine & Pulte unter einem Baum stehen und hier werd ich zu »Malcolm Cowley« und fang an zu tippen, aber die Maschine ist so alt, daß man für jeden Buchstaben voll draufschlagen muß, was ich auch mache, – & ein trauriger Junge ist da, 18 Jahre, ausgeprägte Persönlichkeit, braunes lockiges Haar, nachdenklich, als interessierter alter Schreiberling fang ich an, ihn verständnisvoll zu interviewen und find heraus, daß er ein sanfter junger Poet ist, so voller Trauer, daß er nicht viel schreibt oder nur sehr wenig, – lief 2½ Meilen, bevor ich das hier niederschreib, hab also teilweise was vergessen – In meinem Traum starrt er deshalb in den leeren Raum und ich mach mir Sorgen wegen ihm – Wer ist subjektiv? Wer ist objektiv?

EINE WILDE DÜSTERE FAMILIENGESCHICHTE, die Familie lebt im fernen Norden an einer fremden hohen Meeresküste, wo bei Flut das Wasser bis zur Türschwelle steigt und die Stürme das ganze Haus erzittern lassen – es ist wie in Alaska, kurze Tage, Dunkelheit dominiert – Ich bin mit Na & Nin dort und wir kommen in einen kurzen sonnigen Sommer hinein, warm genug und angenehm – »Ich hab mich so gefreut, als er kam, plötzlich an einem Nachmittag vor sechs Wochen,« sagt die alte Großmutter des Hauses in einer plötzlich hereingebrochenen Düsternis, kalt, »doch jetzt ist es wieder Winter« – Eine Zeitlang hatte man auf dem Rasen jenseits der Straße gespielt, hinter der die ganze Ars Scotia Wildnis beginnt, die endlos weiterläuft, gegenwärtig, über den ganzen fernen & hoffnungslosen Norden – die Spiele im Hof waren wild, mit weißen Pferden und rauhen Sitten, ich spring auf meins und jag die Jungs, die mit Schlägern nach mir werfen, und attackier sie vom blanken Pferderücken aus – alles nur ein Spiel, aber wild – Jetzt kehrt der Winter zurück, das Haus erzittert unter dem Ansturm und Brüllen der See, das Meer ist schrecklich, die Wellen aus der grauen Unendlichkeit wie die Grönlandwogen nördlich von Kap Farewell lecken hungrig an der Küchentür – der Vater des Hauses ist ein verrückter alter Geizhals, mit einem Diener, der ihn haßt, man sieht sie zusammen ein miserables Mahl in einem Stall essen, bei irrem Kerzenlicht, in der Stadt in Alaska – der Diener sagt »Du mieser (Narr), dein ganzes Leben hast du verschwendet in der Nördlichen Öde mit deinem idiotischen Gejammer über die Tage von Armageddon und deine Bibel und hast jeden zum Zittern gebracht, weil du verrückt bist« –

Plötzlich sitzt der Diener nicht länger in seinem Stuhl neben seinem verrückten Herrn, der vor sich hinglotzt, sondern in meinem und ich bin der Diener geworden. In der Zwischenzeit war ich in der Stadt in Alaska gewesen, mit meinem Mädchen, für mich das einzige Mädchen im ganzen Land – Suche einen Candy-Laden, um sicher zu gehen, daß ich genug Kaugummi hab – fröhliche Restaurants mit Bier und ganze Familien und Nischen und Leihstiefel und Jacken, ein Mann sitzt auf einem Barhocker, wo ein Kind eine Sellerie hineingesteckt hat – Mein Mädchen (Maggie Zimmermann) und ich spazieren durch die Schuppen der Hauptstraße, der Himmel graues Eisen – Nun wird der Herr vom Diener im Stall beim Abendmahl fertiggemacht und dann kommt der große Sturm und schlägt auf das kleine Haus ein und schüttelt es durch die Nacht und man weiß, das Haus wird zerstört werden und der Herr springt auf einen hohen Wagen und kreischt seine Prophezeiung in die Düsternis »In den Tagen, wenn die Fenster verdunkelt und die Töchter der Musik heruntergekommen sind –« und er wird in der Flut mit seinem Sklaven ertrinken und man wird einen Sprecher der Geschichte sagen hören »Und so ertranken sie zusammen, er, der lebte und zu leben versuchte von den Wassern des Todes« (der Herr als Zweiter, und man sieht eine Szene vom wrackteilübersäten Meer), doch ich werd mich erheben und eine großartige Rede zum Wohle aller halten und all der freundlichen Großmütter, Freundinnen, Tanten, die ich in dem lieben kleinen Haus im trostlosen Norden gekannt hab, ich werde sagen »Zum Teufel mit verdunkelten Fenstern, er hätte lediglich sein Haus auf höherem Grund bauen sollen!« – kann jeder sehen

Zuvor, oder später, versuchte ich, ein paar gelbe Notizblöcke vom Schreibtisch der Western Union zu stehlen, im Marble Subway Korridor, war mir aber nicht darüber klar, wieviele, bis ich mich schließlich entschloß, alle zu stehlen, doch da fingen die hübschen Sekretärinnen an, von Zimmer zu Zimmer zu gehen, obwohl sie mir in Wirklichkeit gar keine Aufmerksamkeit schenkten

IN DIESER SCHICKSALHAFTEN kalten nördlichen Stadt geh ich von der marmornen Station der Geschehnisse, so undurchsichtig wie Spinnweben, zu Pat Fitzpatrick's Haus, es ist Tag, ich möcht seine Frau Marie besuchen, für einen F., wie ich hoffe – niemand da, ich geh rein, eß ein neues Stück amerikanischen Käse vom Schlafzimmerbord, dann erst denk ich dran zu rufen »Marie?« und bei Gott, sie antwortet tatsächlich tief aus einem Bett heraus, zeigt sich aber nicht länger an mir interessiert, als ich ihr sag, wer ich bin – Draußen auf den Eisenbahnschienen versuchen wir ein Gewinde zu machen, um das Holzzeug zu knacken, das uns aufhält und mein Kater Pinky liegt zwischen den Geleisen und beobachtet uns und als wir einen Versuch machen kommt er hoch und schnüffelt herum – »Er wird überrollt werden!« – wieder kommt der Schlag und Pinky liegt sicher zwischen den Schienen, beobachtend, der coolste Kater, der je gelebt hat – Wir rammen SPROWN das Gewinde durch und Pinky zwinkert, als er es durch sein Dösen hört – wir machen fertig, Staub, ich geb das Signal weiter, der wilde herbstliche Wind eines klaren Tages bläst, Marie F. mag mich vielleicht nicht mehr lieben, aber ich hab meinen Kater, und die Mannschaft und denk an die Arbeit –

Später im Personenzug schrei ich vor Entzücken und Erstaunen auf, als ich Eisenbahner von einem fremden Lokalzug sehe, wie sie einen Waggon ein totes Gleis runterstoßen, zum Entgleisen bringen und in eine Sandkuhle stürzen – »Sie haben diesen Waggon umgekippt!« – Der Bremser lacht und sagt »Ist bloß, weil die Seiten abgenützt sind« – »Die Lamellen sind durchgearbeitet« – ›Woburn‹ – ›in der Nähe von Lowell‹ – massenhaft Sand und neue Konstruktionen und wilde Aufregung an dem stürmischen Tag mit Wolkenfetzen, die durch das glitzernde Blau jagen – ich denk an den lustvollen dunklen Körper von Marie im Schlafzimmer und ihre mürrische sorglose Stimme – bald werden wir in Lowell sein und ich seh Szenen, wie das Herz sie sich wünscht – ein ganzes Buch für sich, oh Gott – Wenn der Herbst mein Herz zurückgewinnt und mich meine Liebe verlieren läßt werden die Bäume die Träume, Straßen, Dharma Eisenbahnen und die Blasen aus der See des Geistes nehmen und in die Ewigkeit zurückschmettern

FRANKLIN ROOSEVELT JR IM FERNSEHEN teilt Eier aus – und die Droge, die aus einer fremdartigen Spritze gesprüht wird – Roosevelt streckt seine Hand aus dem Bildschirm in meinem Haus und ich lang hin und nehme, was er anzubieten hat, zerbrochene Eier, eine große Flasche mit Akzent, Knoblauchsalz, Ma und ich unterhalten uns aufgeregt, während ich hinfasse und so paß ich ein paarmal nicht auf, als FDR irgendwas rauslangt und weil's nicht genommen wird verschwindet es im Weltraum – ich ärgere mich über die Sachen, die ich verpaßt hab und freu mich über diejenigen, die ich erwischt hab –

------ Der Junge wollte sich anfreunden, wir gingen ins Hospital, bekamen diese Spray-Droge aus der Spritze der Schwester, ich steh da und werd total dösig und verrückt, direkt vor den anderen Patienten, die zuschaun, wie die Schwester uns behandelt – Erst später wird der Matrose finster (nach unserem Aufenthalt im Sarah Avenue Hospital) und mit seinen Freunden unter dem Jamaica El (wo das Holzfeuer im El war) macht er bildliche Gesten von einem Kampf, wie sie mich alle verprügeln werden, er an der Spitze und ich hab bereits meine Flucht geplant

DIE AUF & ABFÜHRENDEN RAMPEN der unglaublichen Wasserfront von Brooklyn, Teile davon steigen hoch wie Ziehbrücken und dazwischen Träger und Arbeiter (ich hab einen Job, wie bei der Eisenbahn, nur sind's diesmal die New York Dock Rwy. Schwimmplattformen, aber es ist eine unheimliche dunkle Arbeit, wo wir uns durch große Löcher in den oberen Rampen unterhalten, manchmal ist es sehr schwierig, da hochzuklettern, weil sie so steil sind, man bekommt irgendeine zusätzliche Bezahlung plus Überstunden im Verhältnis zu ihrer Steilheit) – im weißen T-Shirt spazier ich durch die Nacht und such mein Arbeitsteam, find gespenstische Gebäude wie Squibb's oder das St. George Hotel, aber bloß Holzhäuser voll mit Schläfern, Klosetts, Sex, Decken, schmutzige verlassene Räume – der Vorarbeiter kann mich nicht finden – Endlich entdeck ich June Evans und sofort will sie mir einen blasen, auf der untersten Stufe der großen Straßenrampe des Turms von Babel – wir, sie fängt an

– wir lächeln, rennen los – ich verlier sie in dem großen Haus, obwohl sie mir gesagt hat, in welchem Zimmer sie ist – ich geh einen Stock tiefer, verfehl sie, finde sie schließlich viel später wieder nach schiffsähnlichen Ereignissen und ungeheurer Einsamkeit in einer Unmenge verlorener Korridore im Haus des düsteren Geistes – Sie liegt im Bett, aber ein Kind spielt im Zimmer und wir müssen's rausbringen – Sie lächelt wie ein Engel mit Strahlen aus ihrem dunklen Himmel – ich wache auf und merke, daß alles ein Traum ist, besonders der Morgenspaziergang –

TRAUM VON DEM ERWACHSENEN MANN, DER MICH JAGT, ich bin ein kleiner Junge in irgendeiner Stadt, heimatlos, ich hab irgendeinen Streich gespielt oder was kaputt gemacht und er ist wütend und will mich erwischen, trägt ein weißes Hemd wie der leichentuchbehängte Reisende in der Halle – auf der Hauptstraße in der Nähe der High School fängt er an, mich zu jagen, ich renn den Schulrasen runter und über den Eisenzaun und eine Seitenstraße zu Häusern hinab wie die Häuser auf der Gershom mit grünblättrigen geheimnisvollen Höfen – Dahinter liegt eine Sandbank (Spitze, Szene von der rotsonnigen Geburt der Welt), die mir ins Auge sticht – Er kommt hinter mir her, ständig ungefähr zwei Häuserblocks entfernt, aber unerbittlich und ohne daß ich ihn abschütteln kann – Inzwischen bin ich voller Panik und muß jeden Trick kindlicher Wendigkeit benützen, um ihm wirklich zu entkommen oder *es passiert was* – er ist geisteskrank – ich lauf in die Halle eines Hauses, versteck mich, wie in alten Träumen, die Leute drinnen hören mich nicht, ich schleich herum, unter Veranden, in Zimmern von total Fremden – der wütende Erwachsene sucht draußen, sucht, er weiß, daß ich *in der Nähe bin* – durch Büsche schlüpf ich raus in andre Höfe der düsteren Todeshäuser und ich komm zu der offenen Fläche der Sandhügel mit Sträuchern drauf und renne durch eine lange Mulde dem anderen Ende zu – deutlich ausgeprägte Landschaft, ich bin sicher, dahinter gibt es Wasser, hab ich »schon mal gesehen« – in einem grauen nördlichen Land – er ist direkt hinter mir, hat mich gesehen und kommt näher, wußte, daß ich aus Angst vor den

Häusern und Höfen ins Freie rennen würde – Was hab ich getan? ++++ Vorsichtig versteck ich mich am hinteren Ende der Mulde, doch als er näherkommt (sich selbst versteckend) weiß ich, daß er mich einfach sehen wird – Zurückgehen mag lächerlich sein, Weitergehen hoffnungslos, ich überleg und schnaufe schwer – Am Hügelabhang gibt es ein kleines altes Haus, ich dring ein und versteck mich zwischen Holzscheiten – Mein Ungeist kommt näher – *ich weiß,* er wird mich kriegen (Holzscheite und tropfende Geräusche, das ist Masturbieren mit den Zwillingen mit fünf Jahren), der Bastard weiß ebenfalls, daß er mich früher oder später erwischen wird, doch als Kind hab ich eine Menge Möglichkeiten und die ganze Welt steht mir offen, um mich darin zu verstecken und meine Spuren zu hinterlassen – Soll ich zum geheimnisvollen alten Chalifoux-Wald jenseits der Baumstümpfe gehen, wo ich in morgenroten Tälern der Lebenshoffnung geboren bin? – oder mich wie eine Schlange in die Stadt zurückschleichen? (Wer der Junge? Wer der Jäger?) Wer objektiv? Wer subjektiv? Wer ist wirklich? Was ist wirklich? Alle flüssigen Phantome der Essenz meines Geistes träumen, wie das Leben – Ha!
(Verschließ deine Augen vor allen Gefahren & hab keine Angst zu sterben.... es ist alles nur Einbildung & leer & großartig)

MIT MEINEN MALSTIFTEN zeichne ich eine bewundernswert schöne Szene einiger Gebäude am späten Nachmittag, vielleicht Kirchen oder Läden, aber weil ich reichlich Rosa und ein tiefes Tintenblau verwende und dick mit der Hand auftrag habe ich eine Farbe voll von Ehrfurcht und dem Geheimnis der späten Sonne auf altem Stein geschaffen, die wunderschön ist, etwas, das menschliche Augen nie zuvor gesehen haben, ein Kunstwerk, eines DaVinci, sogar eines Rembrandt würdig – ich bin nur leicht erstaunt, zu erkennen, daß ich ein derart großer Künstler bin – Unglücklicherweise hab ich das Bild auf den Fernsehschirm »während einer Farbübertragung« gemalt und jetzt, wo ich es gerade meiner Mutter zeigen will, endet die Farbübertragung und gewöhnliche bleiche leuchtend graue Gesichter zeigen sich und mein ganzes Meisterwerk ist vollständig ausgelöscht – »Die verdammten Bastarde haben gewechselt!« schrei ich – Es war eine Szene wie Venedig am späten Herbstnachmittag, blau & rosa lachsfarbener Stein & Ehrfurcht verschlucken den dunklen Kummer, der einen an Jesus & Magdalena denken läßt

»WENN MAN STANGEN HOCHKLETTERT ...« Eine Hafenstadt-Geschichte mit Familien, zu meinem eigenen Spaß bin ich einen Baum oder eine Stange hochgeklettert, doch der Vater (höflich, den ich gerade in seinem Mansarden-Klassenzimmer beleidigt hab) schreit »Feuer! siehst du nicht das Feuer von da oben? Wenn du auf Stangen kletterst – wenn irgendjemand von *meinen* Leuten auf Stangen klettert, dann nur, um Feuer oder Hurricanes zu entdecken«, doch plötzlich merken er und seine Brut, daß das Feuer nahe bei seinem eigenen Haus ist und sie rennen dorthin und von meinem Platz aus kann ich erkennen, daß es tatsächlich ihr Haus ist – Als schließlich der Hurricane kommt schicken sie einen schweigenden toten Waggon die langen Peninsula Schienen runter, um irgendwas zu blockieren – die eingebildeten Sorgen meines ganzen Lebens sind alle an der grauen Halbinsel vorbeigetrieben –

IN DER MORGENDÄMMERUNG (nach der gestrigen Einführung von Ein Mahl pro Tag-Keine Drinks-Keine Freunde »westliche« Anleitung für Buddhismus) ist mein Traumgehirn von einer namenlosen wunderbaren Freude erfüllt, betreffend den Einzigen Geschmack aller Dinge, ein transzendentales Gefühl von Einzigartigkeit im Universum, eine einsame Ekstase – Unterbrochen von dem täglichen morgendlichen vulgären Gehuste des fetten Polen nebenan und trotzdem segnete ich ihn in meiner Glückseligkeit und aller Ärger war verschwunden – Später versank mein Geist in unwissenden tiefen Schlaf & beschäftigte sich mit Visionen der rauhen See, Matrosen kämpfen mit einem Rettungsboot an der Seite eines Frachters & plötzlich verschwindet alles, ertrinkend und man sieht nichts außer dem Meer, bis dann eine Minute später 300 Yards entfernt auf der Steuerbordseite der treibende Rumpf des Ruderboots auftaucht, die Männer sind verschwunden bis auf tintige Meeresblasen – Zuvor war ich in dem alten Sun-Gebäude gewesen und hatte oben geschlafen & ein paar Männer, die mich für betrunken hielten, trugen mich runter zum Kearney Square & ich täuschte Ohnmacht vor, eine sanfte Szene, er trug mich wie ein Baby – dann lauf ich zu einem Imbißwagen in der Nähe der Y und weiter hoch die Merrimac Street und erzähl meine Geschichte irgendjemand in dem dunklen regnerischen Tag – bösartige Unheimlichkeit des Kearney Square, das Ganze ist nichts anderes als ein diskriminierender Streit der Gehirnzellen und das gilt für das ganze Buch der Träume mit Vorstellungen, die seine ungebrochene Ernsthaftigkeit & Beschäftigung mit der Phantasielosigkeit stören, doch *wie* dies geschieht kann ich bis jetzt noch nicht in Worte fassen, die in sich selbst diskriminierende Widersprüche eigenmächtiger Konzeptionen sind – Wie ich sagte, Worte, Vorstellungen & Träume sind die Finger falscher Phantasie, die auf die Wirklichkeit der Heiligen Leere hindeuten – doch meine Worte sind immer noch viele & meine Vorstellungen strekken sich zu der heiligen Leere wie eine Straße, deren Ende in Sicht ist – DIE STRASSE DER HEILIGEN LEERE schreibt dies, dieses Leben, diese Vorstellung von Reue –

ZUM ERSTENMAL – träumte, ich erkletterte eine stufenweise Klippe von Abhang zu Abhang und kam auf den Gipfel und setze mich hin, doch plötzlich beim Runtersehen merkte ich, es war überhaupt keine stufenweise Klippe, sondern alles senkrecht – im Traum kein Gedanke daran, auf der anderen Seite runterzukommen – in dem Traum, wie immer in Träumen von hochgelegenen Plätzen, beschäftigt mich nur der Gedanke, *auf dem gleichen Weg zurückzukehren wie ich gekommen bin* oder meine eigenen Fehler zu berichtigen – und obwohl ich weiß, daß es ein Traum ist bestehe ich im Traum darauf, daß ich die hohe Klippe da runter muß, wo ich hochgeklettert bin – die gleiche alte Angst packt mich in tödlicher Umklammerung – »Doch wenn es ein Traum ist, dann ist die Klippe auch nicht wirklich,« sag ich mir »also brauchst du bloß aufzuwachen und die Klippe wird ver-

schwinden« – ich glaube nicht, daß es möglich ist und zitternd öffne ich meine Augen & der Traum ist verschwunden, die Klippe ist verschwunden, der Terror ist verschwunden – Dies ist endlich das Zeichen von Buddha's Mitgefühl – Mit anderen Worten, zum erstenmal hab ich geträumt, hoch droben zu sein & hatte Angst runterzusteigen, doch ich wußte, es war ein Traum & irgendwas sagte mir aufzuwachen & die Höhe würde verschwinden & ich öffnete meine Augen & alles war verschwunden
GERETTET!
Buddha hat meinen Fehler für mich ausgebessert – VOM TRAUM ERWACHT
Für einen Augenblick hatte ich auch daran gedacht, als Abstieg einfach hinunterzuspringen – Oh bejammernswerte Realität! (aber das würde tödlicher Schmerz, Fallen, tödliches Entsetzen oder Tod bedeuten) –
Obwohl ich in vielen anderen Höhen-Träumen ebenfalls wußte, daß es ein Traum war, bestand ich im Traum darauf, *hinunterzusteigen* – Traum-Aktivität in der Traumwelt – Traum-Tat die Traum-Klippe hinunter –
Die Klippe schien wirklich zu sein und jetzt scheint die Klippe nicht mehr wirklich zu sein –
Traum-Analyse nur in kausaler Erklärung (so wie Klippe als Symbol während des Wachtages, ähnlich Mörder mit Messer, weil das Fenster offen geblieben war) – Traum-Analyse ist nur ein Messen des maya-ähnlichen und hat keinen Wert – die Verbreitung von Träumen ist das einzig Wahre – Freudianismus ist ein großes dummes falsches Jonglieren mit Ursache & Wirkung anstatt der geheimnisvollen, wesentlichen, permanenten Realität des konzentrierten Geistes – (Mein einziges Problem ist, wie ich tagein tagaus den Achten Pfad praktizieren soll, solange ich noch nicht in der Einsamkeit lebe –) Es ist mehr als nur die hohe Klippe vom Dantelesen-in-der-vorangegangenen-Nacht, – es ist die hohe Klippe der tödlichen Angst –

ICH BIN IN THOREAU'S WALDEN-SEE HÜTTE in Concord, es ist Abend und ich kann kaum was sehen, als ich versuch, ein paar von seinen zurückgebliebenen persönlichen

Habseligkeiten zu untersuchen, eingeschlossen eine kleine Schachtel mit seinem alten Tabak, die Schachtel besteht aus weichem, leicht zerreißbarem Karton, so ähnlich wie bei Eierschachteln – ein aufgedonnertes Girl in einem neuen Wagen fährt vor und tritt auf die Bremse, ihre Scheinwerfer beleuchten Thoreau's Wand, als ich rufe »Mach die Lichter aus, ich muß das hier sehen« denn ich schätz sie sofort als aufnahmefähig und cool ein und ich kann nichts sehen – Während sie über meine Schulter guckt öffne ich die Schachtel und drin liegt ein kleines Häufchen Marihuana-Samen – ein bißchen aufgepeppter Marihuana-Tabak, zumindest sieht's so aus und ich denk »Thoreau war high« – (was ganz sicher WAHR ist) – und ich sag dem Mädchen, was es ist – Sie meint »An diesen Stoff ist schwer ranzukommen« – »Nein, überhaupt nicht« sag ich mit der Autorität des großen Hippie »du kannst es überall auf der Straße bekommen (von jedem Strichmädchen)« ergänz ich in Gedanken, und in meinem Kopf ist die Straße das große Schleppnetz von Chicago, außerhalb von Concord & Lowell glitzernd – die hübsche Kleine bestaunt mich ehrfürchtig – ganz sanft zerreißt sie die kleine Schachtel als Souvenir und rollt sie zu einem kleinen Ball zusammen –
(Geträumt in einem miesen Lowell Hotel, dem »Depot Chambers«)

»NUN MAL LANGSAM« sag ich zu einer Bande verrückter Jungs, mit denen ich auf der Achterbahn war, als einer von ihnen ganz laut über die Marihuana-Ausbeutung, die ich ihnen beigebracht hab, zu reden beginnt – »Zum Teufel, selber mal langsam« ist die Antwort von meinen Schülern – Wir haben Shorts und T-Shirts an, ich fühl mich müde beim Versuch, mit den Konsequenzen der Beat Generation Schritt zu halten und alles ist düster in diesem Traum – Erwache in den Gossen von Lowell –
In der Stille der Sainte Jeanne d'Arc Kirche an dem großen grauen Tag des 21. Nov. 1954 hab ich gesehen: »Die Geschlagene (*Beat*ific) Generation«

AM LANGEN GRAUEN STRAND DER INSEL findet ein großes Familientreffen statt, aber anstatt mich rechtzeitig auf den Weg zu machen, lungere ich beim Basketball am leeren Y Feld herum, zieh den Mantel, aber nicht Hemd und Krawatte aus und bin ganz durchgeschwitzt – ich fang mit meinem eigenen Spiel an, die Kerouacs gegen die Kraps, die Helden von beiden Seiten – auf einem anderen Feld hör ich Jugendliche schreien – dann eile ich zu dem großen verwirrten Ereignis, reite auf dem Dach einer Untergrundbahn oder eines Frachtzugs direkt die Queens Boulevard Hauptlinie runter und hunderte von anderen Jungs fahren mit mir und es fängt an zu nieseln, das Strandfeuerwerk draußen wird ins Wasser fallen – Der Trainer der Kinder, Russ Hodges Ernsthaft, sieht mich und ruft mir über einen Wagen zu, einem kleinen verlorengegangenen Jungen zu helfen, indem ich ihn mitnehm – ich möchte zustimmen –

DER GROSSE ORIENTALISCHE KALIF kastriert die Priester mit einem Ausdruck sanften besorgten Mitgefühls, er hat einen kleinen Silberhaken, den er an ihre Teile anlegt, wenn sie zu ihm gehen und ihr Hosentürchen öffnen (aber vom Publikum abgewandt, so daß man den wirklichen Penis und wie es funktioniert nicht sieht) was man tatsächlich sieht ist der Ausdruck enttäuschten Schmerzes auf den Gesichtern der Gläubigen, die anscheinend gedacht hatten, der Kalif würde sie von ihren verderbenbringenden Hoden des Eros befreien, ohne ihre materiellen Körper zu verletzen oder zu verwunden, wie kurz auch immer – ich bin der Nächste in der Reihe, genauso widerstrebend wie ein Dutzend andere, als mir dämmert, was Kastration bedeutet – wenn ich es mit dem Gefühl betrachte weigere ich mich – Es kommt zu einem Zeitpunkt, als ich bereit bin, mit der Entsagung Schluß zu machen und wieder alles erwarte und akzeptiere – ich geh vor und sag »Nein« – Im nächsten Raum sind die Soldaten des Braunen Ostens, zu Aufsehern bei der stillen Kastration der Schüler ernannt – Zwei besonders junge braunhäutige Wachen (nicht in Uniform, sondern wie die Fahrgäste in einem mexikanischen Stadtbus) schlagen sich selbst in unglaubliche Erregung hinein mit Rede und Gegenrede und dann kommen

sie, um mich zu bearbeiten – Doch sie taugen nichts, ich wehr sie mit Leichtigkeit ab und geh zum Fenster und rette mich hinaus – Einer meiner alten Heldenfreunde, der mit mir zusammen Mönch war und zuvor Autowäscher in der Lowell Depot Garage hält nun eine Rede für die Mönche und Wachen des Kalifen in der eigentümlichen Lähmung und der Seile zum Hof des Hauses, als ich mich an seidenen Kordeln zu dem Fellaheen Mysterium des Entkommens abseil »Er ist so ein großartiger Flüchtling, ich bitte zu beachten, daß dieser Weltmeister eine Wand hinuntergehen kann, ohne die Wand überhaupt zu berühren« was ich in der Tat ohne jede Schwierigkeit mache – Meine Flucht ist so klar wie die Luft – Meine Feinde haben keinen Halt – Meine Persönlichkeit ist so wenig sie selbst, daß ich nicht mal den Boden, geschweige denn die Wand berühre – Doch der Schmerz von dem silbernen Nußknacker mit einer Hand um den Griff wäre ›wirklich‹ gewesen, glaub ich, und mach mich davon – Abgeschen davon, ob sie mich nun unter einer Lokomotive oder unter einem Heiligen Baum beerdigen werden, die Leere ist immer die gleiche –
Wie ein von der Eierschale befreites Hühnchen, so geh ich los, in keine bestimmte Richtung, lyrisch, Licht

EIN ERNSTER JÜNGLING AUS LOWELL, so besuche ich die Szene meiner alten Schule wieder, wahrscheinlich die zweite Klasse im St. Louis – mit anderen Worten, es soll die Billings Schule oder St. Louis repräsentieren – mit anderen Worten, es soll nichts außer sich selbst repräsentieren – und so voller Trauer – Zuerst bin ich im Keller, der der weite und dunkle St. Louis Keller der Kirchengemeinde sein soll, wo uns, wie ich mich erinnern kann, Nonnen das Haar mit Wasser aus dem Pissoir kämmten und die Dunkelheit, Feuchtigkeit, Stein, so daß heutzutage meine Träume vom Lowell Oberschul-Keller, der auch nicht annähernd so höhlenartig war, von der Erinnerung an die dumpfe Düsternis des St. Louis beeinflußt werden – ich sage Erinnerung, denn als ich kürzlich St. Louis besuchte kam es mir überhaupt nicht in den Sinn, reinzugehen und nochmal den Keller anzuschaun, der, wenn ich drüber nachdenke, in Wirklichkeit gar nicht in meinem echten urteilsfähigen Bewußtsein verankert sein kann – Wo war er? der Keller dieses relativ kleinen rotziegeligen Gebäudes? – der Keller der Basar-Halle der Kirchengemeinde? – aber drunter gibt es keinen Keller! – Wo ist es außer in meinem Kopf? – Doch er liegt unter dem Gebäude aus roten Ziegeln und ist so viel kleiner als ich träume und sogar kleiner als der Keller vom alten Gebäude der High School Anfänger, wo die Berufsschule abgehalten wurde (Holzbänke, Latten, die wilden Joes bereit, einen neuen Arbeitstag zu beginnen, der ihnen immer aufgezwungen schien, weil sie bei was Schlimmem erwischt worden oder in dem nebligen grauen Lowell aufgewachsen waren) – Ich besuch diesen engen Keller wieder, doch plötzlich entwickelt er sich zu einem richtigen Käfig, mit Dreck, tropfenden unsichtbaren Wänden, weit, doch unter der Schule und je weiter ich lauf desto mehr beginnt er diesen großen Höhlen unter der Market Street in Frisco zu ähneln, von denen ich geträumt hab, daß ich dort erst kürzlich zwei hungernde orientalisch-japanische Soldaten gefunden hatte, die in getrennten Höhlenräumen vegetierten – wie weiträumig und der Höhle unterhalb Laurier Field ähnlich, wo das Große Herz der Bestie gepocht hatte – dann komm ich den Hallengang der Schule entlang, die Holzdielen, die Türen zu den verschiedenen Klassen, die schläfrige Schultagssonne strömt herein und es scheint, daß ich ein mittlerweile total vergessenes »Unterrichtszimmer der zweiten Klasse« wiederbesuche, an das ich mich nun vage erinnere und nicht daran glauben kann – die absolute für immer verlorene Trauer meiner Unglücklichkeit in einer der vorderen Bänke dieses Zimmers, die nun lang verstorbene Lehrerin – es ist wie der Gang in der Billingsschule, im Hintergrund das kleine Bild von mir im Alter von 5, die gleiche mottenwarme Buddhaland Goldenheit in dem Staub & die Schatten & die Sonne & die gespenstische Stille der Photografien.

IN EINEM KALIFORNISCHEN CAMP haben die Amerikaner, auf Befehl der Russen, die über ihnen in großen Flugzeugen fliegen und damit drohen, die H-Bombe zu werfen, eine große Gruppe von Leuten in einer drahtumzäunten Falle eingesperrt und bereiten sie als erste Opfer einer H-Bomben Detonation vor. In der Zwischenzeit spielen die verurteilten Jungs Basketball und haben sogar Bandenkämpfe. Zur H-Stunde müssen sich die Leute in den Bombenschutz direkt unter der Bombe legen, einigen werden verschiedene Spritzen verpaßt, anderen nicht, dazu flüssige Mixturen zum Trinken, damit die Todesursache durch die Gedärme verfolgt werden kann wie eine Kalkspur – Jedermann sagt »Wir werden sowieso an Ohrenschmerzen eingehen« – »die Trommelfelle werden von der Explosion oben zerrissen« – Meine Mutter und ich sitzen da in der Falle, Julien ebenfalls, Joe, viele andere – Ma und ich kamen dummerweise gerade zur rechten Zeit nach Kalifornien, um eingefangen zu werden – Zur H-Stunde werden Narren mit Kopfhörern hysterisch die Sekunden zählen, während die Leute auf den Tod warten – es ist traurig – Am Ende, nahe dem Ende sitzen Julien und ich zusammen auf einer Stufe – Wir haben keine Spritzen erhalten, wir gehören zu denjenigen, die direkt ohne Spritzen sterben dürfen zur direkten Untersuchung unserer blauen Überbleibsel – Jetzt kommt's mir so vor, als hätte ich mich um Julien gekümmert, der wie ein hilfloser kleiner Bruder ist, in vielen verschiedenen Leben, vielen Wiedergeburten – ich bin der Bodhisattva, der für sein Wohlergehen Sorge trägt – ich merke an seinem neuen Schweigen und in sich gekehrten Respekt, daß er dies nun gerade zu ahnen beginnt – ich schreibe ein Gedicht, um die Szene im Gedächtnis zu behalten, die letzten Zeilen lauten: –

Das schweigende Band
Der Drossel aus dem Reinen Land.

–––––– womit ich Avalokitesvara's Transzendentalen Klang des Nirwana's meine, der innerhalb und jenseits der Bombe ist. Das Ganze ist ein großartiges idealistisches Gedicht und ich beende es mit einem schwungvollen Bleistiftstrich, neben dem schweigenden nicht ansprechbaren Julien, dessen Gedanken auf den Tod gerichtet sind – Es herrscht graues Halbdunkel, warm, verwelkte Blumen liegen herum –

Der Göttliche Boden
Des Tödlichen Geistes
Ich denke ans Erwachen –

ICH GEH DIE STEINSTUFEN HINUNTER der großen buddhistischen Welthöhle und sag zu den Zuschauern an der Brüstung »Es ist innerlicher Selbstmord« – und geh den Heiligen Hallengang mit Gefolge hinunter zu dem Zurückweichenden Gesicht & der schwärmenden Dunkelheit voller Licht, das vom Mittelpunkt ausstrahlt – es gibt keinen anderen Weg als nach innen – Die Höhle der Welt, die Höhle der Wirklichkeit jenseits des Fühlens von Sonne, Luft, etc., in der die Quelle der Leuchtenden Realität enthalten ist.

ICH RENNE einen Hügel runter & ein Ziegenbock oder eine Ziege, die mit einer langen Kette angebunden ist, fängt an mich zu jagen, ich denk mir »Ich muß nur weit genug rennen & sie wird das Ende ihrer Kette erreichen« doch anstatt loszusprinten dreh ich mich ständig um und stemm meine Hand gegen den Ziegenkopf wie Manolete, der den Bullen beruhigt & beschwichtigt, aber diese besondere Traum-Ziege beißt mich schmerzhaft in die Hand & ich dreh mich immer wieder um, weil ich Angst hab, in die Luft geworfen zu werden, und närrischerweise dreh ich mich um und um (wie ein Halfback beim Sturmlauf, der gerade hinterm Center einen Paß gefangen hat und der sich nun während des Rennens auf schmalen Fesseln umdreht, die sich überkreuzen, als er mit dem erbeuteten Ball einen Kreis zieht) – aber dies hier ist kein heldenhaftes Football-Spiel, diese Ziege reißt große Rosa Chagall Bisse aus mir raus & es ist ein Alptraum, von dem ich nicht mal aufwach, als die Angelegenheit entschieden ist – davon abgesehen, was ist die Angelegenheit? Leere Ziegen.

KÜRZLICH, EISENHOWER ist Präsident des heroischen Amerika durch die grauen Dekaden bis hoch zu den 1980ern und wir sind alle erstaunt wie er mit kindlichem Gemüt ein Problem nach dem anderen bewältigt, mit verschränkten Armen, ein Heiliger & ich mag ihn. – Kann's mir nicht leisten, ihn zu hassen, denn ich bin ein Kind – Neue Papiergesetze werden herausgegeben, tiefe Traumgesetze, kindlichen Zivilisationen angepaßt auf einer willkürlichen grauen Karte, genannt die Welt – an die Details dieses bodenlosen vergangenen Traumes kann ich mich nicht erinnern, beim Aufwachen hatte ich keine Erinnerung oder wollte auch nur das geringste Detail mehr von den Lincolnähnlichen heroischen Gesetzen wissen, die E. erließ, doch es scheint, daß ich ihn in einem dunklen Haus kannte, wo ein Tolstoischer Tanz läuft & Ereignisse & Crash! – niemand liebt mich, denn es gibt kein ich.

ICH SITZ IM FENSTER unserer neuen Küche in Brooklyn & während ich glücklich auf all die goldenen Fenster des Wohnhauses in der sanften & duftenden Dunkelheit schau, wie die Dunkelheit von Kalifornien, erklärt mir meine Mutter, ich soll nicht im erleuchteten Fenster sitzen oder die Heckenschützen werden mich erwischen, eine neue geheime jugendliche Organisation, die es sich zum Ziel gesetzt hat, auf Leute in Fenstern zu schießen – doch ich glaub nicht, daß die Heckenschützen existieren, also sitz ich da, ohnehin froh, daheim zu sein – Und später lauf ich die Brooklyn Cow Street runter mit Hindenburg & Huck, den Ganoven vom Times Square, mit denen ich mich wieder eingelassen hab & und die gekommen sind, um mich an meiner Kellertür abzuholen – Dieser weiße Traum, den wir träumen, ist wirklich innerlich und tatsächlich so friedlich, und endgültig wie die Meditationen eines ergebenen Priesters in seiner Kirche um 4 Uhr nachmittags – während er in sein Brevier starrt, oder hindurch.

ICH FIND CODY IN DER HINTEREN RAMPE beim Pferderennen, feierlich zeigt er mir seine neue Theorie, wie man beim Wetten gewinnen kann, es ist ein Ausschnitt aus einer englischen Zeitung und die ganze Sache ist genau ausgearbeitet – Zuvor hatte Garden ebenfalls eine Theorie, über Schlangen, Insekten, Würmer, und zum Beweis nimmt er eine haarige Raupe und ißt sie, während ich kotz und dann kann ich wie ein Kind seinen weißbreiigen offenen Mund sehen, als er halbernsthaft kaut, es ist im hochgelegenen

Haus von Mrs. LaMartine's Veranda in Centreville Lowell
Theorien Schmeorien
... neue Wege des Verlierens und häßlicher machens

VIELLEICHT IST DER GRUND, DASS DIE LEUTE MIR NICHT MEHR SCHREIBEN, weil ich so runtergekommen bin – Heute nacht, oder vielmehr an diesem grauen Morgen, ich träumte, ich war wegen undurchsichtiger Sachen (um einen Schlafplatz zu bekommen) in Apartmenthäusern unterwegs, wahrscheinlich in N.Y., zusammen mit Deni Bleu und anderen Tramps, die ebenfalls einen Schlafplatz suchten – einmal fahr ich im Lift und seh, was ich für James Watson's Wohnung halte, bloß die Küche mit ihren neuen braunen Möbeln ist anders (entfernte Aufnahme des dunklen traurigen braunen Holzes aus dem lang zurückliegenden Halbdunkel der Lowell Küchen) – wegen der Möbel denk ich »Oh, das ist nicht sein Platz!« doch bei näherer Untersuchung ist er's, aber James will mich nicht empfangen, seit 2 Jahren hat er sich da drinnen mit seinem Mädchen »eingegraben«, liebend und leidend und schreibend – um die Türwächter schleich ich mich herum in die Foyers der Stadt, ich trag einen verdächtigen Umhang, keinen Hut, keine Moral, keine Skrupel – kein Dieb, sondern ein fremder gallertartiger namenloser Rumlungerer, ein Aufdringling, ein Parasit, ein Auswuchs der Stadt, ein Apartmentjäger, Einschleicher-in-Hallen, eine Matratzenwanze, ein Voyeur von Orgien, ein abstoßendes abgestandenes Gespenst – ein Traum-Drifter – einmal fahr ich per Anhalter die endlose hoffnungslose Hügel-Schnellstraße hoch, auf der anderen Seite von Bonny Brae – niemand hält, ich drück mich in Parkplätze – Schließlich find ich meinen Weg zu einem Lunchwagen in der Nähe der R.R.Station, der seine Preise drastisch zur Hälfte gesenkt hat, obwohl ich aus reiner Müdigkeit sowieso reingegangen wär und den anderen Kunden geht's genauso, – ein Teller Eiscreme kostet nur ein paar Pfennig, ich bestell welches bei dem neuen schwulen Assistenten hinterm Tresen, der ein großer gutaussehender blonder Bursche ist und der mir meinen Eiscreme bringt, aber vergißt, mir meine 15 Cents Wechselgeld rauszugeben, weil ein Junge in einer der Nischen ihn scheinbar auf den Arm nehmen wollte (mannhaft), indem er sagte »Ich blas dir jederzeit einen mit deinem großen saftigen Schwanz« und unser Held springt ohne jede Scham über den Tresen & setzt sich ernsthaft in die Nische, um die Sache weiter zu besprechen, die anderen Männer bemerken es alle und lächeln – Also denk ich mir, ich wart und bekomm dann mein Wechselgeld und in der Zwischenzeit bestell ich mir für 15 Cents einen Teller heißen Pudding, der dann umsonst sein wird, wenn ich den Liebhaber daran erinnere – als ich mein Tablett nehm kommen mit ihren Frauen zwei Eisenbahner-Wachen rein, einer von ihnen 300 Pfund, und sie ziehen so eine Art antiquierte Autositze zum Tresen heran und sitzen tief auf dem Boden mit dem Gesicht zum Tresen, warten darauf, bedient zu werden, tragen alte runtergeknöpfte Sweater und die Wach-Abzeichen und rauchen Pfeife in den Strahlen der Nachmittagssonne, die in das volle Lunch-Zimmer strömt –

DIESER WIEDERKEHRENDE TRAUM, WO ICH IMMER IN KALIFORNIEN bin, in Frisco, und muß den ganzen Weg zurückfahren und hab kein Geld – ich seh eine Frau, die sich weit aus dem Fenster eines hölzernen Frisco-Gebäudes rauslehnt, und ihrem Sohn ein fremdartiges Stück Kuchen gibt, was er über dem rasenden Straßenverkehr dankbar annimmt, und ich denk zuerst an Evelyn (Pomeray) in Los Gatos und die traurigen Züge dorthin, dann denk ich an Ma im Osten (N.Y.?) und wie ich zu Weihnachten heimkommen soll – Die ganze Nacht passierte was, überall Irwin Gardens, Codies, undsoweiter, mir stand's bis hier – es ist Zeit zu gehen – ich hab diesen abgetragenen alten Übermantel an und meine Pelzmütze über den Ohren und so fahr ich den gespenstischen Boulevard in einem alten Auto runter (tatsächlich ist es Cody's 40er Packard) und denk dran, im Schnee zu trampen und entschließ mich, »Wyoming? Nein! Ich werd den ganzen Weg fahren und den Wagen rechtzeitig heimkriegen (er war mir geliehen worden) – Was werd ich wegen dem Benzingeld machen? von Trampern – ich werd arbeiten!« »Aber wenn ich arbeit schaff ich's nicht bis Weihnachten!« – der ganze gespenstische Rumpf des Kontinents liegt vor mir, vergänglich wie Schnee, schrecklich wie Edom – die Arkaden meiner Rippen, das Gewicht meiner Knochen, ich werd zusammenbrechen, Waterloo in so einem hoffnungslosen Rennen und als wär nicht alles schon schlimm & beschissen genug und nochmals und *wieder und wieder*! – doch hier bin ich bereits, fahr auf dem Einbahn-Boulevard in der falschen Richtung und wie ich seh, daß es keine Möglichkeit zum Wenden gibt leg ich einen einwandfreien stolzen U-Turm hin und fahr dorthin zurück, wo ich hergekommen bin, während ich immer noch mit dem Problem kämpf, wie ich diese 3000 Meilen nach Osten schaffen soll, in diesem miesen Mantel und Mütze, langsam fahrend wie ein alter Mann, tief in den Sitz versunken – »La Marde« – und alles wegen einem Stück Kuchen.

Was für eine willkürliche Bestimmung diese Weihnachtsheimkehr ist – ich hab's jetzt zweimal getan und jedesmal ging's schief – beim erstenmal schlief meine Mutter ein, beim zweitenmal mußte sie zu einer Beerdigung, – große fröhliche Städte haben riesige traurige Friedhöfe direkt außerhalb, brauchen sie auch –

Rüttelnde Wohnblöcke und gespenstische Mädchen (ich nenn sie Wohnblöcke, mein die Holzhäuser von San Fran) – (wie das, aus dem Rosemarie gesprungen ist) – dieses ermüdende Träumen von notwendigen traurigen Reisen und ich wach in einem breiten komfortablen Doppelbett in Rocky Mount in einem Haus auf dem Land auf mit nichts anderem zu tun als Visionen von Gerard aufzuschreiben, die Teller abzuwaschen und die Katze zu füttern! – und das Buch der Träume hinzukriegen – An die früheren Einzelheiten dieses mich verfolgenden quälenden Traums kann ich mich nicht erinnern, die Mädchen, Bullen, Fußboden, Sex, Selbstmord, Kuchen, Parturen, Tapeten, Transzendenzen – die Stationen, grau – Garden, der niemals lacht – June Ogilvie Plappermäulchen Adams McCracken mein Mädchen – June John Boabus Protapolapalopos der Grieche All-Mix Liebhaber – Schmerz Twang –

PRIVATDETEKTIV, der blonde traurige hübsche Junge, der im Fernsehen bei den Army-McCarthy Verhören war, ist jetzt, Jahre später, immer noch im Armeegefängnis-Irrenan-

stalt, wo sie all die Jahre seine »Geisteskrankheit« zu festigen suchten, – aus anti-McCarthy politischen Gründen – Man sieht ihn im grünen Arbeitsanzug mit seinem Gesprächspartner vor der TV-Kamera stehen, während sie Patienten hereinbringen, an den ersten erinnere ich mich undeutlich in meinem Traum als einen sabbernden Idioten und der Detektiv wird gefragt: »Ist er verrückt?«
»Verrückt.«
Detektiv ist müde, man merkt, daß diese Sache schon lange so geht, Routine, aber schrecklich.
Sie bringen einen normal aussehenden jungen Kerl in Arbeitsanzug & Kappe herein.
»Ist er ein Schwuler?«
»Schwul« – müde, und ich muß zweimal hinschaun, um den Jungen richtig zu sehen.
Dann bringen sie zwei Typen zusammen rein:
der Gesprächspartner sagt: »*Zwei Unsterbliche, die sterblich geworden sind.* Verrückt??«
Und der Detektiv bricht in Tränen aus –
Und wieder die alte Eisenbahnhof-Szene, in der Nähe, nahe der Hafenfront, kalt, die Bäckereien und Warenhäuser, diese hoffnungslose Welt –
Ich eile zu Joe McCarthy, um ihm's zu erzählen, doch er ist ebenfalls hilflos und hoffnungslos – in den marmornen Hallen des Kongresses

ICH SPAZIER MIT EDNA auf den schlammigen Straßen jenseits von Mexico City, runter in die Slums, wir blicken voraus auf den Horizont ohne jede Hoffnung, den wir zu Fuß zu erreichen versuchen, ich weiß nicht, wieviele hundert Meilen es sind, das einzige, was ich weiß, daß wir besser einen Zug oder Bus nehmen, um dorthin zu kommen, ein leuchtendes El Dorado vor uns in dem unheimlichen regnerischen Mexico meiner Träume – Aber schließlich sag ich zu Edna, los, machen wir's gleich hier, jetzt, sie schaut über ihre Schulter die leere nächtliche Straße runter, wir finden und besetzen eine Latrine und fangen an, sie will ihr Kleid ausziehen, ich sag, nein, heb's bloß hoch, und wir fangen an, ich komm nicht rein, doch ich heb ihren Schenkel mit einer

Hand und nun klappt's so perfekt, daß selbst sie vergißt, wo sie ist und ich wach auf, das ganze Bett wackelt – habe die Frau meiner Jugend verloren, also verdien ich diese mitternächtlichen Qualen – in dem Traum war Edna auch noch jung

Zu einem anderen Zeitpunkt, zurück in diesem fremden Marmor-Gebäude-Hotel von MexCity, versichere ich mir selbst grinsend, daß ich ein Mädchen von der Straße bekommen werd, jenseits davon, wo die ersten (1950) MexCity Träume waren, wo Dave Sherman seine Hosen verloren hatte – Ich werd jetzt eine neue und spezielle Sprache erfinden müssen, um die unbeschreiblichen örtlichen Mysterien dieser Traum-Plätze zu beschreiben, denn sie sind wichtig – in jeder dieser Örtlichkeiten lauert ein Mysterium des *Charakters,* eine *Vision* –

G.J.'S MUTTER UND SCHWESTER kochen ein furchtbares Zeug in einer schwarzen und düsteren Küche im griechischen Mexico City, das ich esse, wie blauer Wackelpudding in einer Kruste von Schweinehaut, es wird so gemacht, daß man das Gelee ungefärbt in einen Tuchsack steckt mit der blauen Farbe und irgendeinem Sägemehlzeug und es stehen läßt (wahrscheinlich im Dreck) – G.J. ist so feierlich und ernst und hungrig, daß ich gern mit ihm essen würde und es auch tue – Oh wo ist der Verlorene G.J. eines Schwarzen Griechischen Mexico City Traums? – er ist wieder ein Junge, und hat diese verrückten Fähigkeiten, Potenzen, zu sprechen, mich zum Lachen zu bringen, mich zu verblüffen – draußen sind all diese endlosen Straßenaufstände und die Zelte unten in der Stadt und die schwarzen düsteren Straßen und Gassen –

Ein Mexico City, gemacht für Fellaheen Engel – St. Düsternis – St. Wild & Verrückt – Irgendeine tibetanische Erinnerung, eine schmierige und talgige Küche für die G.J.-SEELE und als wir jung waren im Dunkelland freute ich mich über das Licht seiner düsteren Prophezeiungen – als wir im Regen auf Vorratssuche nach Abfällen sind – Eine *Geschichte* – Auch verbunden mit der zerlumpten *La Negra,* die zur damaligen Zeit unser Silvanus Santos und Bodhisattva Held zur Erinnerung gewesen sein muß –

MEIN TRAUM NACHTJOB für die letzten Jahre des Träumens, nachts komm ich dorthin in einem fabelhaften 5-Stockwerk-hohen Bus über die Eisenbahnschienen in der Nähe des ewigen Brooklyn wie Pittsburgh wie die Hafenfront, gegen Mitternacht, und als wir über die Schienen stolpern erinnere ich mich an meine Eisenbahnerarbeit direkt an diesem Schienenstrang, als sie einen Frachtwaggon anstießen und ich warf den Schalter hinterher, nachdem er über den Weichen drüber war und dann rannte ich ihm nach und kletterte hoch und bremste ihn vor dem Prellbock – Stolz, und nun, als mein Bus am Bestimmungsort für meinen Nachtjob in »der Nähe des Yankee Stadions« ankommt schlucke ich und fang an, schrekkensbleich die vierstöckige Busleiter runterzuklettern, meine Hände schließen sich um die Sprossen zu angespannten weißen Fäusten, als ich zu den glücklichen Leuten unten auf dem regennassen Kopfsteinpflaster schau – Doch ich schaff die letzten 20 Fuß, indem ich mich halb von der Leiter schwinge, halb runterfliege und ich lande in einem eleganten Luftsprung, um die Arbeiter zu beeindrucken, die gar nicht zuschaun – Im Übermantel und guten Kleidern marschier ich los zu meinem Mitternachtsjob, der wieder im Büro einer Garage ist, wo ich meine Arbeit so gut versteh, daß ich mir's leisten kann, immer ein bißchen zu spät zu kommen – ich lauf an einem Candy-Store vorbei und gerade als ich ein eiskaltes Grapefruit-Soda aus der Trinkbox kaufen will drängt sich irgendein anderer Typ in den winzigen Trinkplatz und ich fluche vor mich hin – Plötzlich bin ich eine Art älterer Bruder, der gierig seinen Schokoladenpudding ißt und dem Baby nichts abgeben will, das dann, in einem neu entdeckten Gedicht von William Blake, seine wunderbare Klage formuliert

»Ist die Natur
stolz?«

und

»Etwas nicht neues, etwas nicht parfümiert, etwas nicht neues, etwas nicht parfümiert«, während er seine Cherub-Finger bewegt und die Scheiben und fehlenden Scheiben des Fensters mit dem verstaubten Glas von seiner Krippe aus zählt – Es ist ein eindeutig neues Gedicht von William Blake, so wunderbar, daß an manchen Punkten die

Sprache der Verse auf Babyart fast blubbert, wirklich perfekt – Ich kann mich an langwierige unschuldige Fragen erinnern, in denen über die ergötzliche Habgier des älteren Bruders geklagt wurde und dann die wilden geistreichen Angriffe – Ah, ich –

EINES TAGES WERDE ICH WIEDERGEBOREN WERDEN in dieser großen Stadt in einem anderen Weltsystem, in der Vergangenheit oder der Zukunft, wo ein einziger 3 Meilen hoher Berg sich gegen den blauen Himmel abhebt – Mit all meinem Gefühl in mir, alles was ich brauche ist die Weisheit des Landes

DIE BRÜNETTE MEINES LEBENS – wir nähern uns einer Fabrik, nachts erleuchtet auf einem Feld, (Green School Feld Centreville), auf Arbeitssuche, als wir plötzlich mitten im Gras zu bumsen anfangen – Sie ist Josephine-Maggie Zimmermann ähnlich und wirft perfekte lange Seewellen aus ihren Lenden zurück zu mir – sie sagt, »Ich werd hier draußen schlafen« und ich werd allein reingehen und einen Job für uns suchen, wenn ich mit der Nummer fertig bin und sie wird süß im Feld wie ein Hobo schlafen und auf mich warten, damit ich sie im Morgengrauen aufweck – Mein Engel längst vergangener Zeiten, dessen schwarzhaarige Gegenwart ich in meinem sonnigen Nachmittagsschlafzimmer als gegeben hinnahm

ICH BIN IN LOWELL IN EINER CAFETERIA außerhalb des Gastzimmers an der Ecke am Kearney Square, wo jetzt der Lebensmittelladen (glaub ich) ist, – drinnen sitzt Dick Nietzsche – Shelley Lisle, der in Lowell über alles Bescheid weiß, zuerst ist er ein bißchen unfreundlich, dann wird er langsam warm, als ich ihn nach ein paar Pennies frag und mit ihm vereinbare, mir mehr zu besorgen, er läßt ungefähr 10 in meine Hand fallen »Oh, das ist die neue Sorte!« ruf ich, als ich ihren perforierten Boden sehe – Er lebt irgendwo in den Dark Highlands wie ein dunkler Timmy Clancy aus alten Lowell Träumen, später werden wir dorthin gehen und ihn abholen – Ich schluck zwei mit Wasser an der kleinen Eiswasser-Fontäne und mit dem zum Trinken gesenkten Gesicht fällt der Blick aus frommen Augenlidern auf den schwärmenden Tod, doch jenseits des Todes liegt die Erwachende Buddha Erkenntnis, daß ich zuvor den (Concord) Fluß der Ewigkeit hochgefahren bin (den wahren Mississippi), die welken Ufer, und ich erinnere mich daran, daß meine Ma wütend sein würde, mich so high und verschwenderisch zu sehen, aber *»Es ist die reine Wahrheit, egal, was du tust«* erkenne ich, zaghaft trinkend und draußen ist der graue Kearney Sq., so traurig und immer gleich und fremd mit toten Gespenstern, die auf Busse warten, und feuchte Foyers der Marmorhallen, und Regen und Bushaltestellen und feuchte Schuhe – ich seh Dick als einen großartigen traurigen neuen Jungen –

DIE AKADEMIE DER HANDELSMARINE trommelt zwei Betrüger hinaus, die vorgaben, Offiziere auf dem Schiff zu sein, als Erinnerung an die Bestrafungen in alter Zeit wird das Ritual nun so gehandhabt, daß die beiden an einer schwarzsamtenen Doppelschlinge um ihren Hals hinausgeführt werden und zwischen den aufrecht stehenden Reihen der Kadetten hindurch mit Trommelbegleitung vom Handelsschiff gebracht werden – ich seh den Kapitän, der den Satz verliest: »Das Jammern des eigenen kleinen Selbsts, das überall hinwandert ...«

»DIE IMMATERIELLE WIESE DIESER WELT, nach der du fragst, ist mit goldener Asche bestreut« sagt der pockennarbige farbige Junge mit der Brille, der einen schneeweißen Sweater trägt, an den ich mich klammere, ohne daß mir bewußt wird, was ich tue, während er sich auf seiner Schulbank umgedreht hat und sich mit dem blonden Schüler neben mir unterhält, der ihn danach gefragt hatte und ich denke »All diese willkürlichen Interessen von mir beim *Unterricht* führen bloß dazu, daß ich mein Gesicht dicht an Pockennarben und schlechten Atem bring« und laß seinen Sweater los – Zuvor hatte der Meister gerade aus dem Sutra vorgelesen: – »Mit den Weisen, der Elite ist es nicht so, sie sehen die unkonditionierte leere Perfektion der Freiheit, doch diejenigen, welche die Erscheinungen abwerten, sind die ›Nigger‹« –– (in dem Sinne, daß er mit ›Niggern‹ die Ignoranten und geistig Minderbemittelten meint) – nichtsdestoweniger ist dieser pockennarbige Junge der Klügste – Wo habe ich diesen pockennarbigen bebrillten schwarzen Mann, schneeweiß angezogen, gesehen? Gandhi? Jimmy Thomas?

Irgendein alter Glaube an Jain
    Inkarnationen ich das Holz?
    ich die immaterielle
    Wiese dieser Welt?

FAHRE MIT MEINEM DETEKTIV VERLEGER FREUND eine trockene Sandstraße runter, die parallel zum Bayshore Highway verläuft, zwischen trockenen Pecos Wüstenfelsen und hitzeversengten Tälern aus rotem und orangenem Staub, wir kommen zu seiner einsamen Hütte, Joe Louis ist da, geht aber während des Essens heim zu seinen Kindern – ein anderer verrückter Neger ist in der Garage

ICH HATTE EINE WEISSE BANDAGE um meinen Kopf von einer Wunde, die Polizei ist bei den dunklen Holztreppen in der Nähe des Victory Theaters in Lowell hinter mir her, ich schleich davon – komme zu einem Boulevard, wo eine Kinderparade, die meinen Namen singt, mich vor der suchenden Polizei versteckt, während ich mich an ihren endlosen Reihen entlang ducke, mich dabei tief bückend – die Parade der Kinder ist ohne Ende – Rufend und singend marschieren wir in die Mongolei, ich mit meinem weißbandagierten Kopf voran
(einen Tag nach der Veröffentlichung von ON THE ROAD geträumt)

ALS KAPITÄN DES GROSSEN UNBESTIMMTEN BOOTES hab ich meine Pflichten vernachlässigt, weil ich mit Passagieren herumspielte, tausend gespenstische Treppenstufen rauf und runter, plötzlich wird mir klar, daß wir seit drei Tagen auf See sind, ohne daß jemand steuert, ich geh auf die dunkle Brücke, versuch die Lichter anzudrehen und plötzlich blinkt mich ein entgegenkommender großer fremder chinesischer Frachter an, ich antworte mit einem langen Zug an der Dampfpfeife, VOOM, dann bekomm ich Angst, dieses »einmal-lang« wird als Zeichen für Schwierigkeiten gewertet & meine Kapitänswürde auf dieser friedlichen unbestimmten Seereise wird von an Bord kommenden Offiziellen gestört und das Unterzeichnen von Papieren fängt an und deshalb geb ich noch ein Signal, wegen meiner Hysterie wird's diesmal nur ein PLURP – So steure ich weiter, kann nichts sehen, hoffe, daß wir keine Schiffe rammen – Wir erreichen einen winzigen Hafen mit einem engen Kanal und ich zieh die riesige Front des Schiffes um Kurven herum, darauf hoffend, daß der gigantische Rumpf hinter mir keine Dörfer zerstört –

ALPTRAUM IN NORTHPORT – letzte Nacht, die drei, die als Bull und Irwin und ich nackt starteten, später in China klauen und durch Flucht entkommen in einem großen preisgekrönten klassischen Fluchtfilm mit Überklettern der bösartigen Kontinental-Berge und runter nach Hinterindien, Sicherheit, bis auf die Grenzwachen und die Spitzel von Ladenbesitzern, die einen überfallen und mit Messern ermorden und ins Gesicht treten WHAP! & schließlich Gesicht an Gesicht, zusammengeleimt mit Blut, kotzt der Held gelbe schmierige Kotze, die ihre Gesichter mit ausgekotztem Blut zusammenklebt und als er voller Abscheu hochschaut dehnt sich die Masse wie ein Pizzabelag und die Brüder zucken zurück und rufen »Er ist krank!« und ich wache in die 4 Uhr Morgenstille hinein auf und frage ruhig »Jesus, pourquoi tu'm montre des portraits comme ça?« und beim Meditieren mit gekreuzten Beinen erkenne ich, es muß ein Erziehungsfilm sein aus einem anderen Buddhaland, der Bodhisattvas zeigt, warum Gewalt abzulehnen ist und wie schrecklich die Unwissenheit, die nicht nur eine Projektion der äußeren Welt ist, sondern sie auch fest im Griff hat, in ihr kämpft – Es war der einzig wirklich schreckliche Alptraum, den ich je hatte,

ich glaub, er rührte daher, daß mich am Tag eine Biene gestochen hatte.
Die tatsächliche Beschreibung dieses schrecklichen gelben Gekotzes von China vermischt mit den blutigen Gesichtern würde jeden krank machen

GRÄBER IM HOF AUSHEBEND, das meines Vaters hab ich bereits entlang des Weges gegraben und die Markierungen sind immer noch da, doch jetzt (für eine Frau hab ich auch eines gegraben, sie aber nicht hineingelegt) hab ich Angst, daß ich unter dem 3 Fuß hohen Schnee nicht tief genug graben kann und muß für Jerry & Lola zwei ausheben und sag zu zwei Kerlen, die bei mir sind »Wenn der Frühling kommt sieht man die Ellbogen aus dem Boden ragen, mein Gott, was für ein Ding, in einem schwarzen Anzug begraben zu werden« und einer der Kerle schaut mich plötzlich groß an in seinem schwarzen Anzug!
-- Kalter knochiger Traum --

GRAUENHAFT, ICH GLAUB, DAS ENDE DER WELT IST GEKOMMEN, die Wolken im Himmel sind pechschwarz und werden weiß, sobald man hinschaut und plötzlich tanzen sie ein bißchen auf dem schwankenden Horizont herum, und wie auf einem Schiffsdeck erkenne ich, daß es nicht die Wolken sind, die sich bewegen, sondern die Erde & ich erzähl's der Bande im Schulhof »Die Erde bewegt sich« und Irwin und ich gehen zurück und stehen nebeneinander in der Nähe der rotziegeligen Schulwand, voller Bewunderung, daß die Apokalypse endlich gekommen ist und wir in diesem Moment zusammen sind – In der Zwischenzeit war meine Mutter den Leuten den steilen Hügel hoch gefolgt und versuchte sitzend über die meilenhohen Sitze zu kriechen und ich mußte ihr helfen –

MIT NACKTEM ARSCH sitz ich auf einem Stuhl in einem Feld voller Leute, ich lese irgendein Buch und die Jack Paar Show läuft auf dem Platz, aber ich kümmere mich nicht drum

– Plötzlich kommt er mit Mikrophon und Kamera hoch und nagelt mich fest, um mich vollständig nackt über den Bildschirm laufen zu lassen, ich häng da wie ein hilfloses Kind, bis ich Julien's schwache Stimme hinten aus den Bäumen sagen höre (mit breitem St. Louis Akzent) »Laß es ihn nicht tun!« und nach einem hilflosen Moment bin ich hoch und versetz ihm einen schwachen Schlag

DIE 500 MEILEN HOHEN FENSTER der gelben Lichternacht von Tanger – Beginnt damit, daß mich ein Nazi-Offizier einen schneebedeckten Hügel hochführt, um mich mit einer automatischen Luger zu exekutieren und dabei in den fallenden Schnee hinein deutsche Scherze von sich gibt, die mich dazu bringen, zu denken »Oh warum nur müssen diese langweiligen sexuellen Henker immer mit ihren öden abgelaschten Witzen ankommen« und als wir ein Haus mit einer steilen Außentreppe erreichen befiehlt er mir hochzuklettern, was ich auch tue (es ist dieselbe Treppe wie bei den Bullen in Lowell, als ich die weiße Bandage hatte, mit der ich nach der Mongolei entkam, als die Kinder in meinem Namen paradierten), ich weiß, er wird mich in den Rücken schießen, also klettere ich los und krümme mich schon im Vorgefühl, doch nichts passiert und als ich oben ankomm dreh ich mich um und seh, daß er Schwierigkeiten mit der Luger hat – in dem Schnee – am gleichen Bergpaß, über den diese Chinesen-Inder in dem gelben Kotze Traum zur indischen Grenze zu gehen pflegten – Und so entkomm ich in ein Zimmer eines Wohnhauses und schau aus dem Fenster und im Traum geht es 500 Meilen tief runter (Obwohl man an Tanger's gelben Nachtlichtern erkennen kann, daß es in Wirklichkeit nur 500 Stockwerke oder so sind) – Das Ganze wird zu einem Film mit mir und meiner Bande, wir gehen einen nächtlichen Boulevard hoch, um die transkontinentalen Busreisenden zu sehen, nachdem ich mir eine kleine Eistüte gekauft hab lauf ich mit meinen Freunden lang, einer von ihnen geht als Letzter als der Dieb von Baghdad Held dieser Geschichte (der ausgebrannte Gene Kelly), ein anderer ist ein richtig ausgeflippter schwuler Genet Held, und da ist Irwin, Simon, andere – Ich bin selbst irgendwie eigenartig, als ich was zu einer Gruppe von Mädchen rüberschrei und sie begleiten mich weiter auf dem Boulevard – Die Bande geht auf den immensen 500 Meilen hohen Balkon und der Held zeigt sich am Fenstersims des obersten Stocks, dann steigt ein Donnern durch das 500 Meilen hohe Wohnhaus, um dem Publikum die Überdimensionalität der Tanzhallen und Stützbalken den ganzen Weg runter bis zur Straße zu zeigen und wir sitzen zusammen in einer Kabine und Irwin sagt mit gepflegter besorgter klagender klassischer engelhafter Stimme »Oh, *sollen* sie sich doch amüsieren!« womit er all diese 500 Meilen schwulen Haschköpfe ihre Hallen und Tanzbälle aus Tanger meint in dem Nachtleben dieser fremdartigen arabischen Stadt (Meer in der Nähe) und es ist so komisch, daß ich so wunderbar wie Cody kichere und die Bande dreht sich um und gafft, daß ich immer noch hinter ihnen bin, wachend und antreibend – In der Zwischenzeit verlassen Gruppen das Theater und sehen uns (so eine merkwürdige Gruppe) und andere ganz in der Nähe ebenso fremdartig, alles Jungen, alle intelligent ausschauend, und sagen »Oh ja, man merkt, daß es Samstagabend ist«

Im Traum bin ich der gepflegte King der Schwulen, halb Heiliger, geliebt – Beim Aufwachen schien es, daß ich mich an das Mädchen auf dem Boulevard aus meinem vorherigen Leben in England erinnern kann, wo ich sie ermordet hab – Ich muß im vorigen Leben ein Schwuler gewesen sein oder ich könnte vom »Letzten in der Reihe« nichts ahnen ohne Erfahrung in diesem Leben –

UM VON UNSEREM APARTMENT zur Straße runterzukommen muß man über eine Leiter absteigen, die von der Spitze des Empire State Building runterhängt – ich hab die ganze verfluchte Angelegenheit satt und weigere mich, es noch mal zu tun, doch Jesse macht's – Gerade vor ihr hatte es ein Mann probiert (der mit der Abendzeitung in der Tasche zur Arbeit ging) und war ruhig abgestürzt und fiel schweigend und unaufdringlich seinem Tod entgegen – Ständig passiert es – doch ich geh den sicheren Weg runter, der im Traum nicht angedeutet wird und ich bin unten in der dunklen Straße, spazier herum und frag mich ob Jesse es geschafft hat – Dreh mich um und seh sie einen Block weiter auf der anderen Straßenseite dahinspazieren – Schaut so aus, als hätte Ma es nicht geschafft und ist tot, aber ich glaub's nicht – (Am gleichen Tag hatte Ma Angst, die Leiter vom Dachgeschoß runterzuklettern, Traumvoraussicht auf merkwürdige sanfte Art) – Jesse schlendert traurig im Dunklen herum und weiß nicht mehr, wo ich zu finden bin

EINE AUFFALLEND ANGEZOGENE FRAU schleicht sich mit schlechtem Gewissen von ihrem weinenden Baby weg, um mit huttragenden Schatten in die Nacht der Stadt zu gehen, sie verläßt das Baby, schleicht nach unten und genau in dem Moment kommt eine Frau vom oberen Stock in Strümpfen und auf Zehenspitzen runter und beobachtet, wie sich die nachlässige Lady rausdrückt – ich sitz im Dunkeln und beobachte alles durch ein Fenster der Halle, ich seh das befriedigte Lächeln der spähenden Frau und weiß, daß sie in einem Moment entsetzt bemerken wird, daß sie bei ihrem Spionieren beobachtet wurde – und wenn sie mich sieht ist nur ein schwaches Licht auf meinem Gesicht im Dunkeln und was für ein häßliches Grinsen werd ich ihr schenken! sie erbleicht

ICH ÜBERQUERE DIE MOODY STREET BRÜCKE mit einem heiligen Ziegenbock in meinen Armen und ich setz ihn auf die Planken ab und er rennt über die Straße und schlägt einen Salto über das Brückengeländer direkt in seinen Tod auf den wasserumspülten Felsen unten – ich kann nicht hinschaun – doch plötzlich erkenn ich, daß er unter der Brücke schwimmt, hat anscheinend die Felsen verfehlt und nun seh ich ihn heftig auf das felsige Ufer zuschwimmen – Er schafft es, rennt über die Rampe unter der Brücke auf mich zu und als ich mit den Fingerspitzen hinunterlang, um ihn in die Arme zu nehmen, stellt er sich auf die Hinterbeine und beschnuppert meine Fingerspitzen – ich weiß, daß ich ihn bei den Füßen erwischen kann, ihn hochziehen und mit nach Hause nehmen werd –

dieses Lamm
(weiß)

ICH BIN IN MEXICO UND SPITZE IN FENSTER, während die Nachbarn starren, schließlich frag ich eine Frau »A donde es Señor Gaines?« doch in Wirklichkeit mein ich Hubbard und sie zeigt mir ein Fenster, hinter dem Hubbard in der Mitte eines Zimmers steht, von einem Dutzend Beatniks und Ganoven und anderen Besuchern umgeben – ich klopf ans Fenster, höflich eilt er hinaus, um mich reinzulassen, doch ich hab meine Jagdkappe über den Augen und schau ihn nicht mal an, sondern geh einfach rein – Inmitten des Zimmers (für ihn selbst kein Sitzplatz) erklärt Bull verschiedene Waffen und schließlich zieht er eine kleine Automatik aus einem Seidentuch & reicht sie einem jungen dunkelhaarigen Gangster – Später, in seinen Shorts wie John L. Sullivan in Boxerpose im BIG TABLE Magazin, wird Bull vom Sergeant angewiesen, sich bei seinen Offizieren, den »Verbündeten«, oben auf dem Sandhügel zum Rapport zu melden – Andere Typen in Shorts hören zu – ich bewundere, wie ironisch Bull mit dem Sergeant umgeht & überhaupt mit der ganzen Army im allgemeinen – »Richte den Verbündeten meine Empfehlungen aus«, sag ich, »wenn du dorthin kommst« (zu Bull's Erheiterung dabei Charles Laughton imitierend & wissend, daß er sowieso nicht hingehen wird) & Bull lacht, doch ich ergänze lahm »*Wenn* du dorthin kommst«, wie immer nervös, wenn ich versuche, für Bull witzig zu sein, & wie in der Tür mit meiner Jagdkappe enthält er sich höflich jeden Kommentars über meine Ungeschicktheit – ich bewundere den Respekt, den ihm die Männer und Offiziere der Welt entgegenbringen

EINE GROSSE ›BEAT GENERATION VERSAMMLUNG‹ wird in Philadelphia veranstaltet, jedermann ist da, doch sie haben einen 300 Fuß hohen Zementturm errichtet, der umkippt & auf den Platz stürzt, man sieht flinke Arbeiter aus dem Inneren des Holzbaus flitzen, ganz erstaunt, & einige werden überwalzt, als der Turm rollen darf, weil sie die Kaninchen drinnen ihre Positionen verändern lassen – ich seh Irwin & Simon, doch ich sitze nicht bei ihnen – Auf dem Rückweg nach New York bin ich mit einem Offiziellen der Konferenz zusammen und als ich ihn frag, was für ihn die

Konferenz bedeutet hat sagt er »Oh, daran bin ich nicht interessiert, ich hab lediglich den Zement für den Turm geliefert« und ich merk, daß er bloß ein Gangster ist und er wird richtig gemein und zeigt mir, wie Frank Sinatra Kerlen eins in die Fresse gibt (hält dabei meinen Kopf und schlägt mich fast mit seiner großen Faust) – ich hasse ihn – Als nächstes sieht man F.B.I. Männer sein Vorstrafenregister studieren, wo ein gewisser »Gleason« bei einem Schwindelgeschäft 6000 Dollars erhielt – »Wir sind daran interessiert, zu erfahren, wer dieser Gleason wirklich ist« – Sie haben den Gangster im Haus in der Falle sitzen – In der Zwischenzeit komm ich diese erstaunliche Skirennstrecke auf der Straße runter, steiler als man glaubt, die gleiche wie manchmal in Lowell, James Watson nickt, als ich ihm erzähle, ich wünschte, wir hätten Schlitten, wir kommen über die endlosen Stufen der oberen Bronx New York runter – Mir wird schlecht & ich sterb fast, als ich um einen Pfosten herumflieg (wachte mit einem schmerzenden Bein auf) –
Bei der Konferenz saßen alle in Paaren, in Stühlen, an den Typ, neben dem ich saß, kann ich mich nicht mehr erinnern, aber im Hintergrund der Halle hatte Jerry Getty das wunderschöne Revlon Ansager Girl Starlet gebumst & ich wollte ebenfalls, ich seh sie aus einer dunklen Geheimtür herauskommen & sie ist nackt & Jerry sagt »Sie hat den Verstand verloren« – ich pack ihren warmen nackten Körper, sie will mich nicht – ich kann sie nicht sonderlich leiden

DIE FLIEGENDEN PFERDE VON MIEN MO – ich fahr in einem Bus durch Mexico, Cody schläft neben mir, in der Morgendämmerung hält der Bus auf dem Land und ich schau hinaus auf das ruhige warme Feld & denke: »Ist das wirklich Mexico? warum bin ich hier?« – Die Felder sehen zu ruhig & grasig & käferlos aus, um Mexico zu sein – Später sitz ich auf der anderen Seite des Busses, Cody ist verschwunden, ich schau in den Himmel & seh diese alte zehntausend Fuß oder hundert Meilen hohe Bergklippe mit ihren riesigen verschwommenen blauen Palästen und Tempeln, wo sie gigantische Granitbänke & Tische haben für Gigantische Götter, größer als diejenigen, die in der Wall Street die Wolkenkrat-

zer umarmten – Und in der Luft, Ah, das Schweigen dieses Grauens, seh ich fliegende beflügelte Pferde mit über ihren Schultern gefalteten Capes, das langsame majestätische Stampfen ihrer Vorderhufe in ihrem Flug durch die Luft – sie sind Griffins! – Und so erkenne ich, wir sind in »Coyocan« & das ist der berühmte legendäre Platz – ich fang an, 4 Mexicanern im Sitz vor mir die Geschichte von dem Berg von Coyocan & seinen Geheimnisvollen Pferden zu erzählen, doch sie lachen bloß, nicht nur, weil sie einen Fremden darüber reden hören, sondern auch wegen der Lächerlichkeit, daß irgendjemand es erwähnt oder bemerkt – Es gibt da ein Geheimnis, das sie mir nicht erzählen wollen, die Nichtbeachtung des Schrecklichen Schlosses betreffend – Sie werden sogar frech und nennen mich Gringo und ich spür Sand vorn über mein Hemd rieseln, der dicke Mexikaner sitzt mit Sand in der Hand da und lächelt – ich spring hoch und pack einen, er ist sehr winzig & dürr & ich drück seine Hand gegen seinen Bauch, damit er kein Messer ziehen kann, aber er hat überhaupt keins – Sie lachen mich wirklich aus wegen meiner großartigen Ideen über den Berg –
Wir kommen in Coyocan Stadt an, über der sich die nebelblauen Berge erheben und nun sehe ich, daß die fliegenden Pferde ständig über dieser Stadt schwirren & um die Klippe herum, kreisend, segeln manchmal sich tief hinabstürzend, trotzdem schaut niemand auf & kümmert sich um sie – ich kann's einfach nicht glauben, daß es tatsächlich fliegende Pferde sind & ich guck & guck, doch es müssen wirklich welche sein, selbst als ich sie im Profil des Mondes sehe: Pferde hufeschlagend durch die Luft, langsam, langsam, unheimliche entsetzliche Menschen-Pferde – mir wird klar, daß sie die ganze Zeit um den Ewigen Bergtempel herumgeschwirrt sind & ich denke: »Die Bastarde haben irgendwas mit dem Tempel zu tun, von dort kommen sie, ich wußte schon immer, daß sich was Grauenhaftes hinter diesem Berg verbirgt!« – Ich geh hinein in die Coyocan Seegewerkschaftshalle, um einen Job für die China-See zu unterzeichnen, es ist in der Mitte von Mexico, ich weiß nicht, warum ich den ganzen Weg von New York zu diesem landumgebenen Zentrum von Mexico gekommen bin, wegen einer Seereise, aber es ist so: ein Heuerstall für Seeleute voller Verwirrung

& bleichen Offiziellen, die ebenfalls nicht verstehen, warum ich gekommen bin – Einer von ihnen macht große geistreiche Anstrengungen, Briefe in doppelter Ausführung nach New York zu schicken, um den Grund, warum ich gekommen bin, herauszufinden – Falls ich einen Job erhalten werde, dann wird's mindestens noch eine Woche dauern, oder *mehr* – Die Stadt ist bösartig & total trübsinnig, denn jeder hat einen häßlichen Ausdruck im Gesicht (ich mein die Eingeborenen) und sie weigern sich, die Existenz dieses schrecklichen Schwirrens der Fliegenden Pferde zu erkennen – »Mien Mo«, denk ich, mich an den Namen des Berges in Burma erinnernd, den sie die Welt nennen, mit Dzabpoudiba als südliche Insel (Indien), wegen der geheimen Schrecken des Himalaya – Das pochende Herz der gigantischen Bestie ist dort oben, die Griffins sind rein zufällige Insekten – doch diese Fliegenden Pferde sind glücklich! wie wunderschön sie mit ihren langsamen Vorderhufen durch die blaue Leere stampfen! –
In der Zwischenzeit studieren zwei junge amerikanische Matrosen und ich, wie sie meilenhoch dahinfliegen & beobachten, wie sie tiefer segeln, sobald sie weit unten sind verändern sie sich zu weißen und blauen Vögeln, um alle zum Narren zu halten – Selbst ich sage: »Tatsächlich, das scheinen nur fliegende Pferde zu sein, das sind Vögel!« doch sogar als ich das sage sehe ich ein ganz deutliches Pferd, wie es durch den Mond schwebt und das Cape hängt von seinen höllischen Schultern –
Ein Ex-Boxer mit gebrochener Nase macht sich an mich ran und deutet an, daß er mir für 50 Cents einen Job auf einem Schiff verschaffen könnte – Er klingt so finster & drängend, daß ich Angst hab, ihm selbst 50 Cents zu geben – Eine Blonde mit ihrem Verlobten taucht auf, die ihre bevorstehende Heirat ankündigt sich dann aber unterbricht und vor allen Leuten auf den Straßen von COYOCAN an meinem Joint zieht!
Und die Fliegenden Pferde von Mien Mo galoppieren mit schweigender Leichtigkeit hoch in die glückliche leere Luft – Klapper Klapper machen die Straßen von Coyocan, als die Sonne sinkt, doch da oben ist alles Schweigen & die Gigantischen Götter sind dort – Wie kann ich es beschreiben?

FREMDER FREMDER TRAUM von mir, in dem ich mich selbst zu einem früheren masturbierenden auf Tonband aufgenommenen Körper mach, der direkt neben mir liegt und sich einen abwichst...

TRÄUMTE, ICH WARTETE in einer fremdartigen weißen Busendstation in New Jersey auf den Bus nach New York, endloses Warten, und dort mit dem Rücken an der Wand wartet eine wunderschöne aber fremde Chinesin – Ich geh zu ihr hin & deute an, daß zwei Chinesenjungen und zwei Negerjungen ebenfalls warten – »Wär das nicht was für ein Photo?« mach ich weiter und betaste ihren Hüftgürtel, was sie gar nicht mag – »Wie alt bist du?« frag ich sie und starr dabei in die fremde ernsthafte ovale Schönheit ihres Gesichts & sie sagt »Wir wollen's dabei lassen, ich bin 1863 geboren« und ich zähl sofort und begreif, daß sie fast hundert Jahre alt ist & ich sage »Ich verstehe, du bist Tibetanerin« und sie nickt leicht mit ihren Augen – Der Bus kommt um vier und es ist erst drei an diesem miesen New Jersey Sonntag

WIR STEHEN ALLE FÜR EIN GRUPPENPHOTO im Hof des großen Hauses der Captors mit den Kieferbäumen – später spielen wir auf dem Feld, wir sind bestimmt Hundert, ich seh Cody, wie er für einen abfahrenden Frachtzug das Zeichen des Schlußmannes macht & eine kleine Bremserpuppe auf die Schienen legt, die sich winzigklein hochrappelt und das gleiche Zeichen macht, als der Zug in die Welt hinausfährt – Wir sind alle Gefangene der Kommunisten – Schließlich bitten sie uns für das Gruppenphoto zurück auf den Rasen und sagen mit schiefem Grinsen »Da fehlen ja ein ganz paar Gesichter!« was stimmt, wie ich merke, da ich als Letzter erschien & die Reihen sind gelichtet – Doch sie winken mich verächtlich von dem Photo weg die Kellertreppen runter, ich werd der Revolution oder zumindest Spitzelabsichten verdächtigt, als ich im »Freien Feld« war – Runter geh ich meiner Bestimmung entgegen – Ein irrer Wärter unten auf den braunen Steintreppen läßt mich eine zeitlang in einer Zelle sitzen, in der ein großes Becken mit braunem Wasser, in dem

Scheiße treibt, steht, während er mich verurteilen will, doch wegen einem Ruf muß er für einen Moment die Zelle verlassen und ich schüttle sie wie ein Schiff & irgendwie gieß ich dabei das braune Scheißwasser raus auf den Höhlengang – Doch er kommt zurück, gerade als ich's tu und packt die »Pfanne« und stülpt sie mir über meinen Kopf und dann über *seinen* Kopf und wir starren einander mit tropfenden braunen Scheißwasserhaaren an & ich erkenne unter anderen Dingen, daß die Wärter der tieferen Höllen so tief in ihrer Agonie stecken, daß sie nur wollen, daß es einem genauso geht – Doch in der Zwischenzeit erfahre ich, daß die Untergrundgefängnisse weibliche Köche & Kellnerinnen haben, die so dringend die Liebe eines Mannes nötig haben, daß sie ein supergeheimes eigenes unterirdisches System entwickelt haben, um die Männer in prächtige Untergrund-Liebesnester fortzuschleppen & die Autoritäten erfahren nie, wohin sie verschwunden sind – Das geheime Wort ist so geheim & weiblich, die Zulassung der Hengste so mysteriös, daß man den Rest seines Gefangenenlebens bloß damit verbringen kann, diese köstlichen dünnen Blondinen zu bumsen, vollkommen sicher vor irgendwelchen Übeln – Der »Eintritt« sollte in »Essensrations«-Knöpfen entrichtet werden, doch in Wirklichkeit ist es das, was die Frauen während der Arbeit sammeln und bezahlen für den Besuch bei den versteckten gefangenen Männer-Plätzen, um gevögelt zu werden – Und die Autoritäten rätseln, ohne jemals einer Lösung näherzukommen – Der irre Wärter mit dem Scheißwasser im Haar weiß nicht mal, was mit dir geschehen ist, nachdem du seiner Gewalt entfleucht bist, ganz zu schweigen von dem Exekutionskommando der Photographen vom »Freien Platz«

ENDE